台北縣地圖

U0054023

淡水

北投

台北市

基隆市

九份

台北桃園機場

台北車站

汐止

深坑

貓空

新店

烏來

宜蘭市

北

目錄

專題報道

板南線

淡水信義線

松山新店線

台北近郊

旅遊須知 info-1

景點標誌索引：

書內將景點分類，一眼分辨食、買、玩等類別，方便讀者尋找景點。

 餐廳 / 小吃　 購物 / 手信　 玩樂 / 體驗　 遊覽 / 景觀　 動物園 / 水族館 / 動物 Cafe　 博物館 / 美術館 / 藝術

 酒店 / 旅館 / 民宿　 溫泉 / 溫泉旅館　交通工具　寺廟　教堂　神社

人氣景點快搜

市政府8大Mall王
市政府站1-5

台灣博物館鐵道部園區
台北車站6-2

新富町文化市場
西門站7-4

西門紅樓
西門站7-6

赤峰街
中山站12-2

光點台北
中山站12-11

彩虹橋
松山站14-2

五分埔商圈
松山站14-2

袖珍博物館
松江南京站17-4

寶藏巖
公館站19-8

地熱谷
新北投20-1

漁人碼頭
淡水21-10

昇平戲院
九份22-4

烏來老街美食
烏來23-5

兔子迷宮礁溪浴場
24-8

天空囍森林廣場
24-10

台版日系景點

文房 Chapter
忠孝新生站 5-5

齊東詩舍
忠孝新生站 5-6

榕錦時光生活園區
東門站 13-2

青田七六
東門站 13-3

紀州庵文學森林
中正紀念堂 18-1

平安京茶事
台電大樓站 19-2

新北投車站
新北投 20-3

蘭陽原創館
宜蘭市 24-12

台北交通資訊

機場至市區交通

桃園機場是台北的國際機場，整個機場有兩座航空大樓；國泰、中華航空和澳門航空停泊於第一航廈；長榮則停泊於第二航廈。

無論在第一航廈或第二航廈，兩者都有機場巴士接送旅客到台北市中心。旅客可在入境層的機場巴士候車室購票。由於台北有數間機場巴士公司，路線甚多，故旅客最直接獲得車務資訊就是在候車室向當值人員詢問。

1. 桃園機場乘巴士→市區

機場巴士

目的地	往市府轉運站	往台北火車站	往西門町	往松山機場
路線	1960	1819	1961	1840
巴士公司	大有巴士	國光客運	大有巴士	國光客運
車費	NT160	NT159	NT110	NT129-152
主要停靠站	捷運忠孝復興站、福華飯店、遠東飯店、君悅飯店、市府轉運站	啟聰學校、庫倫街口(圓山捷運)、台泥大樓、國賓飯店、台北車站(東三門)	捷運民權西路站、國賓飯店、晶華酒店、國光客運台北車站、捷運西門站	行天宮、榮星花園(民權)、民權復興路口、松山機場
首/尾班車	首班車：12:10mn 尾班車：22:40pm	首班車：12:10mn 尾班車：11:30pm	首班車：7:30am 尾班車：3:35pm	首班車：7:50am 尾班車：10:40pm

* 部分停靠站從略，資料截至2024年5月

機場巴士候車處：第一航廈B1樓及第二航廈1樓　　**查詢**：www.taoyuan-airport.com/buses

2. 市區乘巴士→桃園機場

乘機場巴士往返機場的好處是班次密集，24小時服務。如果你入住的酒店就在台北車站附近，那就更加方便，可以前往捷運台北站M1出口的國光客運站上車。那裡有扶手電梯，方便攜帶行李的乘客上落。乘客可以使用儲值卡刷卡上車，或者在車站內購買車票。請注意，時刻表可能會有變動，建議出發前再次確認最新的班次時間。

車站地址：台北市中正區市民大道一段168號　**電話**：02-2361-7965
查詢：www.taiwanbus.tw/eBUSPage/Default.aspx?lan=C

機場捷運

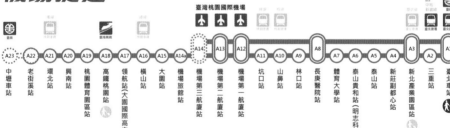

臺灣桃園國際機場

A23 中壢車站	A22 老街溪站	A21 環北站

A23 中壢車站 · A22 老街溪站 · A21 環北站 · A20 興南站 · A19 桃園體育園區站 · A18 高鐵桃園站 · A17 領航站(大園國際高中) · A16 橫山站 · A15 大園站 · A14a · A14 機場旅館站 · A13 機場第三航廈站 · A12 機場第二航廈站 · 機場第一航廈站 · A11 坑口站 · A10 山鼻站 · A9 林口站 · A8 長庚醫院站 · A7 體育大學站 · A6 泰山貴和站(明志科大) · A5 泰山站 · A4 新莊副都心站 · A3 新北產業園區站 · A2 三重站 · A1 臺北車站

機場捷運相比坐機場巴士更快捷，不怕塞車延誤，由市區直達機場只需38分鐘。 機場捷運又分為普通車(藍色列車)及直達車(紫色列車)，普通車與台北捷運列車相似，至於直達車之車廂內有四組對坐式座椅，提供iphone、android兩款手機的轉換無線充電插頭。機捷票價NT150，可使用悠遊卡或於閘門旁的售票機購買單程票。

紫色直通車只停5個車站。

車廂內的行李架設計比較尷尬，把行李箱搬上搬落比較麻煩。

機場捷運直達車班次

台北車站→機場	機場→台北車站
首班車：6:07am	首班車：5:57am(第二航廈)、5:59am(第一航廈)
尾班車：11:37pm	尾班車：10:55pm(第二航廈)、10:58pm(第一航廈)
車程：約35-39分鐘	車程：約39分鐘

市區預辦登機及託運行李

桃園機場捷運提供於市區預辦登機服務，旅客可以在台北車站或新北產業園區站提前辦理登機手續和行李託運。參與此服務的航空公司包括中華、長榮、國泰、星宇等8間航空公司。旅客可以使用自助報到機和自助行李托運機完成手續。所有預辦登機手續應於航班起飛前3小時內完成。大型行李如紙箱和嬰兒車等則無法託運。

可預辦登機的車站：

車站	位置	服務時間	適用的航空公司
機捷A1台北車站	B1層P7出口	6:00am-9:30pm	國泰航空、中華航空、華信航空、長榮航空、立榮航空、星宇航空
機捷A1台北車站	B1層P7出口	6:00am-9:30pm	國泰航空、中華航空、華信航空、長榮航空、立榮航空、星宇航空

查詢：https://www.taoyuan-airport.com/ITCI/index.html

台北交通資訊

市內交通

捷運

相等於香港的港鐵，以行走地下隧道為主（木柵線為架空線），購票和乘搭的模式跟港鐵非常相似。捷運服務時間為每日6:00am至12:00mn。北投至新北投支線服務時間為每日6:00am至12:10mn。

網站：www.metro.taipei

儲值卡

購卡

悠遊卡和一卡通是台灣的便利儲值卡，適用於捷運、公車、貓空纜車等交通工具，以及木柵動物園等場所。首次購買需支付NT100，卡內無預存金額，需額外加值。購買與加值可在各大車站及便利店進行。退卡時，若卡片使用超過5次且超過3個月，則免收NT20手續費。

充值

悠遊卡可以NT100的倍數增值，而一卡通則可從NT1起充值。在捷運站的自動加值機或是OK、7-11、全家、萊爾富等便利店增值。悠遊卡和一卡通的最高儲值金額均為NT10,000。

的士

的士在台灣稱為「計程車」，在台北行走的計程車車身統一為黃色。起錶首1.25公里收費NT85，以後每200米NT5。行李箱如存放行李，則額外收取NT10的附加費，但不限件數。另外，台北的計程車收費日、夜不同。11:00pm-翌晨6:00am會加NT20夜行附加費；如下車時咪錶顯示NT100，夜行時段總車費就等於NT120！

巴士

巴士在台灣稱為「公車」，清一色為單層公車，並由多間公司營運。台北的公車採取按段劃一收費，短途車（台北市內）收取「一段票」車資，長途車收取「兩段票」車資，每段票車資為NT15。

大台北公車：https://ebus.gov.taipei/

台北捷運圖

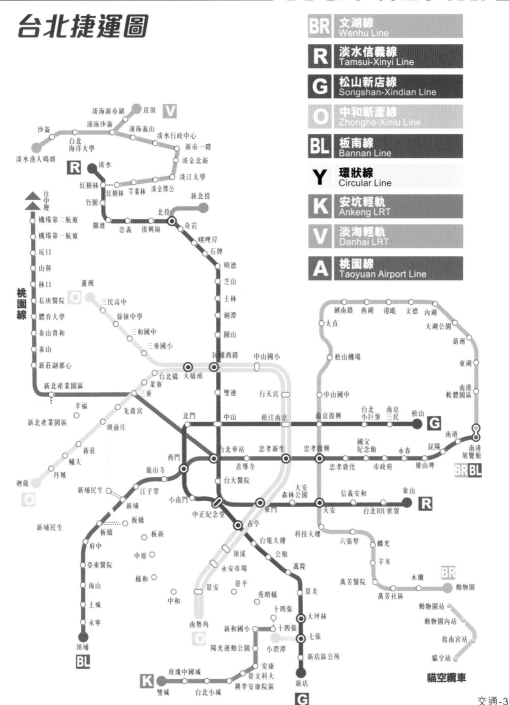

BR	**文湖線** Wenhu Line
R	**淡水信義線** Tamsui-Xinyi Line
G	**松山新店線** Songshan-Xindian Line
O	**中和新蘆線** Zhonghe-Xinlu Line
BL	**板南線** Bannan Line
Y	**環狀線** Circular Line
K	**安坑輕軌** Ankeng LRT
V	**淡海輕軌** Danhai LRT
A	**桃園線** Taoyuan Airport Line

貓空纜車

台北交通資訊

台灣好行

「台灣好行（景點接駁）旅遊服務」是專為旅遊規劃設計的公車服務，從台灣各大景點所在地附近的各大台鐵、高鐵站接送旅客前往台灣主要觀光景點。無論是前往日月潭、阿里山或墾丁恆春等台灣特色景點，「台灣好行」都已規劃最直截的景點接駁路線、平價的票價、易等易搭的班次，滿足旅客的交通需求。

查詢：www.taiwantrip.com.tw

台鐵火車

車種

簡單來說，就是特快車、快車和普通車的分別。車種主要分為4種，由快至慢排列為：自強、莒光、復興及區間車（自由席）。

快者，票價貴也！不過在台北遊的話，四者的行車時間分別不大，所以不用刻意等待快速列車而白白放過即將開出的列車！

購票

購買台鐵車票，除了到車站現場購票，還可以在台鐵官網或手機應用程式購票，台鐵的網上查詢功能十分清晰，輸入日期、時間和車站名稱，系統便會顯示所有班次供選擇。你亦可以前往全家、7-11等便利店購票。無論以那一種方法訂票，使用信用卡付款後將獲得一個車票條碼，記得於發車前至少20分鐘，持條碼至車站櫃台或自動售票機取票。

查詢：www.railway.gov.tw

台北車站乘車流程

1) 到票務處購票

2) 到入閘區剪票

※往瑞芳列車為北上；往高雄列車為南下

3) 在月台的電視機確認列車班次

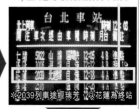

※2039列車途經瑞芳，以花蓮為終站

5) 上車後對號入座

4) 走到對應車卡位置候車

複合式文創園區 ❶　MAP 13-1 **B4**

■0km 山物所

2024年 3月 開幕

＊ 捷運東門站 5 號出口步行約 11 分鐘

0km山物所是台北市保存最完整的日式町屋之一。

　　0km山物所是台北市2024年的熱門打卡景點，由勤美集團與林業及自然保育署合作創建，佔地超過500坪，包括戶外區域和三座百年歷史的日式木造建築。該地原為日治時代台灣總督府山林課宿舍，擁有百年歷史。0km山物所不只是文創園區，還結合了選物店、咖啡館、餐廳及書店。園區經常舉行展覽、講座、工作坊等活動，讓遊客深入體驗台灣山林文化，更與近140組品牌的跨界合作，販售超過2千件選品，提供複合式的消費空間。

地址：大安區金山南路二段 203 巷 21 號　　**電話**：02 7755 7526　　**網址**：http://0km.com.tw/
營業時間：11:00am-8:00pm；周一休息

山林主題體驗

▌COFFEE LAW 山物所 ❶ₐ

＊ 0km 山物所內

　　由知名咖啡品牌 COFFEE LAW 進駐的咖啡店，提供限定的飲食和選品。COFFEE LAW 與 beanroom 合作，嚴選來自台灣山脈的本地咖啡豆，推出專屬台灣山系單品濾壓壺體驗組。店內還提供特製的紐約風格圓可頌甜點，並以不同顏色的朱古力製作和裝飾，象徵台灣山脈的標誌性樹種，讓食客品味台灣山林的獨有風情。

空間設計結合新舊融合的現代日式風格。

地址：大安區金山南路二段 203 巷 19 號
電話：02 7755 7526 ＃ 8507
營業時間：11:00am-8:00pm
FB：https://www.facebook.com/mycoffeelaw/

DAISO 新品牌旗艦店 ❷ MAP 3-1 C2
▉Standard Products

✱ 捷運忠孝敦化站 3 號出口步行約 1 分鐘

> 2024年
> 5月
> 開幕

日本生活雜貨店 DAISO 旗下簡約品牌「Standard Products」，分別在台南、台中設有門市，今年正式進駐台北東區明曜百貨，攜手姐妹品牌 DAISO、THREEPPY 共同打造全台首家旗艦店。佔地260坪的店面空間，以木質陳列櫃和灰色金屬架營造出簡潔的氛圍。Standard Products 商品設計以沉穩的黑、白、灰色調為主，涵蓋收納、餐廚、沐浴、文具等各類生活用品，價格 從NT99、NT139起，以實惠的價格打進市場。

地址：大安區忠孝東路四段 200 號 9 樓
電話：0910 729 589
營業時間：周日至四 11:00am-9:30pm；
　　　　　周五及六營業至 10:00pm
網址：www.daiso.com.tw/Inside/Store

自助調酒加油站 ❸　　MAP 1-2 C3
▉BLAH BLAH Bar

✱ 捷運市政府站 3 號出口步行約 4 分鐘

> 2024年
> 3月
> 開幕

BLAH BLAH Bar 正式插旗新光三越 A8 館地下一樓，擁有全台獨家引入的16支汲飲拉吧，其中佔三分之二為調酒、三分之一為風味啤酒和無酒精手工可樂，16支汲飲中還有由世界調酒大賽冠軍吳盈憲打造的特調飲品，如「紅烏龍茶酒」和「柚茉莉琴酒」。店方更與連續六年米其林一星 LONGTAIL 餐廳主理人林明健主廚合作，打造出2款特色漢堡和3款佐酒小吃，配搭調酒別具滋味。

可於櫃檯購買儲值「8pass」，按個人喜好任意混合，調和出獨特的風味。

地址：信義區松高路 12 號 A8-B1
營業時間：
周日至四 11:00am-12:00mn；
周五及六營業至 1:00am；
DJ Time 周五及六 9:00am-12:00mn
IG：blahblahbar.a8

全新小百貨

■吉祥道 ④

MAP 1-2 C1

2024年 4月 開幕

白色建築的外觀配合大片玻璃設計，清新明亮。

＊ 捷運市政府站 1 號出口步行約 10 分鐘

　　台北信義區的吉祥道，是一個結合美食、選物、獨立書店的新型態文化地標。吉祥道不收租金、不抽成，以低門檻的方式吸引台灣在地品牌進駐。商場以純白兩層樓高建築物構成，大片玻璃設計呈現清新明亮的外觀。場內進駐了多家文創及美食品牌，包括萬秀洗衣店、豚門厚切豬排專賣店、好島集永續概念店等。吉祥道不只是購物中心，也是一個文化交流空間，定期舉辦音樂表演、講座和工作坊，帶來多元體驗。

豚門厚切豬排專賣店。

場內的獨立書屋，由紅氣球書屋打造成書香氣息的空間。

地址：信義區基隆路一段 89 號　**營業時間**：周一至四 11:00am-8:00pm；周五至日營業至 9:00am
網址：https://portaly.cc/ji_xiang_dao

2024年 5月4日 開幕

全新小百貨

MAP 1-2 D2 ⑤

富邦美術館■

＊ 捷運市政府站 3 號出口步行約 9 分鐘

　　富邦美術館位於台灣台北市信義區，由普立茲克建築獎得主倫佐・皮亞諾建築工作室（RPBW）與姚仁喜大元建築工場共同設計監造，領域涵蓋視覺、時尚、設計、電影及表演藝術。館內有藝術商店、咖啡店、餐廳、教育中心等設施。開幕首展為《真實本質：羅丹與印象派時代》，引進洛杉磯郡立美術館典藏精選100件，以及 Alfred Sisley、Pierre-Auguste Renoir、Claude Monet 等印象派大師的十餘件畫作，呈現羅丹與印象派之間的深厚淵源與藝術對話。

地址：信義區松高路 79 號　**電話**：02 6623 6771
營業時間：11:00am-6:00pm；周二休息　　**網址**：www.fubonartmuseum.org/

台北大巨蛋商場

■遠東 Garden City ⑥

MAP 2-1 B2

2024年 5月底 開幕

＊ 捷運國父紀念館站 5 號出口步行約 3 分鐘

　　由 SOGO 團隊經營的大巨蛋百貨，正式以「遠東 Garden City」之名登場。備受關注的「潮美食公園 GOURMET PARK」於5月30日起投入營運。該區共有14間主題餐廳，包括航空主題燒肉店「STAR HUTONG 星胡同」、美式運動餐廳「SPORTS NATION」、首度引進24小時營業的「大巨星港式飲茶餐酒館」，以及以 Brunch Bar 為概念的全新早午餐品牌「Lit Lit」，為大巨蛋開啟全新的餐飲篇章。

地址：信義區忠孝東路四段 515 號

全新台味選物店　MAP 11-2 C4

■台灣日和 ❼ 2024年2月開幕

✱ 捷運大橋頭站1號出口步行約14分鐘，或北門站步行約10分鐘

　　大稻埕的「台灣日和」是一家結合選物、藝文展覽與小型咖啡館的複合式空間。店內空間充滿復古氛圍，販賣具有台灣特色的雜貨和在地咖啡茶飲，並不定期舉辦藝文展覽，提供台日朋友交流與分享的文化空間。店內的選物包括百年布莊的印花托特包、日本觀光客歡迎的花生酥、與台啤相關的古早味小物等。顧客還能品嘗到以台灣在地食材製作的手工甜點與咖啡茶飲。

地址： 大同區延平北路二段41號1樓　**網址：** https://taiwanbiyori.com/
營業時間： 周四至一 10:30am-6:30pm；周二及三休息

重現90年代西門町　MAP 7-2 A2

■詹記西門大世界 ❽ 2024年5月開幕

✱ 捷運西門站6號出口步行約4分鐘

　　西門大世界坐落於西門町大世界商業大樓，前身為大世界戲院，不只佔地大也十分華麗奇幻。餐廳以懷舊台味為設計靈感，融合西門町流行元素，以七彩霓虹燈、巨石浮雕和塗鴉等設計，營造出西門町90年代的繁華景象。開幕期間推出聯名「草莓莓有派對」草莓沙瓦，讓酸甜滋味完美解辣。場內更設有10個單人雅座的「詹記涮涮屋」，一人食火鍋也很方便。

地址： 萬華區成都路81號B1
電話： 02 2311 1800　**營業時間：** 12:00nn-1:00am
網址： https://reurl.cc/QRRN6M

霓虹招牌在成都路上格外閃亮。

1樓大廳前的巨石浮雕。

橫掃台北米芝蓮夜市

Google Map 下載

到台北掃夜市是指定動作，除了香港人喜愛，部分夜市攤販更收錄在《米其林指南臺北》(台北米芝蓮)「必比登推介」之內，即時升價十倍。

🚗🚌 捷運台北車站乘的士 10 分鐘即達；
台鐵松山站下車即達

饒河街夜市是台北市最具代表性的觀光夜市之一。雖然規模中等，但以其豐富多樣的美食攤位而聞名。這裡的小吃攤集中，提供了各式各樣的地道美食。其中有三家攤位被台灣《米其林指南》評為「必比登推介」，在台北的眾多夜市中脫穎而出。

地址：松山區八德路四段松河街與饒河街之間　**營業時間**：5:00pm-12:00mn

饒河街夜市 [必吃推介]

福州胡椒餅

饒河街總店攤子前擠滿了人。胡椒餅餡內的肉都要先醃上12小時，加上十多種配料及得宜烘烤火候，烤得剛剛好，不軟也不硬。

營業時間：3:30pm-11:00am
地址：松山區饒河街 249 號

陳董藥燉排骨

以豬肋骨和大量中藥材燉煮，清香醇喉，離遠就會聞到，秋冬天最佳保暖妙品。

營業時間：4:30pm-12:30am
地址：松山區饒河街 160 號

施老闆麻辣臭豆腐

兩大塊炸的臭豆腐加嫩滑鴨血，再配以醃白菜，麻辣湯底以多種中藥去熬煮，夠辣又夠味。

營業時間：4:30pm-12:00mn
地址：松山區饒河街 189 號

🚗🚌 捷運劍潭站 1 號出口走約 5 分鐘

MAP9-1

士林夜市每日由下午到深夜都非常熱鬧，攤位種類琳瑯滿目。夜市主要分為兩部分：一部分是位於捷運站對面的士林市場；另一部分則是圍繞陽明戲院，涵蓋安平街、大東路、大南路和文林路的商圈，消費及娛樂的選擇豐富，是台北市的一大亮點。

地址：士林區大東路、大南路、文林路、基河路範圍內巷　**營業時間**：4:00pm-12:00mn

士林夜市 [必吃推介]

海友十全排骨

40年老字號，採用15種中藥秘方烹調的「十全大補湯」，分排骨、肋排、羊排、雞腿及土虱5種口味。

營業時間：2:30pm-翌日 1:00am
地址：士林區大東路 49 號

大上海生煎包

生煎包的美味秘訣在於餡料和煎製方法，餡料選用新鮮豬肉，加入蔥薑等調味料，鮮香味美。外皮金黃酥脆，底部煎得焦香，內餡鮮嫩多汁，一口咬下，湯汁四溢。生煎包每一個只要NT15，是夜市中的人氣小吃。

營業時間：3:00pm-11:00pm；
周二休息
地址：士林區文林路 101 巷 10 號

老士林蕭記碳燒肉捲

每一份肉捲都是現場炭火烤製，外皮焦香，肉質鮮嫩。肉捲加入了大量新鮮蔥段，每一口都有蔥的清香和微辣。噴上檸檬汁後，更增添了一絲清新的酸味，減輕了油膩感。

營業時間：5:00pm-4:00am
地址：士林區大東路 39 號

MAP10-1A

寧夏夜市

【必吃推介】

🚗🚌 捷運中山站 1 號出口往南京東路，再右轉寧夏路即達

夜市內有超過200個攤位，販售各式地道小吃和商品。寧夏夜市以傳統台灣小吃聞名，其中最受歡迎的包括蚵仔煎、滷肉飯、臭豆腐、和牛肉麵。夜市內也有許多新奇的創意小吃，例如爆漿脆皮魷魚、迴轉蚵仔煎、和芋頭酥。

地址：大同區寧夏路　營業時間：5:30pm-12:00mn

劉芋仔蛋黃芋餅

寧夏夜市的40年老字號，芋餅外皮酥脆，內餡香甜，配搭鹹香的蛋黃，口感豐富。

營業時間：5:00pm-12:00mn
地址：大同區寧夏路 91 號攤

豬肝榮仔

60年老字號，豬肝熟度完美沒腥味，豬肚軟腍入味，配以香辛薑絲刺激味蕾，組合完美。

營業時間：6:30pm-11:30pm，
　　　　　周一休息
地址：大同區寧夏路 68 號前

方家雞肉飯

40年老字號的小店，也是寧夏夜市的必比登美食。鮮嫩的雞肉絲配香氣四溢的油蔥和醬汁，小小攤位以平民價征服不少食客的味蕾。

營業時間：6:00pm-12:00mn
地址：大同區寧夏路 75 號

臨江街夜市

【必吃推介】

WELCOME

🚗🚌 捷運信義安和站步行 10 分鐘

臨江街夜市的獨特之處，在於其對客家文化的融合。夜市擁有近200個攤位，可以找到豐富的客家美食，如傳統的乾拌麵配肉羹湯、蚵仔麵線以及撒上豐富花生粉的豬血糕等。

地址：大安區臨江街　營業時間：6:00pm-12:00mn

梁記滷味

創立於1965年，曾被《康熙來了》介紹過為難以抗拒的萬惡宵夜。店內放滿了豆乾、雞內臟、海帶、鴨翼、鴨血等20多款滷味，價位 NT10 至 NT70 不等，豐儉由人。

營業時間：6:00pm-1:30am，
　　　　　周二休息
地址：大安區通化街 39 巷 50 弄前

駱記小炒

位置隱蔽偏其門如市，米芝蓮形容為「炒羊肉或牛肉火候掌控絕佳，炒蚋仔鮮味十足。」其中炒螺肉是必試菜式。

營業時間：5:00pm-12:00mn，
　　　　　周二休息
地址：通化街 39 巷 50 弄 27 號

吳記排骨酥

吳記排骨酥的特色，在於堅持現點現炸的原則。與其他許多店家不同，吳記不預先炸好排骨酥，以確保每一口都是新鮮出爐、肉汁豐富。這樣的做法保證了排骨酥的口感既酥脆又不油膩，讓人一試難忘。

營業時間：4:00pm-11:30pm
地址：大安區臨江街 2 號

🚕 捷運龍山寺站轉乘的士約 5 分鐘

在松山機場投入使用之前，南機場曾是台北市的主要航空樞紐。其後這個地方逐漸轉變成一個夜市，日夜也有許多攤販營業。得到米芝蓮的加持後，這裡的人氣急速上升，吸引許多遊客前來。

地址：中正區中華路二段 307 巷　**營業時間**：5:00pm-12:00mn

阿男麻油雞

店家不僅提供雞肉，還有豬五花、豬心和豬肝等多種選擇。但其中最受歡迎的必須數雞腿，其肉質經煮至柔嫩，搭配麻油湯的香氣，令人難以抗拒。

營業時間：5:00pm-11:30pm，周一休息
地址：中正區中華路二段 311 巷

山內雞肉

南機場夜市的人氣店鋪，堅持不使用多餘的添加劑，以確保食物的純正口味。其中招牌「山內雞肉飯」是不容錯過的美食，每一塊雞肉都散發著自然的甜味和令人滿足的口感。

營業時間：11:00am-9:00pm，周六休息
地址：中正區中華路二段 307 巷 20 號旁

臭老闆現蒸臭豆腐

這款現場蒸製的臭豆腐是使用非轉基因大豆製成，調味僅用醋、醬油和香菇，不添加雞蛋和奶製品，非常適合素食者。

營業時間：11:30am-10:30pm，周三休息
地址：中華路 2 段 313 巷 6 號

🚕 捷運台電大樓站 3 號出口往師大路走約 6 分鐘

師大夜市是由師大路與泰順街交匯形成的小區，學生與遊客穿梭其間。這裡攤販雲集，美食選擇雖然不盡豐富，各式服飾、精品等商品仍琳瑯滿目，充滿了青春氣息。

MAP19-1

地址：大安區龍泉街與師大路　**營業時間**：4:00pm-12:00mn

燈籠滷味

店家以豐富多樣的選擇和傳統滷法贏得口碑。每一樣小吃都滷得入味，推薦水晶丸、大腸、白蘿蔔和豆干，讓人一試難忘。

營業時間：11:30am-12:00mn
地址：師大路 39 巷 24 號

許記生煎包

小巧的包子皮薄餡多，每一口都能品嘗到豐富的肉汁和新鮮的豬肉與高麗菜的完美結合。煎得金黃酥脆的底部，撒上香氣四溢的白芝麻，讓人一口接一口。

營業時間：3:30pm-11:00pm
地址：師大路 39 巷 12 號

師園鹽酥雞

師園堅持每天更換新油，每一塊雞肉都經過精心醃製，炸至完美的酥脆度，外酥內嫩。必吃的還有甜不辣和魷魚酥等小吃。

營業時間：12:00nn-翌日 12:30am
地址：大安區師大路 39 巷 14 號

夜市街頭小吃名單

台北的特色夜市多如繁星，以下介紹的美食更曾被列入米芝蓮的夜市街頭小吃名單中，不可錯過。

公館夜市

MAP19-1

🚇 捷運公館站 1 或 4 號出口即達

公館夜市與師大夜市僅一站之隔，因靠近多間大學，夜市的美食、購物和娛樂都充滿了青春氣息。公館夜市還有一條充滿東南亞風情的街道，這裡曾是一家東南亞電影院，現在則是各種異國料理和商品的集散地。

地址：羅斯福路四段旁　營業時間：3:00pm-11:45pm

雄記蔥抓餅

【必吃推介】

經營了30多年的老店，自獲得必比登推介後天天都大排長龍。原味蔥抓餅一片才NT25，每日手工現擀現煎，餅皮外酥內嫩；很多熟客會另加配雞蛋、芝士等材料，九層塔則免費提供，再蘸上特製辣椒醬，口感豐富有層次。

營業時間：3:30pm-12:30mn；
　　　　　周三休息
地址：羅斯福路四段 108 巷 2 號

藍家割包

公館商圈的知名老店，招牌割包以軟Q的刈包、肥瘦均勻的滷肉、酸甜的配菜和香濃的花生粉著稱，深受食客喜愛。

營業時間：11:00am-11:00pm，周一休息
地址：羅斯福路三段 316 巷 8 弄 3 號

延三夜市

MAP11-2

🚇 捷運大橋頭站 1 號出口即達

知名度遠比士林夜市或饒河街夜市要低，而且攤販亦不密集。但比起那些人氣夜市，這裡少了人車爭路的情況，而且夜市結集的都是有三十年歷史的老店，充滿老台北的回憶，是吃貨們必到的夜市。

地址：大同區延平北路三段　營業時間：6:00pm-12:00mn；部分攤販 4:00pm 開始營業

施家鮮肉湯圓

【必吃推介】

五十多年的老店，從路邊攤做到小店面。鮮肉湯圓（NT55）外皮軟綿彈牙，帶有淡淡的糯米香，內餡是使用黑豬後腿肉（半肥半瘦）絞碎，湯頭則以豬骨加入柴魚、冬菜和蝦米等精燉3小時熬成，擄獲不少老饕的胃口。

營業時間：11:30am-3:00pm、5:00pm-10:30pm
地址：延平北路三段 58 號

大橋頭老牌筒仔米糕

在地經營超過50年，其招牌筒仔米糕口感香Q，滷肉軟嫩入味，搭配醬汁和油蔥酥十分美味。不過，店內座位有限，經常需要排隊候位。

營業時間：
6:00am-4:00pm；
周二休息
地址：延平北路三段 41 號

🚗 捷運龍山寺站 1 號出口，沿西園路左轉入廣州街，步程約 5 分鐘

華西街夜市是台灣第一座觀光夜市，夜市入口處為傳統牌樓，兩側掛滿紅色宮燈，極具特色。猶如日本的商店街一樣，整條夜市的行人步道上搭有遮雨棚，兩旁店家皆為老字號，具有口碑與水準。

地址：萬華區華西街（位於廣州街與貴陽街之間）　營業時間：4:00pm-12:00mn

小王煮瓜

首次上榜的「小王清湯瓜仔肉」是夜市裡的一枝獨秀，熟客必點的組合包括堅持古法製作的「清湯瓜仔肉」，湯底甘甜不油膩，配搭特製的「黑金滷肉飯」，選用溫體豬滷至4小時以上再靜置一天，讓滷水汁慢慢傳入味，令肉質黑金油亮。

營業時間：9:30am-8:00pm（周二休息）
地址：華西街 17 之 4 號

《台灣米其林指南》
熱門小吃總整理

★南機場夜市★	無名推車燒餅 中正區中華路二段 315巷5弄	吾旺再季 中正區中華路二段313巷 29號1樓
★寧夏夜市★	阿國切仔麵 中山區天祥路1號	高麗菜飯 原汁排骨湯 大同區延平北路三段17巷2號
★饒河街夜市★	阿國滷味 松山區八德路四段759號	
★士林夜市★	鍾家原上海生煎包 士林區小東街38號	好朋友涼麵 士林區大南路31號
★公館夜市★	雄記蔥抓餅 中正區羅斯福路四段 108巷2號	
★延三夜市★	大橋頭老牌筒仔米糕 大同區延平北路三段41號	施家鮮肉湯圓 大同區延平北路三段58號
★華西街夜市★	源芳刈包 萬華區華西街17-2號 小王煮瓜 萬華區華西街17之4號 攤位153號	昶鴻麵點 萬華區華西街15號 171號攤

吾旺再季

　　足料的潤餅內餡有蘿蔔絲、紅燒肉、炸豆皮、芽菜、魚酥等配料，再加上花生粉及芥末醬來提味，口感清爽有層次。每日限量200份，且每人限購3份，售罄即收工！

南機場夜市
營業時間：3:30pm-9:00pm（周一休息）
地址：中華路二段 313 巷 29 號
交通：捷運龍山寺站轉乘的士約 5 分鐘

昶鴻麵點

　　店家開業逾50年，菜單以麵食為主。店內的招牌菜色「菊花肉麵」，其湯頭以豬大骨、雞骨、薑絲、菊花等食材熬煮而成，帶有濃郁的薑味與菊花香氣。小菜中則有滷肉飯、滷鴨蛋、小王煮瓜，尤以白斬土雞及豬尾巴為熱門之選。

華西街夜市
營業時間：12:00nn 至賣完即止；周六及日休息
地址：萬華區華西街 15 街 171 號
交通：捷運龍山寺站 1 號出口，步行約 8 分鐘

鍾家原上海生煎包　MAP9-1

　　僅此一家絕無分店的「鍾家」，其生煎包使用低溫冷藏的梨山高麗菜，令肉餡吃起來鮮香甘甜；加上每天手工揉麵糰，麵皮柔軟又有彈性，底部煎至金黃脆香，香而不膩。

士林夜市
營業時間：3:00pm-9:00pm；周三休息
地址：士林區小東街 38 號
交通：捷運劍潭站 1 號出口走約 7 分鐘

阿國滷味　MAP14-1

　　首度上榜的「阿國滷味」標榜無添加防腐劑，攤位上堆積如山的食物共約20多款，每款單價從NT20至NT35之間。米芝蓮推介的是鴨翅、脆腸和甜玉米筍，加入酸菜一起吃，特別醒胃又惹味。

饒河街夜市
營業時間：4:30pm-11:30pm（周一休息）
地址：松山區八德路四段 759 號
交通：捷運松山站 1 號出口步行約 2 分鐘

夏日冰品大作戰

炎炎夏日，沒什麼比吃一啖冰品消暑降溫來得暢快淋漓！台北的冰品店琳瑯滿目，由日系少女風到百年老店應有盡有，總有一款合你口味。

文青小店

1 小涼院霜淇淋專門店

🚌🚗 捷運大安站 5 號出口步行 10 分鐘即達

文青風格的小店，標榜天然新鮮，嚴選新鮮水果材料，如日本甜柿、荔枝、水蜜桃、土芭樂等，店家每日只供應一款口味，在 facebook 專頁可以提前知道，其中最喜歡的有「胭脂芭樂」，由彰化產地直送的胭脂芭樂，微酸甜的果肉，送入口中啖啖都是果渣，完全是吃新鮮水果的感覺。

> **地址**：復興南路二段 148 巷 34 號
> **電話**：02 2706 7623 　**營業時間**：1:00pm-9:00pm，周一公休
> **FB**：https://www.facebook.com/jung.yard.softee/

MAP 2-1 B1

店面沒有大招牌，只看到冰淇淋三個字。

色彩繽紛的綜合粉粿冰。

彩色手工湯圓是另一款人氣冰品。

IG 洗版打卡熱選

2 來特冰淇淋

🚌🚗 捷運國父紀念館站 5 號出口，步行約 10 分鐘

粉粿冰是店內的人氣冰品，顏色取自天然食材，黃色是山梔子、紅色是紅麴、藍色是蝶豆花等等。碗底鋪滿黑糖冰，夾雜桂圓的香氣，配搭紫米和綠豆蓉吃，甜度剛好。

> **地址**：松山區八德路四段 36 巷 54 號
> **電話**：02 2762 2008
> **營業時間**：周一至五 1:00pm-10:00pm，
> 　　　　　　周六及日至 11:00pm；周二休息
> **FB**：https://www.facebook.com/righticecream/

冰足半世紀

3 以利泡泡冰　**MAP 9-1 A1**

🚌🚗 捷運士林站 1 號出口步行 5 分鐘即達

60年以上的老店，泡泡冰是將刨得極細的冰加上佐料攪拌，形成許多泡泡而得名。選用台灣本土的水果，必點的招牌泡泡冰是花生花豆口味，花生的香氣濃郁是花生控的最愛。

> **地址**：士林區中正路 284 號
> **電話**：02 2832 7909 　**營業時間**：10:00am-11:00pm
> **FB**：以利泡泡冰總店 Taiwan Yili PaoPao Ice

非常簡單的門面，但人龍卻不絕。

懷舊冰店 MAP 7-2 **B1**
楊記花生玉米冰 **4**

🚌 捷運西門站 6 號出口向忠孝
西路步行約 6 分鐘

　　説到刨冰始祖，應是早於1960年開業的楊記。小店的冰品款式不多，但味道卻有古早味。刨冰以花生、玉米、紅豆、芋頭等傳統冰品配料為主，有11款以供選擇。

地址：漢口街二段 38、40 號
電話：02 2375 2223 **營業時間**：11:00am-10:00pm

花生玉米冰，用上宜蘭出產的花生，軟腍鬆化；玉米清甜，咬下去甜汁四溢。

MAP 21-2A **A1**

5 沖繩風刨冰
朝日夫婦

🚌 捷運淡水站 1 號出口，步行約 20 分鐘

　　位於淡水滬尾漁港旁，主打日式刨冰，小小的店面經常擠滿了人潮，店內播放沖繩三味線歌曲。一碗碗可愛的日式刨冰，以大量時令水果作為刨冰口味，配合無敵淡水河景，吃起來特別滋味。

地址：淡水區中正路 233-3 號
電話：0903 290 575 **營業時間**：12:00nn-8:00pm
FB：https://www.facebook.com/asahihuuhu

粉紅色雪花冰 **6**
花藏雪 手作雪氷

🚌 捷運劍潭站 1 號出口，步行約 9 分鐘

MAP 9-1 **B2**

　　店內的人氣消暑極品「西瓜牛奶小涼球」，用新鮮西瓜挖成小球的果肉堆疊起來，面層及碗底鋪滿粉紅色的西瓜牛奶雪花冰，旁邊再插上雪條造型的黃色「小玉西瓜」，清甜爽口又真材實料。

地址：士林區大北路 27 號
電話：02 2883 3807
營業時間：1:00pm-8:00pm；
　　　　　　周六及日至 8:30pm
FB：https://www.facebook.com/
　　　snowflower.shihlin/

老點潮作
貨室甜品　MAP 10-1A B2　**7**

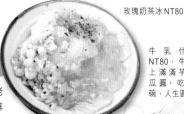
玫瑰奶茶冰 NT80

🚗🚌 捷運雙連館站 1 號出口出站即達

　　「貨室」是富戶、有錢人家的意思，年輕的老闆決定把古老當時興，把台灣傳統台式冰品的風華再現，顯在每一道冰品與甜品裡。食肆以全白及原木打造，非常有簡約風貌。熱銷冰品玫瑰奶茶冰，冰上鋪上薏仁及蒟蒻，再淋上奶茶及玫瑰花露，「高顏值」卻只售NT80，非常受女生歡迎。

牛乳什錦冰 NT80，牛乳冰配上滿滿芋圓及地瓜圓，吃完這一碗，人生圓滿。

地址：大同區赤峰街 71 巷 34 號
營業時間：1:00pm-9:30pm；周六及日 12:30nn 提早營業
FB：https://www.facebook.com/orshavedice/

季節創意冰品
Double V　**8**

🚗🚌 捷運信義安和站 5 號出口步行約 7 分鐘

　　Double V 是一間手工意式冰淇淋的專門店，堅持「跟著季節走」的理念，嚴選當季食材，至今研發出超過500種 Gelato 口味。店內每日供應9種口味的冰淇淋，皆以新鮮食材製成，口感綿密細緻，風味獨特。從香濃的伯爵茶、鹹甜交織的鹽之花焦糖，到酸甜可口的芒果乳酪，每款冰淇淋都令人回味。冰淇淋價格合理，單球NT90起，雙球 NT160起。

地址：大安區延吉街 234 號一樓　**電話**：02 2701 0325
營業時間：周三至五 3:00pm-9:00pm；周六 1:30pm-9:00pm
　　　　　　周日 1:30pm-8:30pm；周一及二休息
FB：https://www.facebook.com/studio.doubleV/

超萌小雞仔
浪花丸かき氷　MAP 21-1A A1　**9**

🚗🚌 捷運淡水站 1 號出口，步行約 20 分鐘

　　浪花丸かき氷是從澎湖起家，來到淡水開設分店，以造型刨冰受到喜愛。菜單上有6種造型口味，其中兩款是「八重山彩熊君」和「芒果小雞仔」。前者使用葡萄乾、餅乾等組合，設計出可愛的小熊造型，口感豐富多層次；後者使用新鮮芒果及煉乳製成的冰品，造型超可愛，未吃進口，心已被融化。

地址：淡水區中正路 233-2 號 1 樓　**電話**：02 2628 2727
營業時間：周一至二及周四至五 1:00pm-7:00pm；
　　　　　　周六及日營業至 8:00pm；周三休息
網址：linktr.ee/naniwamaru_tamsui

MAP 13-1 B2 10

創新刨冰
金雞母 Jingimoo

🚌 捷運東門站 2 號出口步行約 3 分鐘

位於東門的甜品小店，店家採用台灣本土的食材，如萬丹紅豆、阿里山愛玉、鐵觀音茶及有機玫瑰，在口味和外形上花盡心思。招牌燒冰系列中的「燒冰莓果」上桌前會用火槍先炙燒冰上的布蕾，表面燒得焦脆，冰品以藍莓、覆盆莓配搭，酸甜度甚有層次感。

地址：大安區麗水街 7 巷 11 號　**電話**：02 2393 9990
營業時間：12:30pm-8:30pm
FB：www.facebook.com/jingimoo

11　　MAP 4-1 A3　　慢冰出細貨
紀 々花 NONOKA CAFE BISTRO

八女抹茶 NT210

🚌 忠孝復興站 2 號出口步行約 2 分鐘

紀 々花除了刨冰口味正宗，最特別是製作的原冰以慢凍方式結成，雖然時間較長據説口感更綿密。必試八女抹茶及鮮奶油牛奶糖，看似大大件其實一個女孩子也可吞滅。

焦糖牛奶糖 NT180

地址：大安區忠孝東路 3 段 248 巷 13 弄 10 號 1 樓
電話：02 2731 9055
營業時間：11:30am-3:30pm、5:00pm-10:30pm
FB：https://www.facebook.com/nonoka.cafe.bistro/

哈日族至愛
好想吃冰かき氷 12

MAP 12-1 A1

🚌 捷運中山站 5 號出口步行約 1 分鐘

好想吃冰是中山一帶非常受歡迎的冰品店。小店以日式家庭餐廳風格，冰品的食材也非常講究，直接由日本進口，亦愛以日本地方命名。招牌名物宇治金時採用靜岡濱佐園抹茶、蜜漬紅豆、手作日本白玉、抹茶白玉、手作抹茶冰淇淋及抹茶凍等，用料豐富得令人感動。

芒果火山爆發 NT220

宇治金時 NT200

地址：大同區赤峰街 7 號　**電話**：02 2558 0653
營業時間：12:00nn-9:00pm
FB：https://www.facebook.com/iwanticesomuch/

台北親子景點巡禮

台北是一個非常適合親子遊的城市，不但景點多，對小朋友亦友善，連親子餐廳也布置得如室內遊樂場一樣，令父母可以放心吃餐安樂茶飯。

乘坐小火車 1 MAP 6-1 B1
台灣博物館鐵道部園區

捷運北門站 2 號出口

鐵道部園區經歷16年整修後重新開放，顯眼的紅磚建築是園區一大亮點，戶外空間也相當的寬廣，有足夠空間讓小朋友跑跑跳跳。館內除了展示傳統的文物和圖片之外，還融入許多互動式設施以及多個模擬場景，「蒸汽夢工廠」是其中最受歡迎的活動，小朋友可以乘坐小火車繞道一圈，值回票價。

> **地址**：大同區延平北路一段 2 號　**電話**：02 2558 9790
> **入場時間**：9:30am-5:00pm；周一休息
> **費用**：鐵道部園區 NT100、四館聯票 NT130（小童半價）
> **網址**：https://www.ntm.gov.tw/content_151.html

0到6歲限定親子空間
大樹先生的家 2

古亭捷運站 6 號出口步行約 8 分鐘

餐廳為六歲以下的兒童準備了遊戲區，包括全台唯一三池合一的室內親子空間，有水池、波波池和沙池；而最震撼的是火車頭波波池，仿古火車頭滑梯隨燈光變化顏色很夢幻，滑梯底下有超過3萬顆半透明藍色球，簡直讓小朋友為之瘋狂。

> **地址**：大安區潮州街38號　**電話**：02 3393 3313　**FB**：大樹先生的家 -Mr.Tree 親子餐廳
> **入場時間**：11:30am-2:30pm、3:00pm-5:30pm、6:00pm-9:00pm
> **最低消費**：6 歲及以下：平日 NT＄190，周末及假日 NT＄230；6 歲以上：最低消費 NT＄180 + 10％服務費

全台最大樂高店

捷運土城站 3 號出口，乘的士約 5 分鐘

公主樂糕殿 3

佔地超過7千平方英尺的空間不僅出售盒裝樂高，還有數千種樂高配件和零件。B1層有一個二手樂高積木池，小朋友們可以在這裡尋寶。店鋪前身是一所幼稚園，而一樓的餐廳將原先學校的風琴改造成餐桌，獨特的設計讓許多父母勾起自己的童年回憶。

> **地址**：新北市土城延和路 18 巷 15 弄 1 號
> **電話**：02 2266 0338　**營業時間**：11:00am-8:00pm，周四休息
> **FB**：www.facebook.com/legoprince1119

夢幻旋轉木馬
Money Jump

④

🚗 捷運松山站乘的士約 10 分鐘

　　Money Jump 位於內湖，因為距離捷運站較遠，香港人比較陌生。不過餐廳擁有足以令小孩子及女仕著迷的旋轉木馬。Money Jump 全店地方超大，以一片片木材精密地拼裝而成，非常有特色。除了旋轉木馬，餐廳內還設有「躲貓貓隧道」，最啱愛捐窿捐罅，追追逐逐的小朋友玩捉迷藏。餐廳附近有多間大型量販店，包括好市多、大潤發及家樂福等，餐廳玩完還可血拼，一家大細都啱去。

地址：內湖區民善街 127 號 2 樓
電話：02 2792 1156
營業時間：A 場 11:00am-1:30pm、
　　　　　B 場 2:00pm-5:00pm、C 場 5:30pm-8:00pm
最低消費：1 至 12 歲 NT200、
　　　　　12 歲以上平日 NT300、假日 NT500
網址：https://moneyjump.com.tw/
註：一歲以上、未滿十二歲小孩每人低消
　　NT200，大人（十二歲以上）平日每人低
　　消 NT300，假日每人低消 NT500

MAP 5-0 **B1**

地址：中正區金山北路 1 號 2 樓　電話：02 2396 2518
營業時間：11:00am-8:00pm
FB：https://www.facebook.com/Richdaddycafe

木造瀡滑梯 ⑤
富爸爸餐飲會所

🚗 捷運忠孝新生站 1 號出口，步行約 5 分鐘

　　位於華山文創園區附近，室內的金銀球波波池，有種奢華貴氣的感覺，球池上方是一座木造的攀爬瀡滑梯，小朋友躲在通道成秘密基地，或透過窗口向家長揮手。遊戲區旁是爸媽的用餐空間，可以輕鬆坐下來歎美食之餘，同時又掌握到小朋友的蹤影。

打邊爐 +Playroom
童鍋 親子餐廳 ⑥

🚗 搭乘火車至 [樹林站] 下車，沿鎮前街出口左轉接樹新路，步行約 6 分鐘

　　火鍋店附設高質感波波池、瀡滑梯遊戲區，純白色北歐自然風裝潢，曾在2020年獲 K-DESIGN 設計獎。店內有專為小朋友設計的火鍋兒童餐，蔬菜與肉類達到營養均衡，湯底無添加味精，健康無負擔。

地址：新北市樹林區樹新路 40-6 號 6 樓
電話：02 8675 2002
營業時間：11:00am-10:00pm
FB：https://www.facebook.com/Tonghealthyhotpot/

透明空中廊道
海豚咖啡 7

於淡水捷運站外的伯朗咖啡前搭車，可搭乘由台北 - 三芝 / 淡水 - 三芝 / 淡水 - 金山 / 淡水 - 基隆 之巴士，於「佛朗明哥站」下車

海豚咖啡位於新北市三芝區淺水灣之內，交通不算方便，不過如果是暢遊北海岸，可以這裡為起點或終站。餐廳地方寬敞，內有一個勁大的兒童室內遊樂場，免費予食客使用。遊樂場的爬行管道，其中一截竟伸出室外，嵌在海豚咖啡餐廳半空中，全透明的設計令每位爬過的小朋友無不嚇得依嘩鬼叫，非常有趣。

地址：新北市三芝區北勢子 42-11 號二樓
電話：02 2636 8276 **FB**：海豚咖啡
營業時間：11:00am-7:00pm
（每日營業或有異）

美式鄉村風
象園咖啡 8

捷運文湖線文德站下車，步行約 6 分鐘

餐廳坐落於碧湖公園對面，美式鄉村風格的建築被一片綠意包圍，餐廳後方有一組大型瀡滑梯，入口處幾隻色彩繽紛的可愛大象，是人氣打卡地標。餐飲選擇頗多，日式、美式、中式、南洋風料理應有盡有，還有專為兒童準備的餐點，方便放電後醫肚。

地址：內湖區內湖路二段 192 號
電話：02 2792 6080 **營業時間**：11:00am-9:00pm
FB：https://www.facebook.com/elephantgardencafe

甩尾小型賽車場 9
Crazy Cart Cafe

 捷運南港站 2A 出口步行 2 分鐘

位於南港 Global Mall 環球購物中心，親子餐廳結合室內小型賽車作主題，車種分為成人和小孩兩類，賽道中有紅綠燈避免碰撞，並提供髮夾彎及下坡 S 彎設計的賽道，車速雖慢，但可以挑戰難度及享受過彎快感。

地址：南港區市民大道八段 360 號一樓　**電話**：02 2782 2300
營業時間：周三及四 12:00nn-10:00pm、周五至 8:00pm、
周六及日至 9:00pm；周一、二休息
FB：https://www.facebook.com/crazycartcafebytds

24小時閱讀世界 **10**
新北市立圖書館總館

🚌 捷運亞東醫院站 3 號出口走約 8 分鐘

　　新北市立圖書館樓高10層，除了極大量的藏書及期刊外，甚至還有高科技的視聽區、輕食區、漫畫區、展覽區、兒童故事區、演講廳、日韓台雜誌區。一至三樓都是24小時開放的區域，像是三樓便是針對親子活動而設，除了有積木區等玩樂設施，書架設計也較低以方便小孩取書。

地址：新北市板橋區貴興路 139 號　　**電話**：02 2953 7868
營業時間：8:30am-5:00pm(周日至一)；8:30am-9:00pm(周二至六)
網址：www.tphcc.gov.tw

孕育未來科學家 MAP 9-1 A1
台灣科學教育館 **11**

🚌 捷運劍潭站 1 號出口出站後於左方公車站，轉乘公車（紅 30、41）至科學教育館站下車

　　科教館共有十樓，B1為「劇場與科學實驗室」展館，設有動感3D劇院、兒童益智探索館、立體虛擬實境劇場及地震劇場等。三、四樓為「生命科學展示區」，展示基因及人體的奧秘。五樓為「物質科學展示區」，探討力學及電力；六樓為「地球科學展示區」，讓大家了解地球構造的寶庫。

地址：士林區士商路 189 號　**營業時間**：9:00am-5:00pm 周一休息　**網址**：http://www.ntsec.gov.tw
費用：常設展 (3-6F)：全票 NT100，優待票 NT70，動感 3D 劇院 NT100　**電話**：02 6610 1234

超平親子樂園 MAP 9-1 A1
兒童新樂園 **12**

🚌 捷運士林站或劍潭站下車，到站旁巴士站轉乘兒樂 1 號或 2 號線的免費接駁巴士

　　兒童新樂園是一個為小孩度身訂造的主題樂園，樂園設有咖啡杯、碰碰車、海盜船、摩天輪、小型跳樓機等設施，雖然說不上驚喜，但勝在消費奇低，機動遊戲起錶價都是NT20！園內還增設多個特色裝置藝術與美食廣場，集吃喝玩樂於一身，果真是親子遊的熱門好去處。

地址：士林區承德路五段 55 號　　**電話**：02 2181 2345　　**網址**：www.tcap.taipei
營業時間：寒、暑假：9:00am-8:00pm；非寒、暑假：周二至五 9:00am-5:00pm；
　　　　　　　周六及日營業至 6:00pm；周一休息
費用：成人入場 NT30、小童 NT15；園內每種遊玩設施收費一次 NT20 起；一日樂 FUN 券 NT200

I. 台北型格酒店
Citizen M Hotel

捷運北門站步行 3 分鐘　　**MAP** 6-1 **A2**

　　來自荷蘭的連鎖式酒店集團 CitizenM，酒店客房找來荷蘭知名團隊設計，大面積的窗戶，可遠眺淡水河的景色。不過酒店最吸睛的，是五彩繽紛的大堂「客廳」。裡面既有圖書，亦有很多台灣本土藝術家的作品。最特別是酒店設有 24 小時自助 check-in 系統，只要在大堂輸入訂房及個人資料，即可啟動房卡入住，唔駛再排大隊，非常貼心。

自助 check-in 系統

地址：中正區中華路一段 3 號　**電話**：070 1016 1061
參考房價：雙人房 NT3,570/ 晚起
網址：https://www.citizenm.com/destinations/taipei/taipei-hotel

MAP 16-0

量子酒店 S Hotel

捷運南京復興站步行 10 分鐘 (文華東方酒店旁)

　　量子酒店 S Hotel 不單由 Philippe Starck 操刀設計，內裡更收藏了他大量的作品。Philippe 以北歐的風格，用木材打造溫暖的大堂。而酒店播放的爵士樂，是由大 S 老友范曉萱精心挑選，連餐廳也由米芝蓮星級名廚坐鎮，可謂星光熠熠。

地址：松山區敦化北路 150 號　**電話**：02 2712 1777
參考房價：雙人房 NT5,000/ 晚起
網址：http://www.shotel.com/

HOTEL POIS POIS

捷運忠孝敦化站步行 10 分鐘　　**MAP** 3-1 **C1**

　　POIS POIS 是法文「點點」的意思，而全間酒店就以泡泡為主題。無論酒店裡外，見得最多的一定是波點、碎花以至粉紅氣泡，感覺非常少女。Check-in 的大堂設於頂層，一場來到一定會試坐來自倫敦的 Spun Chair 陀螺椅。連升降機也以七彩樹脂布置，令你搭 Lift 都唔會悶親。

地址：大安區市民大道四段 168 號　**電話**：02 2771 1188
參考房價：雙人房 NT2,142/ 晚起
網址：https://www.hotelpoispois.com/

II. 特色青年旅館

小巧精緻
你好咖啡旅館

 捷運大安站 1 號出口正後方

咖啡店兼營旅館，裝潢小巧溫馨，充滿綠意的植物散布其中，入口處是玻璃屋露天座位區，在這裡歎早餐就最適合。房間麻雀雖小五臟俱全，除濕機、小冰箱、牙刷組、洗髮沐浴露、吹風機等用品齊全。緊鄰捷運大安站，交通十分方便。

地址：信義路三段 147 巷 5 弄 4 號
電話：02-2389 7563
參考房價：NT2,500 起 (小型雙床房)
網址：http://cafe.nihao.com.tw/

MAP 6-1 **C1**

最低
HK$200/ 晚 !

Star Hostel 信星旅館

 捷運台北車站沿地下街 Y13 出口
步行 3 分鐘即達

Star Hostel 位於台北車站附近的華陰街商圈，雖然屬平價酒店，裝修布置卻一絲不苟。全間酒店以木材為主題，帶有一點禪味。地方不大，卻有自己的餐廳及 common room，非常適合一夥人在這裡聯誼聊天。

地址：華陰街 50 號 4 樓　電話：02 2556 2015
參考房價：六人宿舍床位 NT850/ 人、
　　　　　單人套房 NT1,900、
　　　　　雙人套房 NT2,400
網址：http://www.starhostel.com.tw/

MAP 6-1 **D1**

故事所 夾腳拖的家花園

 捷運台北車站沿地下街 Y7 出口步行 5 分鐘即達

　　夾腳拖的家分別在台北市及九份都設有旅館，曾被旅遊網站 TripAdvisor 評為203間台北市特色住宿的第17位。旅館提供1-6人的房間。旅館除了有交誼空間，更設有發呆區供住客休息想冥。除了住宿，旅館會不定期舉行不同形式的分享會，感覺非常文青。

最低 HK$220/晚！

地址：大同區長安西路 122 號　電話：02 2558 5050
參考房價：雙人房 NT2,241 起、
　　　　　六床宿舍 NT912 起 / 人
網址：http://www.flipflophostel.com/

MAP 6-1 **B2**

璞邸城市膠囊旅店

 捷運台北車站下車，站前地下街 Z8 出口步行 2 分鐘

　　旅館名稱雖然有膠囊兩字，但睡床並非像洗衣機那種設計，而是木質上下隔床，每張床都有布簾，每層樓有多個淋浴間和手間，環境乾淨企理。還免費提供飲品和早餐，公共空間有窗枱閱讀座位，孤形躺椅讓你享受一點私人時間。

地址：中正區重慶南路一段 7 號
電話：02 2381 5566
參考房價：雙人床位 NT2,300
網址：http://bouti.com.tw/

F5-3

漫步旅店

 捷運西門站 1 號出口步行約 10 分鐘即達

最低 HK$160/晚！

漫步旅店位於台北的不夜天西門町，旅店是由40年前的舊旅館改造而成，雖然無法提供電梯，不過在一樓大廳精心打造了寬敞的公共區域。旅店提供 3 種房型，包括10人合宿房 (公共衛浴)、4人合宿房 (獨立衛浴)，以及雙人房 (獨立衛浴)，更TripAdvisor評為203間台北市特色住宿的第2位。

地址：萬華區成都路 163 號
電話：02 2383 1334
參考房價：雙人套房 NT2,300 起、
　　　　　6 人混合床位 NT650/ 人
網址：https://www.staymeander.
　　　com/meandertaipei/

MAP 7-2 **D1**

瘋台北青年旅店

 捷運西門站 5 號出口步行約 8 分鐘即達

最低 HK$130/晚！

瘋台北青年旅店坐落於台北西門町，食買玩超方便。旅店以黑白為主色調，採用富現代感簡約風格搭配舒適的上下鋪客房，非常有型格。旅店提供 3 種房型，分為6人房、8人房及12人房，每間房皆設立乾濕分離衛浴設備，交誼廳有自助洗衣機設備，提供旅人一處溫暖的休息空間。

地址：中正區延平南路 21 號 2 樓
電話：02-23821818
參考房價：單人床位 NT510-660、
　　　　　雙人床位 NT840-1,120
網址：http://www.funinn.com.tw/

精選台北人氣手信

台灣好茶

NT69/包

聞花茶

開花茶沖泡時茶葉與花朵會在水中綻放，形成美麗的景象，使用來自台灣的高品質茶葉，並搭配不同種類的花朵，如玫瑰、茉莉、桂花等創造出多種不同的風味。

無藏
訂購網址：https://www.wu-tsang.com.tw/

優質烏龍茶

由茶師採製的「單品茶」（Single Origin），堅持不混茶，茶葉採自阿里山大凹產的青心烏龍，簡約大方的茶罐搭配優良茶品，適合送禮。

琅茶
地址：台北市民生東路四段97巷6弄8號1F
營業時間：1:00pm-7:00pm

福壽梨山烏龍茶

一款產自海拔2,600公尺的梨山茶區，茶湯呈金黃色，香氣清幽，帶有淡淡的蜜香。2022年獲 The International Taste Institute國際風味評鑑二星殊榮。

NT800/75g

灃融號
地址：內湖區民權東路六段15巷35號
營業時間：9:30am-6:30pm
網址：https://www.lrhteashop.com/

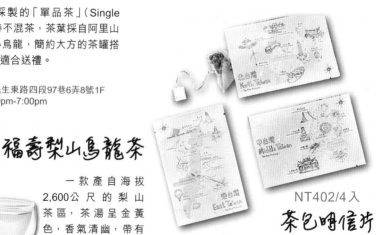

NT402/4入

茶包明信片

與插畫家何詩敏合作，4入茶包分別裝有產自台灣東、南、中、北部的特色茶，包括花蓮的蜜香紅茶、南投的凍頂烏龍茶、阿里山的高山金萱、三峽的碧螺春等。

七三茶堂
地址：台北市忠孝東路四段553巷46弄16號
營業時間：12:00nn-7:00pm

地道小吃

1. 鳳梨酥

金獎鳳梨酥

2013年台北鳳梨酥文化節金獎得主，採用台南關廟17號金鳳梨製作，餅皮鬆軟，果香四溢。

郭元益
地址：中山區中山北路二段34號
電話：022568-2136
營業時間：10:30am-9:30pm
網址：http://kuos.com/

NT400(10個裝)

古法鬆糕　NT690/10入

上海合興糕糰店的創新品牌，主打各式古法水蒸鬆糕餅，如紅豆年糕、桂花年糕、鹹蛋黃燒餅、綠豆椪等，是大稻埕的人氣店。

合興壹玖肆柒
地址：大同區迪化街一段223號
電話：02 2557 8060
網址：https://www.hoshing1947.com.tw/

土鳳梨酥

哈肯舖的土鳳梨酥，內餡選用17號金鑽鳳梨與3號仔鳳梨依比例混和，配合日本低溫熬煮，突顯鳳梨的酸甜。

哈肯舖
地址：大安區信義路四段265巷18號（捷運信義安和5號出口）
電話：02 2755 4444
營業時間：7:30am-9:30pm
網址：https://www.hoganbakery.com.tw/

NT588/盒

2. 芋頭酥

芋頭酥
NT450(9個裝)

先麥

號稱台灣芋頭酥元祖，榮獲經濟部台灣具代表性十五大伴手禮、德國IF設計大獎。餡肉選用上等檳榔芋，皮酥餡多，更推出低卡芋頭酥，熱量比傳統芋頭酥少三成半，最啱健康一族。

先麥
地址：大同區承德路一段1號京站時尚廣場B3F
電話：02 2552 5067
營業時間：11:00am-9:30pm
網址：https://www.smai.com.tw/

犁記

有百年歷史的台北犁記，芋蓉選自大甲鎮的檳榔心芋，配上來自歐洲的特級奶油，更將味道襯托得恰到好處，其中再綴上幾許紅豆，鬆軟爽口、芋香回味。

香芋酥　NT780(12個裝)

犁記
地址：長安東路二段67號
電話：02 2506 2255
營業時間：9:00am-9:00pm
網址：http://www.taipeileechi.com.tw/

西式糕點

排隊限量蛋糕

士林區排隊名店，招牌雙層水果蛋糕相當受歡迎，例如冬季限定的草莓蛋糕，口感柔軟濕潤，草莓香甜多汁，上面再覆蓋一層厚厚的奶油。夏季有芒果、秋季有青提口味，限量推出。

宣原蛋糕專賣店
地址：士林區前港街 70 號一樓
　　　（捷運劍潭站 3 號出口步行 8 分鐘）
電話：02 2881 9256
營業時間：8:00am-1:00pm
網址：https://www.xuanyuancake.com/

草莓季限定
NT690-800/ 條

酒釀桂圓麵包

曾奪世界麵包師大賽冠軍的吳寶春，設在誠品松菸店的麵包店門前永遠大排長龍。其中王牌產品桂圓包更是一出爐即被掃清，絕對手快有手慢冇。桂圓包選用台南東山鄉的龍眼乾，混合紅酒、乾果和合桃，口感與香味都令人難忘。

吳寶春麥方店
地址：信義區信義路五段 124、126 號 1F
　　　（捷運象山站 2 號出口）
電話：02 2723 5520
營業時間：10:30am-8:00pm
網址：http://www.wupaochun.com/

酒釀桂圓
NT370

阿聰師小芋仔

小芋仔以大甲芋頭為餡料，外皮酥脆，內餡綿密。芋頭香氣濃郁，口感豐富，更榮獲2023年台灣伴手禮大獎。

阿聰師
地址：中正區北平西路 3 號 1 樓
電話：02 2331 2689
營業時間：10:00am-10:00pm
網址：https://www.o-nongs.com.tw/

流心小芋仔 NT450/6 入

荷蘭貴族手工蛋糕

阿默蛋糕是台灣糕餅店的名牌，而王牌荷蘭貴族手工蛋糕更以十三層的複雜製作工序，口感扎實綿密，KO 同類產品。

Amo 阿默蛋糕 (微風站前店)
地址：中正區北平西路 3 號 (微風車站一樓)
電話：02 2361 8099
營業時間：10:00am-10:00pm
網址：http://www.amo.com.tw/

荷蘭貴族手工蛋糕 NT380

台北市廣域圖

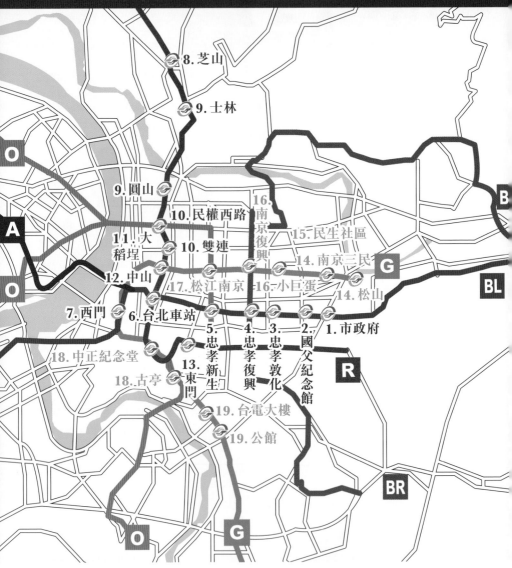

BR 文湖線	**O** 中和新蘆線
R 淡水信義線	**BL** 板南線
G 松山新店線	**A** 桃園線

板南線
【市政府】

本章節以信義區「市政府站」為中心，文中推介的景點或會擴大至「象山站」及「台北101/世貿站」等範圍。

西門

台北車站　善導寺　忠孝新生　忠孝復興　忠孝敦化　國父紀念館　市政府

南港展覽方向

文青小百貨 🔍 MAP 1-2 **C1**

吉祥道 ❶ 🍴 😊

🚇 捷運市政府站 1 號出口步行約 10 分鐘

　　吉祥道是一個結合了美食、文創、洗衣店以及咖啡店的文青百貨，進駐多家台灣在地品牌，如龍鳳堂餅舖、大吉團、好島集永續概念店等。吉祥道內部空間寬敞舒適，劃分為「台式排檔、生活選物、共享廚房及獨立書屋」等四大區域。其建築外觀清新亮眼，入口處的「橘子林」象徵聚吉好運，更成為網美們打卡的新熱點。

南瓜馬車蛋黃酥 NT390，口感飽滿細柔。

地址： 信義區永吉路 17-19 號
營業時間： 周一至四 11:00am-8:00pm；
　　　　　　周五至日營業至 9:00am
網址： https://portaly.cc/ji_xiang_dao

傳統老字號不斷推陳出新，創作新穎的糕點。

龍鳳堂是蟬聯十屆蛋黃酥冠軍的餅舖。

🔍 MAP 1-2 **C1** 洗衣結合咖啡香

🍴 ❷ 萬秀洗濯實驗室

🚇 吉祥道內

三樓進駐 COFFEE LAW，提供結合咖啡香氣、清酒品嘗與音樂的悠閒空間。

　　台中知名萬秀洗衣店與咖啡品牌 COFFEE LAW 跨界合作，打造全台首間旗艦店，結合了洗衣服務與咖啡享受的新型態生活空間。這裡除了提供24小時自助洗衣服務，並販售洗衣液、洗衣袋以及與 COFFEE LAW 聯名的商品，還可以品嘗咖啡或清酒，讓洗衣空檔也能成為放鬆的時光。

在等衣服乾的時候還可以聽音樂。

洗衣店內還設有自助清酒機，可以小酌一杯。

地址： 信義區永吉路 17-19 號
網址： https://www.instagram.com/wantshowlab/

創意中菜 ⊙ MAP 1-2 C2

W Hotel 03
紫豔中餐廳 必遊景點

捷運市政府站 2 號出口

紫豔中餐廳位於 W Hotel 的 31 樓，居高臨下，雖然比不上 101 大樓的觀景台，但景觀也算一望無際。食肆走高檔路線，出品美味之餘，對造型及色彩的運用也非常獨到。招牌菜金露夜明珠，以金黃色的栗子南瓜湯，伴著正中央的特製丸子。一口咬下蟹、蝦、魚漿的滋味滿嘴，再竄出令人滿意的「松露香」。另一道紫豔西施泡飯，把炸過的米倒入滾燙的濃湯裡，立時「霹靂啪啦」響起，淡淡的海鮮蝦香也隨之而起，同時刺激視覺聽覺和味覺。食肆還有不同造型的包點及甜品，保證讓人拍案叫絕。

春捲皮配上黑白芝麻，搭配青蘋果和白蘿蔔的清新味道，突顯烏魚子的豐富香氣。

滑嫩的芙蓉蒸蛋，以龍蝦湯與蟹肉湯形成太極圖案，鴛鴦炒飯的現代演繹。

地址：忠孝東路五段 10 號 W Hotel 31 樓　**電話：**02 7703 8768　**網址：**http://yentaipei.com/
營業時間：早餐：周一至五 6:30pm-10:00am，周六及日至 10:30am；
午餐：12:00nn-2:30pm；晚餐：6:00pm-9:30pm

必遊景點 ⊙ 齒「鴨」留香
MAP 1-2 C2 04 **宋廚烤鴨**

捷運市政府站 1 號出口，往誠品松菸店方向步行 3 分鐘

每隻都是現場經由老闆的雙手一片一片的將鴨皮、鴨肉給片下來。

台北市有三大北京烤鴨店，包括天廚、宋廚與龍都，當中以宋廚價位最親民，不過因為食肆座位有限，想幫襯往往要預早一個月訂位。宋廚的烤鴨鴨皮一股迷人的「焦香」，皮烤得極薄且脆而不油膩，香口惹味之餘感覺也較健康。如果選一鴨二吃，以鴨殼炮製的酸菜鴨肉冬粉既解膩且順口，記得不要錯過。除了烤鴨，這裡做的北方風味小菜如糖醋魚片、蔥油餅和粉皮都有很高水準，每碟也只售 200 至 300 台幣左右，非常抵吃。

全店只有十數張枱，而且一晚只做二輪客，所以訂位非常緊張。

酸菜鴨肉冬粉為烤鴨宴劃上完美句號。

地址：忠孝東路五段 15 巷 14 號　**電話：**02 2764 4788
營業時間：11:30am-2:00pm，5:30pm-9:00pm；
周日公休

信義區購物營地 🔍 MAP 1-2 **C2**
統一時代百貨 ❺

🚇 捷運市政府站 2 號出口直達

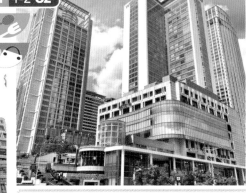

　　時代百貨從七樓至地下每層都有其專屬主題。七樓是食尚美饌為題的美食街，六樓主賣生活用品，五樓是男士時尚服飾地帶，四樓以販賣年輕潮牌及少女服飾為主。還有女士必到的一至三樓，設有多間日牌專櫃，內衣、日式沙龍服務及美妝用品一應俱全。

地址：信義區忠孝東路五段 8 號 **電話**：02 2729 9699
營業時間：11:00am-9:30pm；周五至六營業至 10:00pm
FB：https://www.facebook.com/uniustyle/

以古早台灣老街為設計背景，成為拍照的熱點。

MAP 1-2 **C3**

信義美食天地
❻ 遠東百貨信義 A13 店

🚇 捷運市政府站 3 號出口，步行約 7 分鐘

　　信義區繼微風南山後，另一令人注目的百貨公司。最大特色是四樓的「懷舊食光埕」，有別於一般百貨公司的美食廣場，將台灣老街情景搬進百貨公司，重現「大稻埕」復古風華。進駐的食肆包括「度小月」、「思鄉病牛肉麵」、「朱記」等具台灣特色的店家。無論是店舖招牌、店內空間或用餐區也盡顯台灣古早味。

地址：信義區松仁路 58 號 　**電話**：02 7750 0888
營業時間：11:00am-9:30pm，周五及六至 10:00pm
網址：https://www.feds.com.tw/

美食總匯 🔍 MAP 1-2 **C2**
微風信義 ❼

🚇 捷運市政府站 3 號出口出站即達

　　相比起信義區同區的大商場，2015年才開張的微風信義年資比較淺。不過微風信義成功召集了眾多人氣美食，令商場短時間內便在信義區站穩。著名的食肆包括以夏威夷漢堡排與鬆餅主打的MOKUOLA DexeeDiner、著名意國料理Osteria by Angie、日式御膳料理鷺米克、火鍋名店寬巷子及以八色小籠包馳名的樂天皇朝等，食肆種類多，定位亦大眾化，所以極速成為區內美食總匯。

地址：信義區忠孝東路五段 68 號
電話：02 6636 6699
營業時間：11:00am-9:30pm；周四至六營業至 10:00pm
網址：https://www.breezecenter.com/

複合式商場 🍴🔍 MAP 1-2 C2
新光三越 08

🚇 捷運市政府站 2 號出口步行約 5 分鐘

　　新光三越的台北信義新天地共分A4、A8、A9、A11四館，是信義區最大的Shopping Mall。A4館主要販賣女性服飾、手袋精品及美妝護膚等。而A8館則是男女老少皆喜愛的大賣場，家庭所需的生活用品、電器、兒童用品等一應俱全。A9是國際精品館，設有名媛紳士最愛的CHANEL、GUCCI、Salvatore Ferragamo等品牌門市。最後A11館是以青少年為目標客群，大部分的年輕品牌、在地設計商品都集結於此。

地址：松壽路 11 號　**電話**：02 8780 1000
營業時間：11:00am-9:30pm
網址：https://www.skm.com.tw/

★ MAP 1-2 C3 09 美食購物娛樂
ATT 4 FUN

🚇 捷運 101/ 世貿站 4 號出口步行約 5 分鐘

　　「ATT」母體字為Attractive，「4」代表時尚、文創、娛樂及美食，「FUN」則是以吃、喝、玩、樂結合時尚購物。整幢建築物以美式創新設計，由著名設計師姚仁喜操刀，融合了不同元素，成為一個集合百貨、運動、展覽會議的多用途中心。七至八樓的文創立方（ATT Show Box）佔地約一千坪，有兩千多個觀眾席，可舉行大型展覽或演唱會。

地址：信義區松壽路 12 號　**電話**：08 0006 5888
營業時間：11:00am-10:00pm
　　　　　　周五及六營業至 11:00pm
網址：http://www.att4fun.com.tw/

貴婦百貨 🍴😊🔍 MAP 1-2 C2
Bellavita 寶麗廣場 10

🚇 捷運市政府站 3 號出口步行約 2 分鐘

　　堪稱台北最美的百貨公司，由於商場走高檔女性市場路線，也常被稱為「貴婦百貨」。歐式建築物內外都很華麗，一樓中庭廣場會依據不同季節打造不同造景，讓你有一秒偽出國的感受。

地址：信義區松仁路 28 號　　**電話**：02 8729 2771
營業時間：11:00am-9:30pm；周五及六至 10:00pm
網址：https://www.bellavita.com.tw/cht/

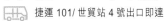

全台第一高樓
台北101大樓 ⑪

捷運 101/ 世貿站 4 號出口即達

MAP 1-2 C4

　　台北101大樓樓高五百多公尺，至今仍是全台第一高樓。前往89樓觀景台時，可搭乘快速升降機，全程只需39秒。由於89樓屬室內的觀景台，若想在戶外欣賞台北全夜景，可走樓梯上91樓。101大樓內還有一個必訪的景點，便是設於88至92樓中央的「被動式風阻尼器」，重達660公噸。它可是全球最大且唯一可供人們參觀的風阻尼器，用作抗風防震，就是它一直守護並確保101大樓的穩定性與安全。

地址：信義區信義路五段 7 號　**電話**：02 8101 8800
營業時間：周日至四 11:00am-9:30pm；周五、六及假日前夕至 10:00pm
網址：https://www.taipei-101.com.tw/

南山時尚指標
微風南山 ⑫

捷運台北 101 站 4 號出口步行約 3 分鐘

MAP 1-2 C4

南山廣場 →
微風南山 →

　　2019年率先在信義區插旗的大地標，共有兩棟建築相連，一邊是7層高的複合式商場「微風南山」，另一則是48層高的辦公大樓「南山廣場」。微風南山的一大亮點「微風超市」，是目前亞洲最大的精品超市，免費提供代客料理。商場內還提供許多優質的餐飲選擇，從知名連鎖餐廳到特色小吃統統有。

地址：信義區松智路 17 號　**電話**：02 6638 9999　**網址**：www.breezecenter.com
營業時間：（商場）周日至三 11:00 am-9:30pm、
　　　　　　　　　　　　周四至六及例假日前夕 11:00 am-10:00pm
　　　　　　　（超市）周日至三 10:00am-9:30pm、周四至六營業至 10:00pm

南山廣場4樓的連接通道可前往atré百貨。

在超市內購買的牛扒，可帶往熟食部請廚師免費代煎。

板南線

市政府

國父紀念館 忠孝敦化 忠孝復興 忠孝新生 台北車站 西門

精緻台茶副品牌 ⭐ MAP 1-2 C4

永心鳳茶奶茶專門所 ⓭

來自高雄的精緻台式餐飲品牌，打造另一以奶茶為主題的副品牌，同樣帶有懷舊奢華風；此店除了提供永心鳳茶經典的冷泡茶，更有招牌鍋煮奶茶、使用三種台灣茶葉浸製的獨家「茗璐邸特調」，還有各式台菜如排骨飯或三杯雞、手作甜品等美食。

地址：微風南山 2/F　　**電話**：02 2722 0876
營業時間：11:00am-9:30pm，周四至六營業至 10:00pm
FB https://www.facebook.com/yonshinmilkteamansion/

巴黎五區名店 ⭐ MAP 1-2 C4

Le Boulanger de Monge ⓮

巴黎五區赫赫有名的麵包店，首度跨出海外設分店的 Le Boulanger de Monge，出名對原材料十分講究，該店必試首選「tartelettes aux pommes」，這款蘋果批在 2012年被法國《Le Figaro》報選為冠軍甜點，台灣首店亦同步販售該項商品。

地址：微風南山 2/F

任何時候來都會見到絡繹不絕的人群。

無菜單鐵板燒 ⓯ ⭐ MAP 1-2 C4

Le Goût 樂葵法式鐵板燒

Le Goût主打法式鐵板燒，提供無菜單料理，主廚會在鐵板上舞動雙鏟，將食材烹調至最佳熟度並配搭經典法式醬料。午餐NT1,280起、晚餐NT1,460起，參考菜單有北寄貝蘆筍杜巴利湯、焦糖鮭魚配味噌白酒醬、日本蠔魚子蕈菇配海膽荷蘭醬等，餐廳採全預約制，記得提前訂位。

地址：微風南山 2/F　　**網頁**：www.le-gout.com.tw

台式小食新版本 ⑯
CÉ LA VI Taipei

MAP 1-2 C4

LVMH精品集團的餐飲品牌，位於微風南山48樓，不僅可以近距離觀看台北101大樓，更是台北市最高的高空酒吧。甜品小吃由泰國《鐵人料理Iron Chef》節目中奪冠的Jason Licker主理，打造結合傳統與現代料理的菜式，滿載著本地人的童年回憶。

鳳梨芫荽棉花糖卷
將芫荽製成軟糖，與鳳梨棉花糖結合。

花生豬血糕
內餡有梨山花生醬裏著豬血糕，並撒上即烘花生碎。

干邑海鮮湯
香煎虎蝦淋上濃湯，湯料由蔬菜、白蘭地、胡椒與白蝦熬煮而成。

地址：微風南山 47/F　　**電話**：09 0995 6000　　**網址**：https://www.celavi.com/

⑰ 台版法式 fusion

MAP 1-2 C4

MiraWan

取名 MiraWan，原意為Miracle Taiwan。 甫進餐廳即感受到開揚明亮的空間，窗邊座位坐擁台北市景色，符合女孩們心中嚮往的景觀視野。主打精緻法式料理，融合傳統與創新，用台灣在地食材炮製，演繹出台版法式Fusion理念，別有一番滋味。

地址：微風南山 47/F　　**電話**：02 2345 5222
網址：https://www.mirawan.com.tw/

台北 ☆☆☆
板南線 市政府 國父紀念館 忠孝敦化 忠孝復興 忠孝新生 台北車站 西門

免費親子景點 ⭐ MAP 1-2 D2 ⑱

石油探索館

🚌 捷運市政府站 3 號出口步行約 4 分鐘

寓教於樂的石油知識探索場，有超多互動設施，一樓是「解開石油的秘密」，二樓是「探索石油的蹤跡」。小朋友可以戴上工地帽、穿上工人服，手持「解密小卡」在展館內闖關，解開暗藏在展館中的七個解密關卡，例如坐上小黃車，螢幕上會出現石油知識問答題，還要拿油槍當小小加油員，幫車子加滿油，免費又有冷氣歎的「避暑勝地」。

跟著螢幕指示選定鑽油工具，挖出油井。

成為探索石油的小專家，集滿250分可以兌換小禮物。

小黃車是場內最受小朋友歡迎的虛擬駕駛遊戲。

地址：信義區松仁路 3 號
電話：02 8725 9761　**入場費**：免費參觀
營業時間：9:00am-5:00pm；周六及日休息
FB：石油探索館

🌟 MAP 1-2 C3 ⑲ 浪漫空中酒吧

爛醉不累 DrunkPlay

🚌 捷運台北 101/ 世貿站 4 號出口，步行約 6 分鐘

信義區的人氣餐廳兼酒吧2020年消失一陣子後，2022年再度回歸，再次吸引大家的眼球。DrunkPlay落戶在 ATT 4 FUN 的11樓，維持白天是景觀餐廳，提供各式異國餐點，晚上蛻變成Sky Bar。餐廳分為室內及戶外座位區，戶外區能欣賞唯美夕陽落下的瞬間，可以近距離看到101，非常適合與好友共享美食，微醺在夜色中。

與台北101超近距離！有一種觸手可及的感覺。

地址：信義區松壽路 12 號 11 樓
電話：02 7737 5887
營業時間：周日至四 7:00pm-2:00am、
　　　　　　周五及六至 3:00am
網址：https://beacons.ai/drunkplay

時髦台菜 MAP 1-2 C2

心潮飯店 ⑳

🚇 捷運市政府站 3 號出口

　　「永心鳳茶」旗下的台式餐館，主打台式創意料理，曾獲米芝蓮推薦，「正港手路」、「功夫郁香雞湯」和「冷燻海大卷」等都是必點的招牌菜。室內裝潢既古典又摩登，結合30年代美國唐人街的中餐館設計，半圓形卡座是酒紅色絨面沙發，配搭六角形馬賽克地板磁磚，拍照起來很有復古感。

陳釀梅汁蕃茄
酸甜清爽，為餐前打開一段暖胃序幕。

手工花枝丸
用白灣魚漿包裹新鮮花枝粒，捏成嬰兒拳頭大，外皮香酥、肉裡彈牙。

地址：信義區忠孝東路五段 68 號
　　　微風信義百貨 2 樓
電話：02 2723 9976
營業時間：11:00am-9:30pm，
　　　　　周四至六營業至 10:00pm
FB：https://www.facebook.com/
sinchaoriceshoppe/

咖啡師在客人面前即場烹煮咖啡。

就算不是專業級咖啡，簡單一杯焦糖拿鐵也很有水準。

MAP 1-2 B2

㉑ 湛盧咖啡摩卡館

🚇 捷運市政府站 1 號出口步行 5 分鐘

　　眾所周知，台灣咖啡廳成行成市，要殺出重圍並不容易。湛盧最大的賣點，就是專業級的服務。咖啡館可以選擇的咖啡種類繁多，餐牌也會記載咖啡豆的出處及背後的故事。部分專業級的咖啡甚至由咖啡師在客人面前即場烹煮調配，絕不欺場。當然客人也可選非專業的咖啡，伴著這裡夜間也提供的下午茶餐，輕鬆地享受悠閒的 coffee break。

下午茶甜點碟上層是司康（鬆餅）、下層有蛋糕、布丁和手工餅乾，都很有水準。

地址：信義區忠孝東路四段 553 巷 6 弄 4 號
電話：02 2763 9909　營業時間：10:00am-7:00pm
網址：www.zhanlu.com.tw

聞戰斧 思良將

JK Studio 新意法料理

MAP 1-2 C1

22

🚌 捷運市政府站 1 號出口步行 5 分鐘

JK Studio 是坐落於信義區的意菜小館。店子面積不算大，意式氛圍並不濃烈，一面的磚牆反而滲出點點工業風。食肆菜式走親民路線，湯品及燉肉都以琺瑯鑄鐵鍋盛載，甚有家的溫馨感覺。招牌的碳烤戰斧豬排，整個上菜的砧板鋪滿豬肉、麵包、薯球、沙律和小燉菜，足夠餵飽二人的胃口。豬肉有彈性，最特別是附設的醬汁竟是朱古力，用來蘸豬肉味道的確別開生面。

茄汁辣鮮蝦麵，茄汁醬帶點討喜的微辣相當好吃。

極具視覺效果的碳烤戰斧豬排。

地址：信義區基隆路一段 147 巷 5 弄 13 號
電話：02 2766 1891　**網址**：jkstudio.tw
營業時間：11:30am-3:00pm，5:30pm-10:00pm

360度無敵景觀 23 MAP 1-2 C2

饗饗 INPARADISE

🚌 捷運市政府站 3 號出口

台北知名飲食品牌「饗食天堂」的升級版，號稱信義區的Buffet王！饗饗位於信義微風46樓，盡覽101和無敵台北市景。生猛海鮮區提供有8-9款美食，各類新鮮的魚蝦蟹、刺身等應有盡有。英國的麵包蟹不僅肉身飽滿鮮甜，還吃到濃香的蟹膏。現場還有各式鹽烤魚、燒大蝦等人氣美食；黑松露牛扒、鮑魚粥等都是現點現做。自助餐價錢由NT990至1,690，但一位難求，必需提早一個月以上訂位。

地址：信義區忠孝東路五段 68 號微風信義 46 樓
電話：02 8780 9988　**網址**：https://inparadise.com.tw
營業時間：11:30am-2:00pm、2:30pm-4:30pm、5:30pm-9:30pm

隱世咖啡店
小青苑 Cyan Café ㉔

⊙ MAP 1-2 C2

🚇 捷運市政府站 4 號出口，步行約 2 分鐘

隱身在鬧市中的小綠洲，距離市政府站才 2-3 分鐘路程。

隱藏在信義區小街內的森林系咖啡店，宛如與世隔絕的綠洲，低調的大門被花草植物所包圍，一不留神就錯過了。推開木門發現別有洞天，各類盆栽、懷舊擺設、怪獸公仔擺放在不同角落，有一種置身叢林餐廳的感覺。店內供應手沖咖啡、有機花草茶、私房甜品、千層麵等餐點，適合喜歡安靜低調的人來享受咖啡時光。

櫥窗放置了許多怪獸公仔，全是老闆的自家珍藏。

店內告示請客人輕聲細語，習慣大聲聊天的人可能需要調節一下。

地址：信義區基隆路一段 147 巷 29 號
電話：02 2762 3618　**營業時間**：1:00pm-7:00pm；周日休息
FB：https://www.facebook.com/cyancafetw/

TSUTAYA BOOKSTORE

㉕ 世界最美書店海外首站
蔦屋書店

🔍 MAP 1-2 C2

🚇 捷運市政府站 2 號出口

大量座位供客人打書釘。

日文雜誌都有試閱本提供。

被譽為世界最美書店之一的蔦屋書店，海外首間分店於 2017 年初正式在台北統一時代百貨登場。書店以木材元素為主調，空間寬敞，而且座位特多，打書釘也不用罰企。門口一字排開為當期日文雜誌，全部都有試閱本任睇任揭。書店同時與來自涉谷的 Wired Tokyo Cafe 結合，提供各類精緻輕食，顧客可在書店帶最多三本書往餐廳，或賣杯飲料在書店邊刨書邊享用，全心浸淫在書海中。

地址：忠孝東路五段 8 號統一時代百貨 5 樓
電話：02 2725 1881
營業時間：11:00am-9:30pm；周五及六至 10:00pm
FB：https://www.facebook.com/tsutayabookstoretw/

美味「炸蛋」㉖ 博多天ぷら やまみ

MAP 1-2 C2

🚇 捷運市政府站 2 號出口

這幾年台灣登陸了幾間極有水準的天婦羅名店，除了永遠人頭湧湧的金子半之助，來自博多的山海天婦羅也是不錯的選擇。無論是海鮮、肉類或蔬菜天婦羅，他們都能做出水準，香脆之餘仍保持食材本身的鮮嫩。山海其中一道特別的名菜是炸半熟蛋，薄薄的酥炸皮裡藏著Q軟的蛋白和蛋黃，火候恰到好處。此外食肆也提供海鹽、咖喱鹽、芥末鹽及柚子鹽為炸物提味，又有辣泡菜、漬豆芽、漬黃瓜及辣味明太子小菜免費供應，幫襯時記得不要錯過。

同時提供海鹽、咖喱鹽、芥末鹽及柚子鹽為炸物提味。

海鮮天婦羅定食，其中包括了蝦、花枝、白肉魚片及南瓜。

真正外脆肉軟的炸半熟蛋。

四款小菜以辣味明太子最受歡迎。

地址：忠孝東路五段 8 號統一時代百貨 B2 樓
電話：02 2723 1885　**網址**：http://www.y-shokukobo.com/
營業時間：11:00am-9:30pm；周一及二營業至 9:00pm

大心新泰式麵食

MAP 1-2 C2 ㉗ 冰火二重奏

🚇 捷運市政府站 2 號出口

泰菜香港人不會陌生，但泰式粉麵專門店可能比較少見，對喜愛麵食的台灣人來説卻非常受落，所以大心至今在全台已開設了二十多間分店。基本上泰式麵食都以酸辣為主，湯底分酸辣（冬蔭功）和咖喱兩大類。麵條方面口感有一點像油麵，但略有咬勁。配料除了一般的豬牛雞，較特別的有炸金菇，既酥又香，令麵食增色不少。食肆另一受歡迎食品是黑火山（黑芝麻雪糕），吃完刺激的麵食即來一杯，立時為舌頭降溫。

很受歡迎的黑火山。

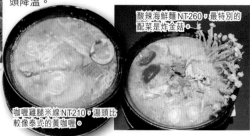

酸辣海鮮麵線 NT260，最特別的配菜是炸金菇。

咖喱雞腿米線 NT210，湯頭比較像泰式的黃咖喱。

地址：忠孝東路五段 8 號統一時代百貨 B2 樓
電話：02 2729 6806
營業時間：周日至四 7:30am-9:30pm；
　　　　　　周五及六營業至 10:00pm
網址：http://verythainoodles.com/

大胃王之選
鷺克米

MAP 1-2 C2
28

🚇 捷運市政府站 3 號出口步行 3 分鐘

來自日本橫濱的鷺克米，是以一夜干為主角的特色餐廳，與新鮮海鮮丼飯、釜飯為餐廳三大色料理。一夜干可選擇竹筴魚或喜知次魚，都在前一晚以備長炭粉除濕，第二天再以備長炭即烤即食，確保魚肉鮮嫩、肉汁飽滿。餐廳採用北海道高品質白米「夢美人」，米飯與味噌湯更是免費無限供應，喏晒飯桶和大胃王。

地址：信義區忠孝東路五段 68 號 4F (信義微風廣場)
電話：02 2720 3296　**FB**：https://www.facebook.com/TSUKUMI/
營業時間：周日至四 11:00am-9:30pm；周五及六營業至 10:00pm

MAP 1-2 B1
29 禪風茶藝室

三徑就荒 Hermit's Hut

🚇 捷運市政府站 1 號出口步行 7 分鐘

初來乍到會驚覺這裡猶如一間藝廊，簡約時尚的空間飄逸空氣中的茶香，以大地色系為主的裝潢點綴了原木家具、歐陸風窗框等元素。店內陳列著陶瓷、金工或植栽花藝等不同展品。在這裡除了能品嘗不同產地的茶，也有佐茶小點。茶席上會有相應的茶卡，介紹其產地、風味、適溫和沖泡時間等資訊。即使是門外漢，也可以選一項符合自己喜好的茶種，沉澱下來執起茶壺、聆聽筆直俐落的注水聲，享受為自己沖茶的時間。

店內一隅作為展場，店方不定期舉行藝文展覽。

地址：信義區忠孝東路四段 553 巷 46 弄 15 號
電話：02 2746 6929　**網址**：https://www.hermits-hut.com/
營業時間：平日 12:00nn-8:00pm；周六及日 11:00-8:00pm

板南線 市政府 國父紀念館 忠孝敦化 忠孝復興 忠孝新生 台北車站 西門

摩登經典滬菜

夜上海

30 ⭐ MAP 1-2 **C2**

🚌 捷運市政府站 3 號出口步行 3 分鐘

來自香港的米芝蓮名店夜上海，選擇在新光三越插旗。深厚的廚藝加上台灣本土風格，吃得比香港既經濟又滿足。首先不可錯過的是番茄沙律，外表平凡的小番茄，內裡竟釀入油條和蛋黃醬，讓番茄的甜多了幾分層次。主菜必試年糕炒蟹，肥美的蟹肉加上濃香的汁醬，吃得讓人連指頭也吮乾淨。而招牌松子魚淋上溫和比例只纏不膩的酸甜芡，魚皮炸的又酥又香，也令人難忘。

每周三晚上7:15pm，有現場演唱。

蟹粉釀蟹蓋，釀了蟹肉、蟹黃及蛋白在特製蟹蓋內，香濃誘人。

粽葉扎肉，加入大量花雕酒燜煮，香氣四溢。

地址： 信義區松高路 19 號（新光三越 A4 館 5F）
電話： 02 2345 0928
營業時間： 11:30am-2:30pm，6:00pm-10:00pm
網址： www.elite-concepts.com

城市漫遊

⭐ MAP 1-2 **B3**

31 台北探索館

🚌 捷運市政府站 2 號出口步行約 7 分鐘

展區中兩棵生態樹，由乾燥植物裝置造景而成。

台北探索館位於市政府大樓內，共有四個樓層，三樓為「城市探索廳」，藉由台北六條大街的街道意象，引導參觀者追尋台北發展軌跡，介紹台北文學、藝術、生態環境等；而最受歡迎的是四樓的「時空對話廳」，除了以仿古城牆的基石、圖文及模型等呈現清朝台北城建城、日人拆城等城市不同風貌，還有「發現劇場」介紹台北市的過去，特別的是360度的影像環繞當中，讓大家仿如置身在影片中。

360度的環形螢幕。

地址： 信義區市府路 1 號市政府大樓西大門
電話： 02 2720 8889 轉 8630
營業時間： 9:00am-5:00pm；周三及公眾假期休息
網址： https://discovery.gov.taipei/

藝術新殿堂

富邦美術館 ㉜

MAP 1-2 D2 · 2024 年 5 月開幕

🚐 捷運市政府站 3 號出口步行約 9 分鐘

　　富邦美術館是一座現代美術館，由國際建築大師倫佐・皮亞諾設計，以「藝術生活化，生活藝術化」為理念，致力於將藝術融入日常生活中，涵蓋視覺、時尚、設計、電影及表演藝術。除了展覽空間，美術館還設有藝術商店、咖啡店、餐廳、教育中心等設施，三樓展廳採天窗設計，將陽光折射至室內，而美術館外則環繞著植栽及風景步道。

國際建築大師倫佐・皮亞諾，擅長利用自然採光設計為藝術體驗創造氛圍。

地址：信義區松高路 79 號　　**電話：**02 6623 6771
營業時間：11:00am-6:00pm；周二休息
網頁：www.fubonartmuseum.org/

燒肉丼專門店

🔍 **MAP 1-2 C3**

㉝ 燒丼株式會社

🚐 捷運 101/ 世貿站 4 號出口步行 5 分鐘

　　燒丼株式會社以烤雞肉及豬肉為主打，除了食材及師傅的廚藝，店家力推的，竟是引以為傲的醬料——醬醪。原來醬醪是店家特別情商西螺百年醬油廠「丸莊」獨家調配，萃取製作醬油時，豆麥發酵後經半年熟成的第一道生醬，醃製時能讓肉質自然軟化，燒烤後更帶著獨特醬香，所以稱為有生命力的獨門好醬，甚有點石成金的效果。

燒丼的廚房採用透明玻璃半開放方式呈現製作過程，增加客人食慾。

地址：信義區松壽路 20 號（信義威秀 2F）
電話：02 2758 0909　　**營業時間：**11:00am-10:00pm
FB：https://www.facebook.com/donshowburi/

歷史文化眷村 ③④
信義公民會館（四四南村）

🚌 捷運 101/ 世貿站 2 號出口步行 6 分鐘即達

在松勤街上的信義公民會館，前身是台北市內第一個眷村——四四南村，現僅保留了其中四幢對稱的建築物。為了讓民眾感受並了解昔日眷村的純樸風貌，會館中加入了特展館、展示館、展演館、社區館、四四廣場及文化公園，一方面介紹四四南村的文化歷史，另方面定期舉行藝術文創活動，包括周日限定的簡單市集 Simple Market，活化這幢滿載悠久歷史的文物古蹟。

MAP 1-2 B4

地址：信義區松勤街 50 號　　**電話**：02 2723 7937
營業時間：9:00am-5:00pm；逢周一休息　　**費用**：免費
網址：https://xydo.gov.taipei

MAP 1-2 B4

在地食材融合創意
好丘 Good Cho's ③⑤

🚌 四四南村內

好丘有多間分店，不過在信義區四四南村內的才是第一家店。Good Cho's 其實取自 Good Choice 的諧音，寄望能與人們一起發現各種生活中美好的選擇。店內設有輕食為主的 café 區，提供招牌貝果、手作麵包、甜品及咖啡等；而一旁的零售區，則搜羅並寄賣不少在地創作品牌，文具、家庭用品、食品、特產等等，每款包裝都新穎獨特，絕對是購買手信的好地方。

地址：台北市信義區松勤街 54 號（公民會館內）
電話：02 2758 2609　　**網址**：https://www.goodchos.com.tw/
營業時間：11:00am-8:30pm，用餐空間營業至 6:00pm

板南線
【國父紀念館】

Google Map 下載

松山方向 ←

台北車站　善導寺　忠孝新生　忠孝復興　忠孝敦化　國父紀念館　市政府

西門

南港展覽方向 →

Map 2-1

來特冰淇淋（F3-1）

市民大道

誠品生活

松山文化創意園

市民大道（內湖）

北

台北大巨蛋

遠東 Garden City（F1-3）

國父紀念館站　　忠孝東路四段　　市政府站　忠孝東路

統一時代

信義微風

信義誠品

三越 A4　Bellavita

松高路

貓咪樂園早午餐

Toast Chat 01

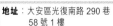

🚐 捷運國父紀念館站 2 號出口步行約 4 分鐘

Toast Chat 是一家不限時貓咪咖啡廳，在這裡沒有時間壓力，可以輕鬆自在地撩貓，深受貓奴的喜愛。店內供應早午餐、燉飯、意粉及甜品等餐點，但食物只是配角，真正的主角當然是店內的貓咪們。看著牠們悠哉的在店內跑跳，一不留神就會坐在你身旁，身為貓奴，一定捨不得離開吧！

地址： 大安區光復南路 290 巷 58 號 1 樓
電話： 02 2721 5661
營業時間： 12:00nn-10:00pm
FB： https://www.facebook.com/ToastChat/

有五隻可愛的貓咪駐場，陪伴貓奴們度過愉快時光。

🔍 MAP 2-1 A2

🔍 MAP 2-1 B1

必遊景點 📍

食魂燃燒

Moe 燃 02

🚐 捷運國父紀念館站 1 號出口步行 5 分鐘

Moe 燃曾在網絡上被評為「四大燒烤」之首，這裡牛肉的選擇非常專業，既可選不同的部位如前胸、肩小排、板腱及牛肋條等，連內臟也能選橫膈膜、牛心管及大腸等等。無論哪個部位，入口同樣是鮮、嫩、香、甜、滑並且肉汁四溢。這裡空間寬敞，又有大量的酒類飲品供應，最啱知己良朋一啖酒一啖肉豪情談心。

對自己的廚藝沒信心，可請服務員代勞。

地址： 光復南路 116 巷 24 號　**電話：** 02 2731 1750
營業時間： 5:00pm-10:30pm
FB： Moe 燃 炭火燒肉 本店

星光熠熠 ③
藍公館 🔍 ⭐ MAP 2-1 B1

🚇 捷運國父紀念館站 1 號出口步行 5 分鐘

開業二十多年的藍公館自稱台灣麻辣鍋先驅，據說一眾巨星如劉德華、梁朝偉、劉嘉玲與大小S都曾光顧。藍公館的魅力在於美味的湯底，不光以牛骨和小排熬煮12小時而成，裡頭更絕不加中藥和古靈精怪的調味料，希望客人吃出美味和健康。不太嗜辣的朋友可以選「麻辣、白湯」鴛鴦鍋，湯底加入「藍公館雙寶」——番茄和酸菜後更覺香甜。除了一般的豬牛肉，這裡的手工川丸子、豬血糕及鴨血都非常出色，不要錯過。

必遊景點 📍

『麻辣、白湯』鴛鴦鍋。

豬血糕加上特磨的純花生粉和絕品調味料。

手工川丸子，咀嚼起來帶著微脆與鹹香。

地址：大安區光復南路 72 巷 7 弄 4 號
電話：02 8773 8605
營業時間：5:00pm- 翌日 1:00am

必遊景點 📍

至潮料理 ④
逸鮮棧 ⭐ MAP 2-1 C2

🚇 捷運市政府站 2 號出口步行 10 分鐘

位於信義區的逸鮮棧，門面是一道樸素的水泥牆，配上簡單的 Fresh Station 招牌。餐廳的空間很是寬敞，識得揀一定選中間的板前座位，能夠清楚欣賞壽司師傅的手藝。食肆有一堆水果，原來是作為轉換味覺的小吃，其中冬瓜又清又脆又爽又甜，伴著漬過的百香果醬，非常特別。餐廳可以選套餐或單件壽司，全部現點現握，午市套餐NT400起，壽司一件約NT120（三文魚）至NT350（馬糞海膽）不等，以店面的高級裝潢而言，定價算是喜出望外。

烤魚雖小但肉質細嫩。

鮪魚壽司連鋪在上面的牙蔥也是由日本進口，據說味道比較淡，不會那麼搶舌。

地址：信義區忠孝東路四段 500 之 5 號
電話：02 2725 3555　　**FB**：逸鮮棧
營業時間：11:30am-3:00pm，5:30pm-10:00pm

經典台式滷味風
小龍飲食 05

 捷運國父紀念館站 2 號出口步行約 5 分鐘

MAP 2-1 B1

小龍飲食主要賣四川滷味、小食、冷盤，也有麵食和火鍋。而下酒滷菜是「小龍」的拿手戲，牛肚、牛腸、牛筋，都滷足味。豆乾更是一絕，精選的大豆乾孔洞粗大，滷汁飽滿，下酒、配飯都天衣無縫。餐廳第 1 代老闆當年住在眷村，有一天家裡發生大火，家財盡散，之後村裡的人拿出鍋子等家當給他，讓他擺小攤檔糊口，打出名堂，難怪小龍飲食至今依然保留當年的人情味和親切感。

地址：松山區光復南路 13 巷 31 號 1 樓
（監理所正大門面對的巷子內）
電話：02 2768 5661
營業時間：11:00am- 翌日 2:30am，
周日至 10:00pm

復古風咖啡店
相思李舍 06

MAP 2-1 B2

 捷運國父紀念館站 2 號出口步行約 2 分鐘

李舍長的咖啡味道立體富層次，不苦澀亦不會酸，不必再加糖加奶。咖啡只用高品質的咖啡豆，如肯亞 Grand Cru 級的豆、加拉巴哥野生豆，價錢也超貴，一杯咖啡 NT1,000，連奶茶一杯也要 NT700，如果不是狂熱 coffee lover 可能真的要考慮考慮。

地址：光復南路 240 巷 7 號 **電話**：02 2773 5870
營業時間：1:30pm-11:00pm（預約制）

日式手作漢堡排
山本漢堡排 07

MAP 2-1 B2

捷運國父紀念館站 2 號出口步行約 3 分鐘

俺之漢堡排山本是東京澀谷的名店，2015年落戶台北國父紀念館附近。漢堡排分為七款，每款都有不同醬汁不同口味，不吃牛的也可選擇豬肉，伴餐的白飯更採用北海道著名的七星米。店裡亦附設兒童遊戲室，雖然面積不大卻讓大人可以安心用膳，安排細心體貼。

地址：大安區光復南路 260 巷 1 號　**電話**：02 2711 3816
營業時間：周一至五 11:30am-2:30pm、5:30pm-9:30pm；
周六及日 11:00am-9:30pm
FB：https://www.facebook.com/orehan.taiwan/

米芝蓮推薦
小倉屋

08 MAP 2-1 A2

捷運國父紀念館站 2 號出口步行 5 分鐘

小倉屋其實就是日本北九州百年名店田舍庵登陸台灣的分店。食肆在日本曾獲米芝蓮推薦的榮譽，當然「食力」非凡。招牌的鰻重定食按份量分為「特」、「松」、「竹」、「梅」四種，最大份的「特」（十切）不過NT760，以高級鰻魚定食來說算很親民。鰻魚除了新鮮，燒得火候亦很到家，鰻魚肉帶微微的酥脆，加上特製的醬汁，令人回味無窮。定食以外，烤鰻肝、鰻肝煮及鰻魚玉子燒都不要錯過。

鰻蒸定食十切NT760，是另一種九州流行的鰻魚吃法。

鰻重定食十切NT760，肥美又烤得香酥的鰻魚鋪滿飯面，非常壯觀。

鰻魚玉子燒NT200，賣相與味道都很誘人。

地址：大安區光復南路 280 巷 27 號 **電話**：02 2721 8555
營業時間：11:30am-2:30pm，5:00pm-9:00pm
網址：https://www.facebook.com/KokurayaTaiwan/

MAP 2-1 A2 09

古早風味
原杏杏仁茶

捷運忠孝敦化站 3 號出口步行 5 分鐘

原杏在台北算是頗有人氣的「杏仁專賣店」，除了賣杏仁茶還有其他杏仁甜點及冰品。話說2012年，原杏的老闆就是以一輛木推車在東區小巷售賣自然無添加，純手工製作的杏仁茶，成就了今天原杏的事業。原杏的東區店特意回到過去，以日式復古風格小攤販為裝潢，既表現老闆的不忘初心，也大收噱頭，為食肆增添人氣。

鋪著滿滿杏仁碎碎的杏仁奶酪，咬起來口口滿足。

地址：光復南路 290 巷 60 號 1 樓
電話：0932 857 504 **營業時間**：4:00pm-10:00pm
FB：原杏杏仁茶

鄉土風味
秦味館

MAP 2-1 A2

⑩

捷運國父紀念館站 2 號出口步行 5 分鐘

　　陝西是秦國的發源地，除了著名的兵馬俑，菜式也以辣聞名。秦味館的布置充滿鄉土味，提供的陝西菜都非常地道。必試菜式有酸奶鍋，湯底選用蒙古酸奶，喝時只覺得酸酸、香香、鹹鹹、甜甜、辣辣的五味俱全。其他地道菜包括風酥雞、吉利茄盒及炙子骨排等，在其他食肆並不多見。食肆提供的西藏肉湯奶茶，外觀如普通的奶茶，原來是用「牛肉骨的上湯」去沖泡，喝來是滿滿的牛、奶、茶香，揮之不去的三種香甜，非常帶勁。

酸奶鍋，除了酸奶還加入大量花椒及辛香料，嗜辣的朋友一定喜愛。

核桃酪是以核桃、紅棗、糯米為材料，入口滋潤甘甜。

泡饃是中國西北地區代表性的麵點。

地址：大安區延吉街 138 巷 2 號
電話：02 8771 3288
營業時間：11:30am-2:30pm，5:20pm-9:30pm，
　　　　　周一休息
FB：https://www.facebook.com/
　　qinweiguan.taipei

MAP 2-1 A1　⑪ 隱世好味
Kevin 主廚乳酪塔專賣

捷運國父紀念館站 1 號出口步行 10 分鐘

　　雖然台北有很多很有水準的日式甜品店，不過本土亦有很多優良出品。這間在延吉街的小店，舖面細細甜品卻令人感動。必試日式烤布丁，蛋香撲鼻細滑軟嫩，加上一點點焦糖的微苦，絕對是上品。而乳酪撻的撻皮好酥脆，口感超好，配合當中的乳酪發揮「乳化」效果，乳酪鹹香甜的香氣侵襲每一個味蕾。其他出色甜品有朱古力豆餅乾、菠蘿泡芙及千層泡芙，味道都令人難忘。

乳酪撻撻皮酥脆，乳酪回感相當綿密。

朱古力豆餅乾，口感介乎朱古力和餅乾之間，非常有趣。

日式烤布丁是人氣產品。

地址：延吉街 24-1 號　電話：02 2579 0087
營業時間：11:00am-10:00pm；周六 1:00pm-9:00pm；周日休息
FB：Kevi 主廚乳酪塔專賣店

趣致貓店長 MAP 2-1 C2
屋頂上的貓食堂 ⑫

捷運市政府站 2 號出口步行 5 分鐘

　　屋頂上的貓食堂是一間私房菜館，每天中午、晚上只接一組客人，也就是說沒有所謂的「桌轉率」。菜館由兩位老闆兼主廚主理，另加五隻可愛的貓貓作親善大使。這裡的廚房採用開放式，食客可以一覽美食製作過程，甚至與大廚聊天。上菜時，大廚都會說菜名以及料理的方式，甚至是創作這道料理的想法和過程，感覺就像到有錢朋友家用膳一樣，很有趣。

貓貓服務員唯一的工作就是在客人面前玩耍。

用膳前客人可以在房子到處參觀。

雖然是私房菜，味道與色相能媲美大餐廳出品。

地址：信義區逸仙路 32 巷 9 號　電話：096 117 3451
營業時間：12:00nn-3:00pm、7:00pm-10:00pm
FB：https://www.facebook.com/RPLesChats/
註：必須預約

---

⑬ 炭火燒烤路邊攤
MAP 2-1 A2　品都串燒攤

捷運國父紀念館站 1 號出口，步行約 5 分鐘

　　超高人氣的串燒店，每次經過門外都大排長龍，沒有一天不客滿。那是因為收費便宜，串燒價錢由 NT30 起，換算港幣 10 元有找。串燒的種類很多，架上滿滿的串烤物，甜不辣、番茄豬五花、雞皮、雞屁股、高粱香腸、培根麻糬串等都是人氣選項。全部食材經快速油炸後再火烤，所以表皮有酥脆的口感。店內不收服務費，也不設訂位，先夾取食物後付款，然後坐在座位上等開餐。

超澎湃的食物櫃，排隊夾取食物後到櫃台付款。

地址：大安區忠孝東路四段 299 號
電話：0989 711 178
營業時間：5:30pm-12:00mn

菸廠古蹟重生 ⑭ ⭐ MAP 1-2 C1
松山文化創意園區

🚇 捷運國父紀念館站 5 號出口，步行約 8 分鐘

松山文化創意園區前身為台灣總督府專賣局松山菸草工場，建於1937年，佔地6.6公頃，是台灣第一座捲菸廠，2001年被指定為市定古蹟並轉型為文創園區。園區內保留了許多菸廠時期的歷史建築，包括製菸工廠、鍋爐房等，還進駐了許多文創商店、餐廳和誠品商場，是台北市一個重要的文化地標。

地址：信義區光復南路 133 號　電話：02 2765 1388
營業時間：園區內 - 室內區域：9:00am-6:00pm；
　　　　　園區內 - 戶外區域：8:00am-10:00pm；
　　　　　園區外（包括生態景觀池與鍋爐房周邊範圍）：
　　　　　24 小時開放
網址：songshanculturalpark.org

誠品旗艦店 ⭐ MAP 1-2 C1
誠品生活松菸店 ⑮

🚇 松山文創園區內

誠品生活松菸店佔地7,200坪，由日本建築大師伊東豐雄設計，貫徹了誠品一向主張的綠色和簡約概念。松菸誠品規劃了四大文創場域，包括「文創展售平台」、「文化展演平台」、「茶戲投影書店」及「誠品行旅」。食肆集中在B2，一樓是設計商店、二樓是工藝室，三樓則是書店。書店推出 living project 生活選品概念店與誠品音樂黑膠館；誠品生活推出以服飾為主的AXES、生活創意商品Expo以及 the first 餐廳三個自有品牌。

Expo，為台灣文創工作者打造的平台，集展覽與銷售於一體。

living project，以「美好生活提案」為定位，主要銷售家具雜貨。

地址：信義區菸廠路 88 號
電話：02 6636 5888　營業時間：11:00am-10:00pm
網址：www.eslitecorp.com

全台首間 ⑯ 🛏 📍 MAP 1-2 C1
誠品行旅 Eslite Hotel

🚐 松山文創園區內

對很多人來說，誠品是品味的象徵。多年來誠品由書店開始經營它的文化事業，但酒店業務卻只聞樓梯響。直至2014年底，全球首間由誠品直接經營的酒店誠品行旅，終於在松山的誠品菸廠店正式開業。酒店承繼集團的作風——簡約、低調而充滿人文風格。房間分為雅致、經典客房及行政、人文套房。誠品fans一定不可錯過。

地址：信義區菸廠路 98 號　**電話**：02 6626 2888
網址：http://www.eslitehotel.com/

📍 MAP 2-1 C1 🍴 ⑰ 文創咖啡餐酒
CAMA COFFEE ROASTERS
豆留文青

🚐 松山文創園區內

兼具復古與型格的咖啡吧台。

松菸古蹟「鍋爐房」搖身一變成型格的咖啡店，由獲 2022 IIAC 義大利國際咖啡評鑑金獎的 CAMA COFFEE 團隊進駐，保留古蹟之美，卻又飄著咖啡香氣。店內仍保留著原有的蒸汽鍋爐，鍋爐房過去用作蒸汽動力機組，提供松山菸廠蒸燻煙草，同時也作為員工洗澡及廚房炊事之用。晚上夜色漸暗後，老宅外牆即出現光雕投影，成為園區的新亮點。豆留文青主要提供餐食、麵包烘焙與咖啡，必試招牌芝麻口味的「煙囪拿鐵」；在倒入濃縮咖啡的剎那泡沫隨之升起，象徵鍋爐房36米高的大煙囪，享受獨特的咖啡風味。

地址：信義區光復南路 133 號鍋爐房
電話：02 2765 1218
營業時間：周一至五 11:30am-8:00pm、
　　　　　周六及日 10:00am-8:00pm
網址：https://camacoffeeroasters.com

場內販售精選咖啡豆、咖啡用具及各式保溫杯。

板南線
【忠孝敦化】

頂埔方向

西門

台北車站　善導寺　忠孝新生　忠孝復興　忠孝敦化　國父紀念館　市政府

南港展覽方向

Map 3-1

忠孝敦化

台北
☆★☆

板南線 市政府 國父紀念館 忠孝敦化

肉食愛好者天堂 **01**
八色烤肉 ★ MAP 3-1 C1

🚇 捷運忠孝敦化站 2 號出口步行 3 分鐘

來自韓國的人氣烤肉店八色烤肉，獨家研發了八種口味的五花腩肉，包括人參、紅酒、松葉、大蒜、花草、咖喱、大醬及辣椒醬等款，一次過嘗盡八款口味，啱晒貪心又花心的食客。店家也免費無限量提供蔬菜，包括生菜、娃娃菜，甚至芝麻葉，讓食客仿效韓國人一樣「生菜包肉」以減低燥熱。除了烤肉，這裡也提供不同的韓式鍋、海鮮煎餅及拌麵等地道美食，最啱一班人嘻嘻哈哈一齊開大餐。

套餐，有齊八色烤肉、大蝦及牛排。

地址：忠孝東路四段 223 巷 10 弄 3 號
電話：02 8773 9050
營業時間：11:30am-12:00mn；周五及六營業至 12:00mn
FB：https://www.facebook.com/palsaiktw8/

忠孝復興 忠孝新生 台北車站 西門

打卡放鬆空間 **02** ★ MAP 3-1 C1
無聊咖啡 AMBI-CAFE

🚇 捷運忠孝敦化站 1 號出口步行 2 分鐘

無聊咖啡由台灣著名藝人吳宗憲的女兒吳姍儒開設，食肆雖然設於地下，面積卻有300坪，所以異常寬敞。一入店就見到一座歐式噴水池，旁邊還有鞦韆座位，又有花花草草襯托，感覺既少女又夢幻。食肆除了堂食，更設有幾個大小不同的特色包廂，方便朋友們閂埋門傾計談天。無聊咖啡以狐獴為代言人，因為牠們都在地底群居生活，而店家也希望這地方能成為都市人放鬆心情的城市綠洲。

地址：敦化南路一段 187 巷 37 號 B1
電話：02 2775 5055
營業時間：11:00am-7:00pm
（周一休息）
FB：https://www.facebook.com/ambicafe/

紐約人氣全日早餐 MAP 3-1 B2

Sarabeth's 03 必遊景點

🚇 捷運忠孝敦化站 10 號出口步行 3 分鐘

來自美國曼克頓的 Sarabeth's 餐廳，原本是主打早餐及甜品，自上世紀80年代開業以來大受歡迎。雖說是早餐店，不過餐廳無論早晚都一位難求。2016年終於駕臨台北，並迅即成為東區人氣食肆。要數 Sarabeth's 超人氣菜式，一定是 Eggs Benedict，以半生熟的雞蛋釀入鬆餅，中間夾著火腿或煙三文魚，食時把雞蛋破開，讓蛋汁傾瀉，肯定是每位食客最期待的一刻。至於其他的美食如紐約炸雞鬆餅及朱古力鬆餅等，無論當作早午或晚餐，都好吃得令人舉手投降。

經典班尼迪克蛋 NT360，是 Sarabeth's 成名之作。

法式土司 NT390，是 Sarabeth's 另一必試經典。

紐約炸雞鬆餅，包括炸雞、杏桃柳橙抹醬及卷心菜沙律。

地址：敦化南路一段 246 號 SOGO 敦化館 B1　**電話**：02 2752 6998　**營業時間**：9:00am-9:30pm
網址：www.sarabeth.com.tw

必遊景點

精選和牛美食 MAP 3-1 B3

04 樂軒和牛專門店

🚇 捷運忠孝敦化站 10 號出口步行 10 分鐘

專營頂級和牛燒肉的名店樂軒，嚴選日本A5宮崎牛，以及澳洲9+等級的神戶種純血統黑毛和牛，牛隻從宰殺、空運、保存到上桌，壓縮在十天內完成，確保肉質新鮮，再配合精湛刀功及細緻廚藝烹調。食肆其中一道矚目菜式名為「夢幻牛一頭」，把和牛其中六個部位包括牛舌、橫膈膜、沙朗、菲力、牛小排及板腱以拼盤形式上桌。雖然同一頭牛，但每個部位肉質不同，風味各異，真正是一道夢幻菜式。

地址：仁愛路四段 91 巷 9 號　**電話**：02 2731 2233
營業時間：11:30am-3:30pm，5:30pm-10:30pm
FB：https://www.facebook.com/rakukentaipei/

日式超重口味 ⭐ **MAP 3-1 C1**

Okaeri お帰り 吃碗拉麵吧 ⑤

🚇 捷運忠孝敦化站 1 號出口步行約 6 分鐘

東區一家非常受歡迎的拉麵店，疫情期間休店裝修後再回歸，裝潢變得像日式小酒館。重開之後人潮更勝過往，店內提供多款拉麵包括濃厚、濃蒜、辛口和黑蒜油等選擇，食客可以根據個人喜好選擇麵條的粗細和硬度。店中必試「京都風醬油拉麵」，湯底醬油味濃郁，帶有甘醇香而不會過鹹，將燉煮過的豬背脂加入湯中，使得整碗拉麵香氣四溢。

地址：大安區延吉街 60 號　**電話**：02 8772 7832
營業時間：周三至日 11:30am-2:30pm、
　　　　　　5:30pm-9:00pm；周一及二休息
FB：https://www.facebook.com/okaeriramen

🔍 **MAP 3-1 D3**

⑥ Home Mother Style

La Famiglia 喬利堤羅馬料理

🚇 捷運忠孝敦化站 2 號出口步行 5 分鐘

據說喬利堤羅馬料理的老闆是真正羅馬人，離鄉別井到台灣開食肆，提供的卻不是甚麼華麗義菜，反而堅持 Home Mother Style，令食客都有如家的感覺。這裡的菜式都是真材實料，必試海陸披薩，薄餅面上鋪滿蛤蜊、蝦、蘑菇、彩椒、風乾火腿、臘腸以及一顆太陽蛋，豪華的份量足夠三個人吃。甚至連甜點如焦糖烤布丁、檸檬蛋糕及提拉米蘇都是 King Size，保證大家吃得心滿意足。

白酒煮蝦，蝦子的肉質結實Q彈，加上獨特香料醬汁拌炒過，每一口都是飽滿的海鮮味與酒香。

焦糖烤布丁，足夠兩個女孩子吃。

海陸披薩，超豐盛的披薩，最特別是中間的太陽蛋。

地址：大安區仁愛路四段 300 巷 25 弄 2 號
電話：02 2706 1008　**FB**：La Famiglia 羅馬餐廳
營業時間：周二、四、六及日 3:00pm-12:00mn、
　　　　　　周三及五營業至 11:00pm；周一休息

和洋交融 浮侍 UKITSU BAR ⑦

MAP 3-1 B1

🚇 捷運忠孝敦化站 9 號出口步行約 3 分鐘

浮侍 UKITSU BAR 是一間結合浮世繪、歌舞伎、茶道及武士四大主題為特色的日式酒吧。店內提供多款特色調酒和日式拌酒菜，包括以日本茶道、浮世繪、歌舞伎為靈感的調酒，餐點則有炸物、串燒、壽司等。酒吧的裝潢設計融入了江戶時代的元素，營造出沉穩的氛圍，並有包廂及卡位餐枱，適合三五好友聚餐小酌幾杯。

舞梅宴 Plum Feast，以酸甜的梅酒加上莓果、咖啡及檸檬泡沫，入口層次豐富。

地址：大安區忠孝東路四段 101 巷 31 號
電話：02 2721 4888
營業時間：周日至四 8:00pm-2:00am；
　　　　　周五至六及假日營業至 3:00am
IG：https://www.instagram.com/ukitsu_bar

深夜食燒肉 ⑧ 胡同燒肉夜食

MAP 3-1 B1

🚇 捷運忠孝敦化站 7 號出口徒步約 5 分鐘

吃日式燒肉，最重要是食材的新鮮度及控制火候，這裡以服務取勝的碳火燒肉，小小的店內只有一排燒肉吧枱及兩張大枱，每枱客人都有專人代為細心燒烤，確保客人吃到的都是火候剛好、味道最鮮的食物。最抵讚是工作人員每燒完一款食物，就會立即更換燒烤網，讓大家不用吃到網上的焦肉，細心得很！難怪餐廳被網民選為台灣最佳吧枱燒烤店！

地址：敦化南路一段 161 巷 17 號　電話：02 2776 1575
營業時間：6:00pm-11:00pm；周六及日 5:30pm-11:00pm
網址：www.gyen.com.tw

板南線 市政府 國父紀念館 忠孝敦化 忠孝復興 忠孝新生 台北車站 西門

清爽健康甜品

Le Buno 🔍 MAP 3-1 C1 ⑨

🚌 捷運忠孝敦化站2號出口步行約2分鐘

　　Le Buno的冰淇淋口感綿密，水果風味天然，將整顆水果掏空再填滿gelato冰淇淋，不添加人工香料和色素，打造出既香甜又搶眼的甜品。除了冰淇淋，Le Buno還提供乳酪水果三明治，使用自製乳酪和法國鮮忌廉，夾在軟綿的牛奶吐司中，配搭新鮮士多啤梨或香印提子，帶來清爽不膩的口感。

地址：大安區敦化南路一段187巷55號1樓
電話：02 8773 5515
營業時間：周一至五 1:00pm-10:00pm；
　　　　　　周六及日提早 12:30nn 營業
IG：https://www.instagram.com/le_buno_fruit

🔍 MAP 3-1 C1 🍴 馬來西亞美食

⑩ Mamak 檔星馬料理

🚌 捷運忠孝敦化站2號出口步行約3分鐘

　　MAMAK檔是一間提供南洋菜式的餐廳，美食融合了馬來、印度、華人、印尼和婆羅洲民族的特色。主廚Anand Pusudoray延續古早製法，承襲家傳秘方，以多年的料理經驗及一絲不苟的態度烹煮經典風味，延續在地街頭特色。

招牌金字塔塔餅紅遍全台。

地址：大安區敦化南路一段187巷72號　**電話**：02 2731 6086　**網址**：www.mamak.com.tw/
營業時間：周日至四 11:30am-10:00pm；周五及六營業至 11:00pm

系出名門
德とく壽司 ⑪

MAP 3-1 C2

🚇 捷運忠孝敦化站 3 號出口步行 5 分鐘

　　優秀的日本料理，未必一定要由日籍師傅處理。話說德壽司的阿德師傅，就是來自同區的名店MASA。學有所成後他決定自立門戶，提供優質兼性價比超高的美食。這裡最熱賣的商業午餐包括散壽司、四貫（道）握壽司、前菜及水果。四款握壽司採用最新鮮肥美的魚肉或海鮮即席握製，材料美味之餘亦可欣賞師傅握壽司的手藝。除了套餐，單點普通的壽司每碟只是NT100左右，高級料理質素定價也非常親民，CP值爆燈。

比目魚緣側握壽司，魚肉上塗了師傅特製的汁醬，錦上添花。

蟹肉鮪魚，兩種魚材及醋飯吃在嘴裡，加上舖在面層的蝦夷蔥，令舌尖跳躍起來。

這裡連山葵也是現磨的，帶點微顆粒的沙沙口感，相當好吃。

地址： 大安區忠孝東路四段 216 巷 40 弄 18 號
電話： 02 8772 7995
營業時間： 11:30am-2:00pm、6:00pm-9:00pm；
　　　　　　周一休息

來燒烤小酌一杯吧！
MAP 3-1 C1

⑫ 無上炭火燒肉專門店

🚇 捷運忠孝敦化站 1 號出口步行約 6 分鐘

　　這家店最為有名的便是碳火直燒的料理手法，料理師傅直接在客人面前燒製各類肉食與蔬菜。除了嚴選當季食材，店主更堅持只用海鹽醃製，絲毫不添加任何醃醬，希望能讓客人吃到食物原本的鮮味。尤其這裡提供不少A9至A12級的澳洲和牛，雖然價格並不便宜，但食材卻新鮮得讓人感覺值回票價。另外，胡麻豆腐水菜沙律也是該店的人氣餐點，份量多得足夠三至四人分享，味道清新，非常適合作為前菜。

地址： 松山區市民大道四段 183 號　**電話：** 02 2578 9797
營業時間： 5:30pm-12:30mn
FB： www.facebook.com/YakinikuMuteki

健康藥膳麻辣鍋
橋頭麻辣鍋 ⓭

MAP 3-1 **B1**

🚐 捷運忠孝敦化站 8 號出口向市民大道
直行約 2 分鐘

　　橋頭推崇健康飲食，在傳統的麻辣火鍋上加以改良。店內供應的湯底辣得溫和甘醇，入口順喉，因其川味麻辣鍋只用植物油和冰糖，又用上甘草、甘蔗頭等藥膳材料，配以新鮮靚料，辣得健康，又滋味無窮。

地址：大安區敦化南路 1 段 157 號
電話：02 2777 5608
營業時間：5:30pm- 翌日 3:00am
FB：https://www.facebook.com/chiau.tou/

價錢親民兼用料份量十足，店子門市時常一位難求。

花生冰，也是大熱之選。除了鳳李和荔枝，其他冰品都能選兩滿，嘗盡更多口味。

傳統味冰品
北門鳳李冰 ⓮

🚐 捷運忠孝敦化站 3 號出口步行 5 分鐘

荔枝冰，一入口滿滿的荔枝清香。

　　當全世界甜品店都拼命研發新口味之際，北門鳳李冰卻以傳統為賣點大收旺場。來自宜蘭的店主，深信天然才是「王道」，提供的甜品除了原材料、水和砂糖外不會加入任何香料。口味選擇有鳳李、荔枝、鳳梨、花生、綠豆、桂圓、芋頭及李鹹八種，其門如市，時常大排長龍。

地址：忠孝東路四段 216 巷 33 弄 9 號　　**電話**：02 2711 8862
營業時間：12:00nn-9:30pm　　**FB**：北門鳳李冰

眷村味道
村子口

MAP 3-1 B1
⑮

捷運忠孝敦化站 8 號出口
步行約 8 分鐘

　　所謂眷村，就是1949年隨國民黨遷台中華民國國軍及其眷屬居住的地方。村子口裝潢成民國初期退伍軍人的眷村房舍，具濃厚的外省文化色彩，招牌食品雙醬麵有一種「外省老媽媽」的味道，麵中的炸醬微辣惹味，麻醬香濃，麵條彈牙有勁，青瓜絲爽口清新，整體極有層次。

雙醬麵，麻醬與炸醬混合，是村子口的招牌麵食。

地址：八德路三段 12 巷 52 弄 34 號　電話：02 2579 6455
營業時間：11:30am-2:00pm，5:00pm-9:00pm；周日休息
FB：村子口

時尚咖啡店歡美食
⑯
MAP 3-1 C2
C25度咖啡館

捷運忠孝敦化站 3 號出口步行約 3 分鐘

　　C25度咖啡館以早午餐和鬆餅下午茶最具人氣，就連台灣明星都一訪再訪，是近期東區大熱的cafe之一。另外，店內的法式土司也是另一人氣商品，不過美食製作需時，儘管餐單上註明要等半小時才上枱，但試過的朋友都說值得一等！

地址：安和路一段 21 巷 23 號 1 樓
電話：02 2781 8902
營業時間：10:00am-8:00pm

板南線｜市政府｜國父紀念館｜忠孝敦化｜忠孝復興｜忠孝新生｜台北車站｜西門

地道意大利美食

Solo Pasta ☆ MAP 3-1 C2

🚇 捷運忠孝敦化站 4 號出口步行約 5 分鐘

堅持正宗的意大利口味，是 Solo Pasta 經營的宗旨。主廚兼老闆王嘉平之前已在台中經營兩間意大利餐廳，同樣廣獲好評。他不但堅持食材正宗，自己亦身體力行，定時飛往意大利汲取當地飲食精髓，再帶回台灣發揚光大。而且食物的定價非常親民，一定不會像高級酒店的義菜般貴夾唔飽，所以連台灣的美食達人葉怡蘭亦撰文力讚！

西西里起司捲，塞滿用 RICOTTA CHEESE 做成的餡料，拌上柑橘醬與開心果碎。

地址：安和路一段 29-1 號　**電話**：02 2775 3645（只接受電話預約）　**網址**：www.j-ping.com/solopasta/
營業時間：11:30am-3:00pm，5:30pm-10:00pm，周六至日 11:30am-10:00pm；周一及二休息

⭐ MAP 3-1 B2　　　小心湯汁

⑱ 頂好紫琳蒸餃館

🚇 捷運忠孝敦化站往東區地下街 11 號出口（頂好名店城）

豬肉蒸餃 NT80。

頂好紫琳蒸餃館位於捷運忠孝敦化站附近的頂好名店城地庫。地庫本來是美食街，現在只有頂好紫琳蒸餃館獨旺，所以感覺好像被包場，地方很寬敞。馳名的豬肉蒸餃一籠有十個只售 NT80，平均 NT8 就可享用肉質鮮美、湯汁豐滿的美食，實在無話可說，吃時記得提防被湯汁濺到。除了招牌蒸餃，這裡也有其他傳統小吃如燙地瓜葉、牛肉蛋花湯、鍋貼及牛肉捲餅等，價錢由 30 至 100 台幣不等，絕對是平民美食天堂。

蒸餃肉質鮮美，湯汁飽滿。

地址：忠孝東路四段 97 號 B1-19 室
電話：02 2752 0962　**營業時間**：11:00am-9:00pm

招牌柴犬手沖茶飲
雨田先生 ⑲ 🔍 MAP 3-1 C1

🚇 捷運忠孝敦化站 2 號出口步行約 7 分鐘

　　雨田先生的抹茶是現場手刷的，店長堅持即點即沖，所有材料都經過秤重，連溫度和甜度比例都被嚴格控制。這裡的抹茶是以京都宇治丸久小山園等級沖調，茶味香濃有回甘，再配上一顆柴犬部長棉花糖，有灰色和赤色選擇，拿到手的一刻真的超級興奮，一邊飲一邊看著柴犬部長笑咪咪的睡相，有種捨不得打擾它的感覺。

除了柴犬特飲外，近期還推出八哥（巴哥犬）系列茶飲。

地址：忠孝東路 4 段 223 巷 69 號（只此一間）
營業時間：周二至六 12:00nn-9:00pm；
　　　　　　周日及一營業至 7:00pm
FB：www.facebook.com/MrRdrinks

朱古力職人
畬室 Yu Chocolatier ⑳ ✎ ★ MAP 3-1 B3

🚇 捷運忠孝敦化站 6 號出口步行約 10 分鐘

　　畬（粵音：些）室的創辦人鄭畬軒自幼熱愛朱古力，他曾遠赴法國的著名甜品學院 Ferrandi 進修，又曾在米芝蓮三星的 Pavillon Ledoyen 餐廳及朱古力名店 Jacques Génin 實習。回台後，他矢志以最正宗的法式工藝，配以優質及新鮮的在地出產，例如加入桂圓及烏龍茶等材料，炮製出美味的朱古力及甜品。

Shibusa 純黑朱古力蛋糕，由朱古力慕思、法式蛋糕體、甘那許、可可餅脆交疊而成。

南國金芒，夏日消暑妙品。

畬室香草千層派，以法式千層派皮、卡士達內餡的配方與製法，是畬室重量級甜點。

地址：大安區仁愛路四段 112 巷 3 弄 10 號
電話：02 2701 0792　**營業時間**：12:00nn-8:00pm；周三公休
FB：www.facebook.com/yuchocolatie

歐陸日式 Fusion ㉑
花彘醺

★ MAP 3-1 B2

🚇 捷運忠孝敦化站 5 號出口，步行約 2 分鐘

花彘醺原先有兩間店，一間走日式、一間歐陸風，現在兩店已經合併在一起。花彘醺的裝潢有一種歐洲小酒館的感覺，前衛得來又帶著幾分慵懶的氣氛。生牛肉是店內的必點招牌菜，將無骨牛小排切片並堆成小山，肉質滑嫩又帶有嚼勁，店內更有40至50種日本清酒供應。而且主廚慎選食材，每天清晨親自到市場入貨，保證新鮮有水準。

花彘醺招牌生牛肉
牛肉上有葱花，下有洋葱，淋上特製醬汁，既爽口又軟滑。

Fushion海膽一口點
濃郁的海膽味，配合酥脆的麵包和紫蘇葉緩解了膩口感。

地址：大安區忠孝東路四段 170 巷 6 弄 16 號　　**電話**：02 2777 1488　　**營業時間**：12:00nn-11:00pm
FB：https://www.facebook.com/Hwatzexunbistro

★ MAP 3-1 C3　　　　㉒廿二階千層蛋糕
Le Ruban Pâtisserie-法朋烘焙甜點坊

🚇 捷運人口信義安和站 1 號出口步行 6 分鐘

法朋烘焙甜點坊是台北甜點的名店，因為店舖面積有限，所以時常人頭湧湧。店內的法式蛋糕款式奇多，如果你有選擇困難症，可以集中傳說中的22階千層蛋糕及老奶奶檸檬蛋糕。如果「不幸」兩款都沽清，珠寶盒也是不錯的選擇。其實店內的出品每件都美輪美奐，任何一款都不會令你失望。

法朋烘焙門面平實卻不失優雅格調。

老奶奶檸檬蛋糕，以法國依思尼忌廉、日本熊本麵粉及農場鮮雞蛋精製，每天新鮮出爐。

22階千層蛋糕，每層都塗上特調的馬斯卡邦奶餡(Mascarpone)，非常花工夫。

小小的杯內藏着自製玫瑰醬、水蜜桃奶餡及白乳酪慕思。

地址：大安區仁愛路四段 300 巷 20 弄 11 號
電話：02 2700 3501　　**營業時間**：11:30am-7:30pm
FB：https://www.facebook.com/LeRubanPatisserie/

吃一口綠葉 ㉓ 🍴 ⭐ MAP 3-1 B1
溫古咖啡 Wengu cafe

🚌 捷運忠孝敦化站 7 號出口步行 5 分鐘

　　台北市東區咖啡店林立，溫古咖啡憑著一抹綠脫穎而出。由進入食肆開始，食客已被門前的盆栽裝置藝術區所吸引。進入室內，三個吊椅座位是女生最愛的打卡位。不過這裡最有人氣的，肯定非盆栽系列飲品莫屬。飲品上層都撲著厚厚的泥土（Oreo 餅乾），再加一棵薄荷葉在中間，餵飽手機後，客人把餅乾碎和著下層的抹茶牛奶一起幹掉，既好玩又飽肚。這裡也提供各類甜點輕食，而有機花茶也是不錯的選擇。

地址：大安區敦化南路一段 160 巷 16 號
電話：02 2711 7181　**營業時間**：1:00pm-9:30pm
FB：https://www.facebook.com/wengucafe/

⭐ MAP 3-1 B2 ㉔ 古今融合的咖啡體驗
Starbucks 龍門概念店

🚌 捷運忠孝敦化站 10 號出口步行 1 分鐘

　　台北的 Starbucks 龍門概念店是亞洲第一間概念店，把西雅圖旗艦店的 Starbucks Reserve Roastery & Tasting Room 概念引入台灣。店內空間寬敞明亮，以咖啡色為主色調，配搭木質桌椅和金屬裝飾，營造出優雅而溫馨的氛圍。店內最引人注目的，是位於中央的咖啡吧台，吧台由意大利進口大理石打造，上面設有各種咖啡萃取設備，包括虹吸式、濾壓壺、手沖壺、氮氣冷萃等。

地址：大安區忠孝東路
　　　　四段 134 號
電話：02 2740 6782
營業時間：7:00am-10:00pm；
　　　　周五及六營業至
　　　　11:00pm
網址：www.starbucks.com.tw

創意調酒地圖 25 MAP 3-1 C1

新串 New Trend

捷運忠孝敦化站 2 號出口步行約 3 分鐘

融合日式串燒與酒吧的居酒屋，室內牆上畫滿復古趣味的插畫，那是出自留日設計師Ming Chen的手筆。店內每款調酒均按日本地區特色風味而設計，必點的京都嵐山風Bamboo加入清酒及柚子乾，帶出淡雅果香。酒單還設計成復古地圖，上面標明濃淡、甜酸程度作參考。除了調酒外，菜單的選擇也非常多元，有串燒、冷盤、炸物、炒物、煮物及甜點。

地址：忠孝東路四段 223 巷 10 弄 7 號
電話：02 2711 6169 **FB**：新串 New Trend
營業時間：周日至四 5:30pm-12:00mn；周五及六營業至 1:00am

台式糖果滋味 MAP 3-1 B1

26 糖村

捷運忠孝敦化站 9 號出口徒步約 5 分鐘

分店開遍台中的糖村，近年才正式進駐台北，於敦化南路開設首間專門店。老闆Grace出品的蛋糕、手工餅乾、朱古力及果醬等，一直堅持用新鮮材料且注重健康。店內更設有雅致座位，讓你即買即試。零食都包裝精美，絕對適合作手信新選擇。

草莓牛軋糖，滿口濃濃的草莓香，洋溢著說不盡的幸福滋味。

地址：敦化南路一段 158 號 **電話**：02 2752 2188
營業時間：9:00am-10:00pm **網址**：www.sugar.com.tw

極致日本料理
平淡天真 27 ★ MAP 3-1 B1

捷運忠孝敦化站 8 號出口步行 10 分鐘

　　平淡天真，看似是愛情小說女主角的名字，卻是台北市東區一間高級日本料理的店名。店家相信看事平淡，對人天真，只把最好的食物呈獻給顧客。這裡的收費不便宜，但又未至

坐在板前最能與料理師傅近距離接觸。

簡單的茶碗蒸，入口蛋香十足，卻又帶著蟹膏海膽的香甜。

香港高級料理的天價。午市套餐介乎NT1,500至2,000，晚市套餐由NT3,500起，已包括了刺身、小鉢、香物等多道菜式。這裡不但食物講究，連餐具也是窯燒的器物，充滿禪味。想以有限預算品嘗極致日本料理，這裡是一個好選擇。

地址：松山區敦化南路一段 102 號
電話：02 8771 8575
營業時間：12:00nn-2:30pm，6:00pm-10:00pm；
　　　　　周日公休
FB：https://www.facebook.com/tenmasatw

吞拿魚的「大腹」壽司，油香撲鼻，入口即化。

平目魚包著北海道的海膽，手工細緻。

喜知次魚肉皮Q肉嫩細緻又美味。

---

28 傳統手作蔥油餅
★ MAP 3-1 B3 秦家餅店

捷運忠孝敦化站 10 號出口步行約 10 分鐘

　　由於乾烙蔥油餅的製作過程太花工夫，故已近乎絕跡，惟秦家餅店的秦婆婆依然堅持，令台北人得以品嘗到這古早滋味。小店只賣蔥油餅、韭菜盒和豆腐捲。每日限量生產，必須預訂才可買到。乾烙蔥油餅由人手揉成，撒上宜蘭蔥花再發酵15分鐘，然後反覆揉至一定厚度，才烘乾成形，做餅時不會沾油也不能吹風，很考工夫。

乾烙蔥油餅 NT300，蔥油餅金黃酥脆，口感煙韌，不會像一般油炸蔥油餅那樣油淋淋。

麻辣腐乳 NT500，手工天然精製，口感微麻微辣，綿密細緻。

地址：四維路 6 巷 12 號　　電話：02 2705 7255　　營業時間：12:00mn-7:00pm；周日休息
FB：https://www.facebook.com/27057255.com.tw/

板南線
【忠孝復興】

頂埔方向

台北車站　善導寺　忠孝新生　忠孝復興　忠孝敦化　國父紀念館　市政府

西門

南港展覽方向

忠孝復興

Map 4-1

板南線 市政府 國父紀念館 忠孝敦化 **忠孝復興** 忠孝新生 台北車站 西門

試做上等人

MAP 4-1 B3

皇家哥本哈根咖啡 01

必遊景點

捷運忠孝復興站 4 號出口出站即達

近年全球都興起北歐熱，來自北歐的丹麥除了LEGO和童話故事，陶瓷也遠近馳名。皇家哥本哈根咖啡就是與丹麥數百年歷史的手繪名瓷ROYAL COPEN-HAGEN合作，除了在店內展示ROYAL COPENHA-GEN的產品外，全店更以該品牌的餐具服務客人。平均價格要NT3,000的餐碟，或NT12,000的茶壺，只要幫襯NT250的套餐便可用到。除了貴族餐具，這裡的食物都很有水準，high tea價錢只是台幣200至300水平，要體驗上等人生活原來也可以很經濟。

店內展示一系列ROYAL COPENHAGEN的產品。

水果總匯冰淇淋鬆餅NT200，鬆餅是獨特的皇冠造型，象徵著咖啡店的尊貴及與眾不同。

名貴陶瓷配丹麥紅茶，味道會否與別不同？

地址： 大安區忠孝東路四段 45 號 SOGO 忠孝館 4F
電話： 02 2711 3362 **FB：** https://www.facebook.com/rccafe.tw
營業時間： 11:00am-9:30pm；周五及六營業至 10:00pm

必遊景點

MAP 4-1 C4 02 千萬金圓打造

橘色涮涮鍋（一館）

捷運忠孝復興站 3 號出口步行約 5 分鐘

老闆本身對用餐方面的視覺、味覺、聽覺、心情享受極為講究，故斥資逾千萬打造的頂級涮涮鍋餐廳，由空間、食材至服務都要第一流。其中活龍蝦套餐來自澎湖龍蝦，不但善用在地食材，新鮮又低碳。而牛肉則採用美國頂級 Prime 肋眼牛排肉及牛小排，更有北海道的帝王蟹及松葉蟹，全部產地直送，保證美味新鮮。

地址： 大安區大安路一段 135 號 B1　**電話：** 02 2776 1658
營業時間： 11:30am-11:00pm　**網址：** https://orangeshabushabu.com/zh-TW

美式越南河粉店 03
CYCLO 洛城牛肉粉

捷運忠孝復興站 4 號出口步行 3 分鐘

MAP 4-1 C2

牛肉粉 Pho 是越南的國粹，因為越戰後大量越南人移居美國，便在當地發展出美式越南河粉。CYCLO 的創辦人葉吏循從小在美國長大，非常鍾情越南美食，回台後便以越南話的「三輪車」（CYCLO）開設全台首間美式越南河粉店。他把店裝融入了新潮元素，將美國人對牛肉的狂熱與傳統越式牛肉粉結合，結果大受歡迎。這裡最為人喜愛

春捲也有多種選擇，由傳統的至這種「變種」的「燻鮭生春捲」。

洛城牛肉河粉8，一次過嘗到牛的八個部位，最啱牛魔王胃口。

冰滴咖啡沖法非常傳統，更附有煉奶調味。

的「洛城牛肉河粉8」，把牛的八個部位一次過奉上，最啱牛痴一族。至於冰滴咖啡及米捲這些越南傳統的美食，在此當然亦有供應。

地址：大安區大安路一段 75 巷 9 號
電話：02 2778 2569　**營業時間：**10:30am-8:30pm

MAP 4-1 A4 丹麥設計風
04 Hay 旗艦店

捷運忠孝復興站 2 號出口步行約 9 分鐘

Hay 是丹麥家具品牌 HAY 在亞太地區的首間由創辦人操刀的旗艦店。店內販售 HAY 的各式家具、家飾、生活用品等，包括經典的 Quilton 沙發、AAC 單椅，以及 Weekend 托特包等。一樓主要展示生活小物，如居家睡衣、毛巾、置物籃等；二樓則是大型家具的主展場，展示不同空間的配搭組合。三樓空間還原丹麥原址設計，全面開放參觀購物。

店面空間寬敞明亮，打造出和諧舒適的北歐氛圍。

Color Crate 收納籃由100% 回收的廢棄物製成，附蓋子和多種尺寸，底部還可加裝輪子。

地址：大安區仁愛路三段 142 號 1 樓
電話：02 2701 8168　**網址：**www.hay-taiwan.com/
營業時間：周一至五 11:00am-8:00pm；
　　　　　　周六及日營業至 9:00pm

東區璀璨鑽石 ❺ ⭐ MAP 4-1 **A3**
新光三越 Diamond Towers

🚇 捷運忠孝復興站 2 號出口即達　　**2024 年 3 月開幕**

　　鑽石塔由日本知名建築師丹下憲孝設計，代表作包括東京代代木奧林匹克公園、東京美術館等。新光三越插旗於A、B兩棟1至4樓，8個樓層逐層都有鑽石切割面概念的大片落地窗。場中進駐了多間話題餐飲，包括燒肉中山的副品牌「板前中山」、初魚餐飲集團新品牌「Li鐵板燒」等。另外一館4樓的美麗市場亦是亮點之一，提供來自全台36個鄉鎮產地小農們的產品。除了販售商品也提供代客料理，顧客可以購買新鮮食材後，請駐場店家代為烹煮。

美麗市場是一個結合傳統與現代的超市，提供代客料理服務。

鑽石塔大樓由3棟摩天建築群組成，建築外觀採鑽石玻璃帷幕設計。

地址： 大安區忠孝東路三段 268 號　　**電話：** 02 2721 6688
營業時間： 11:00am-9:30pm；周五及六營業至 10:00pm
網址： www.skm.com.tw/store_branch/13

⭐ MAP 4-1 **B3**　　❻

新派印度菜
夏花餐室

🚇 新光三越 Diamond Towers 內

　　夏花餐室由多次獲得米其林推薦的「想想廚房」主廚 Vaz Joseph Elias 擔任概念推手，並邀請資深印度主廚 Wilfred John Coelho 領軍，打造出原汁原味的印度貴族料理。菜單以印度五大地理區的各邦貴族料理為基礎，並以現代手法呈現，讓食客品嘗到多元化的印度美食。餐廳的坦都窯烤及煎烤菜式充滿特色，在窯烤中使肉類保持多汁，同時帶有炭火的香味。

鮮魷魚釀入西班牙辣腸肉餡，是夏花餐室的招牌菜之一。

無花果與Burrata芝士，配搭醬汁及根莖類脆片，清爽開胃。

地址： 大安區忠孝東路三段 282 號 3 樓　　**電話：** 02 2711 1328
營業時間： 12:00nn-3:00pm；6:00pm-10:00pm
IG： https://www.instagram.com/summerflowers_diningroom/

老味道新台菜

欣葉 07

必遊景點

捷運忠孝復興站 13 號出口出站即達

欣葉早於1977年已開設第一間店，至今共有多間欣葉台菜分店，同時亦開設其他料理店，是台灣一大飲食集團。來到台灣當然要一嘗台菜，在眾多餐館中，以欣葉最著名，每晚店內必定人山人海，假日晚上若沒訂座的話，就要等位約一小時。餐館深受台灣白領和中產人士歡迎，日本客人也不少。標榜高級台菜料理，用料上乘加上服務一流，一頓飯平均每人港幣百多元，價錢也算合理。

欣葉滷肉，選肥瘦分布最均勻的三層肉，肥瘦相疊，入口即化。

蔭豉蒜青蚵，蠔仔乃台灣名產，與蒜蓉、豆豉和香蔥炒成一碟，十分惹味。

有淡水魚王之稱的筍殼魚，以蝴蝶刀開背，再用油浸方式鎖住魚的鮮嫩。

地址：忠孝東路四段 112 號 2 樓（漢宮大廈內）
電話：02 2752 9299
營業時間：11:00am-2:30pm，5:00pm-9:20pm
FB：https://www.facebook.com/shinyehtaiwan/

MAP 4-1 B4

高質簡約早午餐

08 M ONE Café

捷運忠孝復興站 3 號出口步行約 10 分鐘

因為《康熙來了》而爆紅起來的早午餐店 M ONE Café，據說主持人小 S 也是此店常客。餐廳以低調沉穩的黑色作裝潢主調，因為價格親民和舒適的用餐環境深得藝人和街坊愛戴。店內最受歡迎的早午餐便是牛小排。除鮮嫩的牛小排外，薯餅、水果、炒蛋、法式多士、果汁和咖啡，份量也超豐富。其中，咖啡或紅茶都是可以續杯的，而且若不喜歡法式多士的朋友，還能改吃貝果、牛角包或烤多士。

什錦蛋捲 NT420。

天堂堡 NT400。

酪梨培根起司漢堡 NT420。

地址：仁愛路四段 27 巷 6-1 號
電話：02 8773 2136
營業時間：7:30am-10:00pm
FB：https://www.facebook.com/MOneCafe/

東區購物地標 ✨ MAP 4-1 B1

微風廣場 09 🍴 👀

🚇 捷運忠孝復興站 5 號出口步行 7 分鐘

在台北，要一次過找到無印良品、Tokyu Hands、Sony Plaza、紀伊屋書屋等日本最Hit的商戶，恐怕只有在這裡找到。除此以外，場內更有大量名店如Prada、Burberry等助陣。走得累了嗎？地庫有美食廣場和日式超市，讓你的五臟廟充充電再掃貨。

地址：復興南路一段 39 號　電話：08 0900 8888
營業時間：11:00am-9:30pm；
　　　　　周四至六營業至 10:00pm
網址：www.breezecenter.com.tw

⑩ 抵吃迴轉壽司

✨ MAP 4-1 B1　丸壽司

🚇 捷運忠孝復興站 5 號出口步行 7 分鐘

近年台北公認質優又抵吃的迴轉壽司，非海壽司和丸壽司莫屬。丸壽司就設在東區的微風廣場內，是場內的人龍食肆。壽司由最平NT50的紅盤，至NT580的白盤，任君選擇。不想動腦筋挑選的，可選綜合握壽司。十件壽司齊集乃最受歡迎出品，更是即點即握製，雖然售價接近NT700但也物所值。

綜合十貫握壽司 NT680，一客便嚐盡美味。

蟹味噌 NT90，外表豪華的「蟹膏軍艦」。

比目魚緣側 NT90，肉質帶油香而甜美。

地址：松山區復興南路一段 39 號微風廣場 B1 樓　電話：02 6600 8888#8816
營業時間：11:00am-9:30pm；周四至六營業至 10:00pm
FB：https://www.facebook.com/BREEZE.MARUSUSHI/

無敵千層派
MAISON KAYSER 梅森凱瑟 ⑪

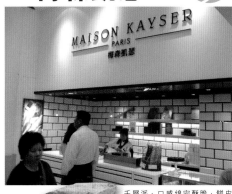

MAP 4-1 B1

🚇 捷運忠孝復興站 5 號出口步行 7 分鐘

　　MAISON KAYSER 是巴黎的麵包名店，據説創辦人 Eric Kayser 研發出全球首創的天然酵母自動培養器，掌控麵糰發酵狀況，大大提升糕餅的質素。這裡的甜點種類繁多，不過入門版一定是揀法國傳統的馬卡龍和千層派。兩款甜點酥脆的程度，完全超乎你的想像。

千層派，口感綿密酥脆，餅皮的香味與「卡士達」醬的奶香交融，只可以「OMG」去形容。

馬卡龍(開心果味)。表層就像湖面結了一層薄冰，輕輕敲擊便全然裂開。內裡混合著麥芽糖和開心果，黏軟中帶著香甜。

地址：松山區復興南路一段 39 號微風廣場 B1 樓
電話：02 6600 8888#7507
營業時間：9:00am-9:30pm；周四至六至 10:00pm

MAP 4-1 B3 ⑫

創意蔬食
小小樹食

🚇 捷運忠孝復興站 3 號出口步行約 4 分鐘

　　台北的小小樹食是一家注重健康和美味的蔬食餐廳，推廣每周至少兩天的蔬食生活，並以創意料理破除對蔬食平淡無趣的印象。餐廳強調使用新鮮、加工的新鮮食材，如俄羅斯羽衣甘藍、京水菜等，呈現新派素食的風格。餐廳的菜單選擇豐富，涵蓋各式沙律、三文治、意粉、甜點等菜式，滿足不同食客的需求。

小樹酪梨蔬菜佛陀碗。

消暑又健康的小樹蔬菜凍，有秋葵、玉米筍及蔬菜。

地址：大安區大安路一段 116 巷 17 號　　**電話**：02 2778 2277
營業時間：12:00nn-9:00pm　　**網址**：www.littletreefood.com/

綠豆稀飯
北平半畝園

MAP 4-1 C5 ⑬

🚇 捷運大安站 6 號出口步行約 6 分鐘

就像香港人懷念豬油拌飯一樣，台灣人對綠豆稀飯的懷緬，也是出於舊時代的追憶。半畝園被台灣小吃教父舒國治評為「台北最好吃的綠豆稀飯」食肆，雖然綠豆稀飯未必是你所好，這裡也有很多傳統台式小吃，如牛肉餡餅、牛雜湯、炸醬麵等，全部都只售一百數十元台幣，非常有特色風味。滿櫃的小菜睇啱即取來吃，食得豪氣又不怕失預算。

綠豆稀飯NT40，充滿傳統的味道，加一點糖和著吃會更特別。

牛肉餡餅 NT45，內餡的油、肉、香氣一古腦鑽入鼻腔，香得不得了，湯汁也異常飽滿。

炸醬麵 NT130，刀削麵彈牙有嚼勁，面層淋的肉醬鹹中帶微微醋酸，非常開胃。

地址： 大安區東豐街 33 號
電話： 02 2700 5326
🕐 **營業時間：** 11:00am-1:45pm，5:00pm-8:30pm

MAP 4-1 B3 ⑭

經典山東包子
姜記包子舖

🚇 忠孝復興站 2 號出口步行 3 分鐘

姜太太包子店最初是位於角落的小攤檔，因食物美味而積累了不少捧場客。其後生意越做越大，店門外總有人龍排隊買包，晚一點更往往只剩下一、兩款包。姜太太是山東人，對做包子素有研究，出品的包子全是手搣而成，因此包子較柔軟富彈性，餡料也鮮嫩多汁。請注意同一位置有另一間「姜包子」，據說兩店老闆本為兄弟，現在成為對手。兩家口味相近，如果姜太太店太多人，購姜包子也是不錯的選擇。

韭菜鮮肉包。

招牌鮮肉包。

地址： 復興南路一段 180 號　**電話：** 02 2781 6606
🕐 **營業時間：** 6:00am-7:00pm；周日 8:00am-6:00pm；周一休息

名古屋過江龍
Pinede 彼內朵 ⑮

🚇 捷運忠孝復興站 2 號出口步行 3 分鐘

MAP 4-1 A3

Pinede 彼內朵法式甜品店在1984年於日本名古屋成立，至今在日本與台灣已累積有二十一家分店。這裡的蛋糕甜點出品不但綿滑細緻，外形更超萌可愛。人氣商品MINI起司蛋糕共分原味、抹茶、藍莓、覆盆子及朱古力等七種口味，以德國優格及澳洲芝士製成，口感柔順，奶味香濃。另一產品1974烤起司蛋糕，下層是綿密酥脆的法式撻皮，中層是鬆軟的海綿蛋糕，上層鋪滿法國鮮忌廉和澳洲芝士，一份蛋糕多重滋味，難怪深受顧客歡迎。

MINI系列有多款口味，每個都小巧可愛。

一系列出品都漂亮可愛。

創於1974年的蛋糕，Pinede 創辦人延續父親的傳統配方精心製作。

模仿竹簍豆腐的製法，吃起來和豆腐一樣綿密。

地址：大安區忠孝東路三段 244 號
電話：02 2740 0101　　**網址**：https://pinede.com.tw/
營業時間：11:00am-8:00pm；
　　　　　　　周五及六營業至 9:00pm

豆腐與微脆的餅皮配合得完美無瑕。

韭菜盒滿滿的韭菜和豆乾絲。非常飽肚。

MAP 4-1 A3

美味寶「盒」
江蘇菜盒店 ⑯

🚇 捷運忠孝復興站 2 號出口步行 5 分鐘

江蘇菜盒店據説以前是個小攤子，因為生意好所以開了這間小店。就如一般老字號那樣，室內沒有甚麼特色裝潢可言，純粹以美食打動人心。所謂菜盒，其實近似餡餅。菜盒的餅皮雖然屬乾烙，不過柔軟而有咬勁，更有淡淡麵粉香氣，可見在麵糰製作上花過工夫。三款受歡迎的「酸菜盒」、「豆腐捲」，以及「韭菜盒」各有特色，不過以細滑柔嫩的豆腐與餅皮最配合，味道亦最出色。

酸菜輕脆感覺爽口。

地址：大安區忠孝東路三段 216 巷 3 弄 6 號
電話：02 2771 0883
營業時間：10:40am-8:00pm；周日休息

食盡海上鮮
真的好海鮮餐廳

MAP 4-1 B4 ⑰

🚇 捷運忠孝復興站 2 號出口步行 4 分鐘

大型魚池在香港的酒樓常見，在台灣卻極罕有。

真的好成立於1995年，迄今已有二十多載，多年來都是台北市著名的真的好成立於1995年，迄今已有二十多載，多年來都是台北市著名的海鮮中菜食府，更曾被法國的美食排行榜「La Liste」，列為「全球1,000家最佳餐廳」之一，也是台灣僅五家上榜的餐廳。食肆設有大型海鮮區，蘇眉、老鼠斑、七星斑及石頭魚等高級海鮮共冶一爐，任由食客挑選。餐廳內部寬敞華麗，連餐具也是採用英國皇家Wedgwood骨瓷，氣派非凡，所以引來大批中外名人紅星如湯告魯斯、李安、吳宇森及全智賢等幫襯，「食力」備受肯定。

🏠 地址：大安區復興南路一段 222 號
☎ 電話：02 2771 3000
🕐 營業時間：11:30am-2:30pm，5:30pm-9:30pm
🖥 網址：https://www.reallygoodseafood.com/

蒸青蟳，蟹肉多而甜，蟹膏不多卻濃香肥美。

石頭魚椒鹽，入口先是胡椒的鹹香，接著是酥脆魚皮的油香。

簡約日式甜點
折田菓舖

⑱ MAP 4-1 A4

🚇 捷運忠孝復興站 2 號出口步行 5 分鐘

折田菓舖的老闆折田先生本為日本人，少年時代曾到台灣旅遊，留下深刻印象。其後他遠赴法國學習製作甜品，學成後不回日本，反而選在台灣創業。折田菓舖最初只在網絡經營，爆紅後才開設實體店。小店銷售精美甜點，也有餐膳提供。招牌商品首推日式水果千層蛋糕，店家選取當造水果，分八層疊在一起，吃時令人大感滿足。也可選迷你戚風4口味組合，一次過嘗到朱古力、焙茶及紅豆等四種口味，最啱幾個朋友一齊「些牙」。

🏠 地址：仁愛路三段 123 巷 6 號 1 樓　☎ 電話：02 2721 6350
🕐 營業時間：12:00nn-7:30pm　FB：https://www.facebook.com/orita.japancakes/

黑心食品
四鄉五島馬祖麵店

MAP 4-1 A1 ⑲

🚇 捷運南京復興站 2 號出口步行 7 分鐘

小店開業多年來有不少明星食客光顧，包括識飲識食的周董。

濃郁黑麻麵，賣相有些嚇人，不過充滿濃郁的芝麻香氣。

老闆王女士1972年隨同夫婿從馬祖來到台灣工作，白手興家開設了此麵店。雖然香港人對馬祖的食物認識不多，但其中「黑媽媽」的濃郁黑麻麵，一定能引起注意。店家細選芝麻豆，經多道研磨，再搭配手工麵條的Q彈，令整碗麵充滿濃郁的香氣。另一黑心之作黑心水餃，黑芝麻也充斥在水餃內，賣相特別，不過吃時記得小心被汁醬濺身，到時真的水洗都不清了。

🏠 地址：中山區遼寧街 7 號　☎ 電話：02 2771 5406　營業時間：9:00am-2:00am　網址：http://45food.com/

嚮丼丼

MAP 4-1 C1

⑳ 瞞著爹八德壽司丼

捷運忠孝復興站 5 號出口步行 10 分鐘

　　瞞著爹是近年台灣很受歡迎的飲食集團，短短數年間已在台北及台中開了多間日式料理，經營不同的菜式。位於八德路二段的分店，主打各式海鮮丼飯，有比目魚、松葉蟹、星鰻、牡丹蝦及海膽等。不但用料新鮮，丼飯用的米和醋同屬精心挑選，每一次咀嚼「飯甜」都讓人食慾大開，是各種海鮮的最佳配搭。

丼飯的米飯與醋混和，既有飯的香甜又帶點醋的微酸。

特選綜合海鮮丼 NT630，集合各種海上鮮，包括三文魚、海鰻、比目魚、乾貝以至星鰻，簡直是一面吃一面尋寶。

荒海蝦散壽司丼 NT380，飯面鋪滿魚蝦散料，最講究是附上一個小爐給客人現烤海苔片包著丼飯食用。

地址：松山區八德路二段 366 巷 38 號
電話：02 7728 6588#203
營業時間：11:30am-3:00pm、5:00pm-9:30pm
FB：https://www.facebook.com/manjedaddon

食到唔停口 ★ MAP 4-1 B1

吳留手串燒 ㉑

捷運忠孝復興站 5 號出口步行 10 分鐘

　　台北有不少串燒店，吳留手是其中經常「爆場」的一家。除了因為全店只有廿多個座位、非常有和式風味的設計，以及串燒火候恰到好處，都是店家成功的原因。食肆裡外也以日式木質的裝潢為主，加上一些老式海報及日本酒瓶，令人仿如置身東京典型的居酒屋之中。串燒的種類很豐富，由松阪豬、牛小排、午仔魚及乾貝都有齊。不過這裡必試的一定是雞皮仙貝。師傅把雞皮烤成肉紙一樣的薄脆，面層輕灑辣椒粉，如此「下欄」食材竟成為人間美味。至於另一下欄之王烤雞屁股，絕對能挑戰你對美食的底線。

雞皮仙貝，可視為健康的大敵，不過美味難擋。

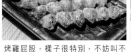

烤雞屁股，樣子很特別，不妨叫不知情的朋友嘗嘗才開估是甚麼食物。

剛端上桌就聞到一抹豬油甜香，微脆的口感也令人喜歡。

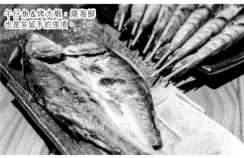

午仔魚＆烤大蝦、燒海鮮也是吳留手的強項。

地址：八德路二段 312 巷 13 號　電話：02 2776 1008
營業時間：6:00pm- 翌日 1:00am；
　　　　　周五營業至 11:30pm
FB：https://www.facebook.com/wuliushou1/

板南線
【忠孝新生】
【善導寺】

Google Map
下載

頂埔方向

台北車站　善導寺　忠孝新生　忠孝復興　忠孝敦化　國父紀念館　市政府

西門

南港展覽方向

富爸爸餐飲會所
(F4-2)

長安東路二段

市民大道

A　　　B　13　　　C　　　長安東路二段　D

14

05　06

出1

北平東路

03

善導寺站

華山1914

出2　出3　出5

光華

01

08

忠孝新生站

出1

10

出4

11

07　出2

09　出5

北

12

濟南路二段

02

04

忠孝新生
善導寺

忠孝復興站

MAP 5-0

古早味台式早餐 ⭐ MAP 5-0 **A1**
阜杭豆漿 ❶ 🍴 必遊景點 📍

🚇 捷運善導寺站 5 號出口即達

每天清早，小店門前總是有一條長長的人龍，都是衝著這裡的招牌鹹豆漿而來。每天凌晨4點，老闆便將60斤黃豆磨成豆漿，在碗底放麻油、醬油、南乳、油炸鬼、蝦米及葱，味道無比香濃。油條又用上美國進口的高級麵粉，新鮮即炸格外脆口，難怪成為2018米其林必比登推薦食肆之一。

📍**地址**：忠孝東路一段 108 號華山市場 2 樓　☎**電話**：02 2392 2175　🕐**營業時間**：5:30am-12:30pm；周一休息

⭐ MAP 5-0 **B2**　法式閃電泡芙
必遊景點 📍　🍴 ❷ **1789 Café**

🚇 捷運忠孝新生站 5 號出口步行 6 分鐘

閃電泡芙法文 Eclair，做法與普通泡芙近似，都是在泡芙內注入不同餡料。不過閃電泡芙的表面並不蓬鬆，而是類似曲奇的酥脆；外形也不是圓的，宛如手指一樣呈長條。因體形的骰易被人「閃電」吞下，所以稱為閃電泡芙。1789 Café 近年就以不同款式超萌的法式閃電泡芙打響名堂，運用新鮮水果如草莓、藍莓、梨子及覆盆子等，配搭澎湃的奶餡，色彩迷人兼口味獨特，而且每份只售NT120至130，難怪會秒速被人KO。

香草泡芙，入口是糖霜的微甜，咬下帶著香草味的卡士達醬一湧而出。

焦糖泡芙，迷人的焦糖搭配一小塊鹹奶油，其鹹味和奶油香點亮了味覺的層次。

覆盆莓泡芙，不僅是莓果醬的酸甜，尚有奶油的甜和淡淡，若隱若現的荔枝清香。

📍**地址**：中正區仁愛路二段 97-1 號　☎**電話**：02 3322 2089
🕐**營業時間**：11:00am-7:00pm；周一公休
🌐**網址**：https://www.1789.com.tw/

釀酒廠變文創地標

華山1914 03 ★ MAP 5-0 B1

🚌 捷運忠孝新生站1號出口步行約5分鐘

華山創意文化園區前身為創建於1914年（大正三年）的日本「芳釀社」，乃當時台灣最大的製酒工廠之一，直至1987年才停產。經過全面整修後，「華山1914創意文化園區」於2005年底重新開園。華山1914創意文化園區包括戶外藝文空間及室內展演空間兩部分，是台北市舉辦藝文展演活動的熱點，園區內的舊建築物經過翻新、裝置藝術，吸引民眾前來參觀、拍照，也是婚紗照的熱門拍攝地點。

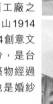

地址：中正區八德路一段1號　　**電話**：02 2358 1914　　**營業時間**：9:30am-9:00pm，戶外24小時
網址：www.huashan1914.com

必遊景點　老屋藝文展館

★ MAP 5-0 B2 04 京倫會所

🚌 捷運忠孝新生站5號出口步行9分鐘

這棟日式老宅已逾百年歷史，建於1911年，過去曾是台灣大學教授宿舍，現作為本地藝術家們的展覽場所，免費開放予公眾參觀。展覽廳之後方庭院有荷花小池塘，室內擺有榻榻米及桌椅，可供小型藝術工作坊的空間。此建築與同區的「文房」、「李國鼎故居」及「齊東詩舍」等都將藝術與日式老宅相結合，讓臨沂街一帶充滿著文藝氣息。

地址：中正區臨沂街44巷1號　　**電話**：02 2356 9188
營業時間：周二至五 10:00am-5:00pm；周日至一休息
網址：kinglun-art.org.tw

多元體驗空間 🔍 MAP 5-0 B1
三創生活園區 05

🚌 捷運忠孝新生站 1 號出口步行約 5 分鐘

　　坐落於光華數位新天地旁的三創生活園區，被譽為台北市新十大建設之一，更視作台北的秋葉原。樓面總面積2,687坪，商場主題除了是數位科技，更包括影音娛樂、親子家庭，甚至是藝文展覽和演出，集購物、娛樂、學習和分享於一體，更有不同食肆設於地庫美食專區，絕對是台北的地標。

地址：中正區市民大道三段 2 號
電話：08 0909 3300　　**網址**：www.syntrend.com.tw
🖵 **營業時間**：11:00am-9:30pm；周五及六營業至 10:00pm

體驗虛擬實境 🔍 MAP 5-0 B1
VIVELAND 06

🚌 捷運忠孝新生站 1 號出口步行 10 分鐘

　　設於三創生活園區內的VIVELAND由HTC及於三創生活園區合作打造，整個主題樂園面積達100坪，設有20多款VR遊戲，甚至不惜工本打造實景，令客人玩得更暢快。全館設4大體驗區，包括《FRONT DEFENSE》英雄防線體驗區、《Project CARS》賽車模擬體驗區、《命懸一線》高空體驗區及《Bounty VR》4D動感體驗區，每次收費NT150-250，以親民價錢便可體驗新科技。

地址：中正區市民大道三段 2 號 3 樓
電話：02 7701 0231　　**營業時間**：11:00am-9:30pm
費用：每項遊戲每次 NT$200-250
🖵 **FB**：https://www.facebook.com/VIVELANDTW/

韓系咖啡　⊛ MAP 5-0 B1

卡那達咖啡店 07

🚐 捷運忠孝新生站 2 號出口出站即達

　　卡那達咖啡店據説由旅居台灣的韓國人開設，因為食物的口味正宗，吸引不少韓國同胞幫襯。這裡的咖啡飲品與一般的咖啡店分別不大，較有韓風的飲品有柚子茶、五味子紅茶及木瓜茶等。甜品中以布朗尼朱古力最吸引，入口就是濃濃的朱古力味，還帶著些核果香與脆，再蘸些鮮忌廉一起吃是一大享受。

地址：中正區臨沂街 13 巷 5 號
電話：02 2321 7120　**營業時間**：11:30am-8:30pm
FB：https://www.facebook.com/cafeganada/

⊛ MAP 5-0 B1　職人手沖咖啡

08 興波咖啡旗艦店

🚐 捷運忠孝新生站 1 號出口，步行約 6 分鐘

　　興波咖啡店內裝潢相當有特色，一樓為開放式吧台，左邊牆以一整面樹皮作裝飾，展售自家咖啡商品之餘，多項大賽獎盃也安置於架上。從二樓天井往下看，可以目睹馬蹄形吧台的全貌；上層座位區保留原有的紅磚牆、地板和窗戶，在老宅中注入新生命。室內除了咖啡香還混著原木香，手沖咖啡的香氣四處飄散，興波咖啡曾被 Big 7 Travel 網站選為「世界最佳50間咖啡館」並摘冠，難怪假日人潮如此地多。

地址：中正區忠孝東路二段 27 號
電話：02 3322 1888
營業時間：10:00am-5:00pm
網址：https://simplekaffa.com/

古蹟文創書店
文房 Chapter ⑨

捷運忠孝新生站 5 號出口步行 5 分鐘

文房 Chapter（原名好樣文房）原本是日治時代日本商務官員的宿舍，約有60至80年歷史。經好樣集團修葺後，以公益圖書館的形式免費開放。古宅保留了小巧的庭園及原來的擺設，再分為閱讀區、用餐區及展示區等多個部分。訪客不但能在古宅內閒逛或閱讀，還可免費享用一份咖啡和茶點。不過為了保持寧靜氣氛，古宅每天只開放四段場次，每場最多十六人，參觀時間也只限兩小時。名額有限，記得提早預約。

MAP 5-0 B1

地址：中正區臨沂街 27 巷 1 號
電話：02 2341 9662　**註**：必須預約參觀
營業時間：10:00am-5:00pm；周一公休
網址：http://www.vvgchapter.com.tw/

MAP 5-0 A1

尋常味道
⑩ 中原素麵店

捷運善導寺站 4 號出口出站即達

中原素麵店是捷運善導寺站附近外表非常平凡的麵店，因為台灣美食家胡天蘭的推介而受到矚目。食肆原本是製麵所，受到食客鼓勵便索性經營麵店。由於麵條是自家出品，吃起來有它與別不同的韌勁Q彈，是其他麵店吃不到的口感。這裡食物的選擇不多，建議一試招牌炸醬麵。炸醬當天現炒，甜、辣與鹹度剛剛好，食後令人回味。

炸醬麵 NT55。有少量肉絲及鹹菜，不過靈魂是炸醬。

地址：中正區青島東路 23-11 號
電話：02 2351 8010
營業時間：11:30am-2:00pm；周六日公休

台北 ☆☆☆

板南線 市政府 國父紀念館 忠孝敦化 忠孝復興 **忠孝新生** 台北車站 西門

老日式宿舍群

齊東詩舍 **11** MAP 5-0 B1

🚇 捷運忠孝新生 5 號出口，步行約 6 分鐘

來到台北可以感受日式風情。

齊東詩舍是全台北歷史建築保存最完整之街區，原址為日本官員宿舍，於2014年由國立台灣文學館接手經營，並於2020年轉型為台灣文學基地。館內設有常設展、特展、駐村作家、教育推廣等活動。園內還設有「平安京茶室 Match One」，這間人氣抹茶專賣店結合了和洋空間及日式老屋的氛圍，讓人彷彿置身於京都。

園區還設有展覽館、創作坊以及茶室。

地址：中正區濟南路二段 27 號
電話：02 2327 9657　**網址**：https://tlb.nmtl.gov.tw/
營業時間：10:00am-6:00pm；周一休息

每晚店門外部大排長龍，等著切『滷味』拿回家當配菜。

不賣功夫賣「食力」

12 龍門客棧餃子 MAP 5-0 A2

🚇 捷運善導寺站 5 號出口步行 5 分鐘

龍門客棧一名令人想到古裝武俠片，而這裡除了店名外，由食物到氣氛都充滿豪邁感覺。首先食肆只做晚市，店內外都大大隻字通知食客不做午市，令人感受箇中的霸氣。雖然名為餃子店，其實店裡最受歡迎的，卻是各式滷味。最特別是滷味不會列明價錢，只要告知老闆娘人數，她便會準備適當份量及種類的滷味拼盤。食客雖沒有「議價」空間，卻非常有趣兼有驚喜，價錢當然也是可接受範圍。

水餃一盤每粒NT7，湯汁飽滿，肉香四溢，水準絕不輸給滷味。

滷味拼盤份量及種類都由老闆娘主理，有豬肉、豆皮、滷蛋及竹筍等。

地址：中正區林森南路 61 巷 19 號
電話：02 2351 0729
營業時間：5:00pm-11:00pm；周一公休

復古風空間

MAP 5-0 B1

德佈 Debut Cafe ⑬

捷運忠孝新生站 4 號出口步行約 9 分鐘

　　德佈 Debut Cafe 是一間不限時復古風咖啡廳，提供手沖咖啡、茶飲、甜點及輕食，也有多款創意咖啡如桂花釀拿鐵、梅酒美式咖啡等，讓人耳目一新。店內裝潢融合中、日、美式風格，擺設了許多各地收集來的古物，例如偉士牌電單車，還有榻榻米座位空間，有一種會坐到睡著的錯覺。

書香氣息的兩扇木門。

地址：中山區新生北路一段 15 號
電話：02 2541 7279　**營業時間**：11:30am-9:00pm
網址：https://anddebut.com/

MAP 5-0 A1 果肉衝擊視覺

⑭ Bonnie Sugar

捷運善導寺站 1 號出口走約 3 分鐘

　　Bonnie Sugar 是一家源自高雄的人氣手作甜點店，店內裝潢以鄉村風為主，綠意盎然，天花垂墜著乾燥花，散發一股溫馨舒適的氛圍。店家自闢一角展售服飾，全是店主親自從韓國挑選帶回的，充滿個人特色。招牌甜點「無花果卡士達派」用料十足，面層鋪滿一塊塊的新鮮無花果果肉，視覺效果華麗，讓人看了垂涎欲滴。

彩虹怪獸冰拿鐵，蛋白霜為平凡的 Latte 加分，喝起來也不會太甜。

地址：中正區北平東路 9 號　**電話**：02 2693 5606
營業時間：10:00pm-10:00pm
FB：www.facebook.com/bonniesugartaipei/

板南線
【台北車站】

頂埔方向

台北車站 善導寺 忠孝新生 忠孝復興 忠孝敦化 國父紀念館 市政府

西門

南港展覽方向

台北車站

MAP 6-1

小火車模擬場景 01 ★ MAP 6-1 B1

台灣博物館鐵道部園區

🚇 捷運北門站 2 號出口

經歷16年整修的鐵道部園區重新開放，顯眼的紅磚建築是園區一大亮點。館內展覽很豐富，分別有古蹟修復展示工坊、防空洞、清代機器局遺構等等，甚至將鐵道車廂內的情景搬進來，重現莒光號列車、火車站閘門的樣貌。「蒸汽夢工廠」是最受小朋友歡迎的活動，小朋友可以乘坐小火車繞道一圈。另廳舍2樓有動態模型展區，每隔10至20分鐘火車便會緩緩駛出，縮小版的扇形車庫超逼真。身為鐵道迷的人，恐怕會在這裡消磨半天。

園區內仍保留著防空洞。

可了解蒸汽火車的機械結構，由蒸汽轉化為動能的原理。

把莒光號車廂情景搬進博物館。

地址：大同區延平北路一段 2 號　電話：02 2558 9790
營業時間：9:30am-5:00pm；周一休息
費用：鐵道部園區 NT100、四館聯票 NT130（小童半價）
網址：https://www.ntm.gov.tw/content_151.html

★ MAP 6-1 B4 經典留影

02 凱達格蘭大道

🚇 捷運台大醫院站 1 號出口
　　步行 8 分鐘

台北車站一帶可順道觀光的地方，凱達格蘭大道前身為台北府城東門街，戰後曾取名為「介壽路」，直至1996年由陳水扁改名為凱達格蘭大道Ketagalan Boulevard，表示對台灣原住民「凱達格蘭族」歷史文化的肯認和尊重，並將總統府前廣場定名為凱達格蘭廣場。

地址：中正區凱達格蘭大道
電話：02 2320 6921　　費用：免費入場
參觀時間（總統府）
周一至五 9:00am-12:00pm、
每月第一個周六 8:00am-4:00pm

複製哈利波特場景 03
台鐵LDK58蒸汽機車

🚌 台北火車站東2門外東側廣場 ⭐ MAP 6-1 **D2**

　　台鐵LDK58號蒸汽機車頭有百年歷史，因火車頭及LDR2201柴油客車已年久失修，出現斑駁剝落，經台鐵重新整修後，已於2022年9月以全新面貌重新登場。除了增建參觀台及電波鐘之外，更仿造哈利波特電影場景，打造3又1/2月台，LDK58還會於早上8時至晚上6時響起悅耳鳴笛聲。

每日8時至6時都會聽到LDK588的鳴笛，每個整點播放。

LDK58是由日本日立汽車製造株式會社於1923年所製造，運用於花東線窄軌區間，總重量21.6噸，牽引力5,030公斤，為早期花東線的主力蒸汽機車，並於2011年移至台北車站展示。LDR2201柴油客車則是1956年由台北機廠仿照日本國鐵（JNR）湘南車型打造，並於花蓮機廠裝配200匹固敏式柴油引擎，車身塗裝為下黃上白，故有「黃皮仔車」稱呼。

蒸汽機頭內的鍋爐排氣閥。

LDR2201柴油客車廂與LDK58連掛。

地址：台北火車站東側廣

必遊景點 📍 ⭐ MAP 6-1 **C3**

風土文化寶庫
台灣博物館 04

🚌 捷運台大醫院站4號出口出站步行5分鐘

　　博物館建於1908年，單看外表有點像羅馬古代建築，從前名為「台灣總督府紀念館」，現今展出了十分豐富的文物，如碑林、巨石文化遺物、民間石具等。這座建築本身極之精美，有豐富的欣賞價值，因此於1988年被評為「國定古蹟」。

古生物館引領參觀者穿越時空、走進古生物世界。

巨大的恐龍化石晶立在高挑的空間裡。

地址：襄陽路2號　**電話**：02 2382 2566
營業時間：9:30am-5:00pm；逢周一休館
費用：NT30　**網址**：https://www.ntm.gov.tw

最大美食及手信廣場

微風台北車站 ⑤

★ MAP 6-1 C1

捷運台北車站沿地下街往台北火車站方向
步行5分鐘即達

台北車站是市內的交通樞紐，自高鐵通車後，地位尤其重要，人流比以前多，更斥資4億台幣開設全台北最大的美食廣場「微風台北車站」。美食廣場位於車站一至二樓，裝潢簡潔光猛，設計創新獨特。廣場內雲集六十多家食店，而1F及B1，更是手信的天堂。你講得出的手信名牌都有，如阿默蛋糕、米哥烘焙坊等過百家中外手信店。

地址：北平西路3號台北火車站 B1、1F 及 2F
電話：10:00am-10:00pm
網址：www.breezecenter.com

★ MAP 6-1 D2 ⑥

酥脆多汁炸物

銀座杏子日式豬排

微風車站內

杏子日式豬排嚴選黑豚肉，肉質甘甜，油花分布均勻；豬排只用里肌肉與腰內肉，每塊豬肉經由專業管控「熟成」，確保豬排口感滑嫩。豬排以低溫烹炸，讓包裹麵包粉的豚肉，鎖住肉汁。餐廳細心得連吃法也有建議：首先吃原味，輕灑一點玫瑰鹽即可；之後將檸檬汁淋上，再蘸黃芥末一起吃；最後把缽裡的芝麻搗碎，倒入醬汁拌食。只要按此程序循序漸進，便能圓滿地品嘗到優質的豬排料理。

咖喱里肌豬排套餐 NT350。

炸豬排三明治 NT140。

葱花蘿蔔泥里肌豬排套餐 NT320。

地址：北平西路3號2樓（台北微風車站）
電話：02 2375 5866　**營業時間**：10:00am-10:00pm
網址：http://www.ikingza.com/

米芝蓮新貴
頤宮中餐廳

🚌 捷運台北車站京站時尚廣場出口

⭐ **MAP 6-1 D1**
07
🔍 必遊景點 📍

餐廳位於京站時尚廣場17樓，附近的夜景一覽無遺。

　　台北首本米芝蓮指南《米其林指南臺北》，終於在2018年3月推出。當中獲最高殊榮的米芝蓮三星食肆，由台北車站君品酒店的中菜餐廳「頤宮」奪得。頤宮以高級粵菜馳名，由來自香港的名廚陳偉強主理，招牌菜火焰片皮鴨不但食物美味，賣相亦相當奪目。其他的粵式點心與香港的添好運合作，務求出品既正宗又味美。不過據說頤宮獲獎後，本來就爆場的情況變本加厲，想歎名廚之名菜記得要預先訂位。

脆皮叉燒也是頤宮的招牌菜，用的是松阪豬肉，吃起來特別脆 🄀。

醉蛋端上來時光看半熟的蛋黃就令人陶醉，紹興酒入口香而不渾。

烤鴨據說是用出生才28天的鴨子，肉質最好，大小適中。

地址：大同區承德路一段3號17樓號　**電話**：02 2181 9950#3261
營業時間：12:00nn-2:30pm、6:00pm-9:30pm
網址：http://www.palaisdechinehotel.com/

⭐ **MAP 6-1 D1**　👀 08
新潮轉運站
京站時尚廣場 Q Square

🚌 捷運台北車站沿地下街往台北轉運站出口便可直達

Q Square既是時尚廣場，也是台北客運的轉運站，若要搭客運到宜蘭、花蓮、羅東等地皆可在廣場內的三、四樓買票及上車。雖然五樓以上是住宅，但一樓的商店街人流很旺，設有很多國內外的品牌專門店，當中不乏年輕人喜愛的時尚服飾店和手信地帶。

地址：承德路一段1號
電話：02 2182 8888
營業時間：11:00am-9:30pm；
　　　　　　周五、六 11:00am-10:00pm
網址：www.qsquare.com.tw

絕美公園 09 📷 ⭐ MAP 6-1 C4
228和平紀念公園

🚌 捷運台大醫院站 1 號出口出站即達

228紀念公園位於台北市政治權力的核心地帶，佔地七萬平方公尺，橫跨公園路、凱達格蘭大道，是台北市歷史悠久的公園之一。整個公園打造得美輪美奐，中國式的小橋流水，亭台樓閣，是市區內難得的幽靜綠洲。園內設有228紀念館、蒸氣火車頭、和平鐘、蓮花池、露天音樂台。公園亦緊鄰台灣博物館，參觀完台博館不妨到此歇腳。

所謂 228 事件發生於 1945 年 2 月 28 日，當時台灣剛脫離日本管治，接任的行政長官陳儀施政失當引發示威，最後以血腥鎮壓告終。228 紀念館原址為台灣廣播公司，它不僅紀錄了這段黑暗歷史，也展示出日治時代台灣人民的生活。

地址：凱達格蘭大道 3 號　電話：02 2389 7228
營業時間：10:00am-5:00pm（4:30pm 停止售票）；
　　　　　周一及國定假日次日休館
費用：公園免費入場；紀念館 NT20
網址：http://228memorialmuseum.gov.taipei/
*228 紀念館進行整修中，
　預計於 2025 年 2 月 28 日重新開館。

⭐ MAP 6-1 D2 10 北車站美食
HOYII 和億北車站

🍴 🚌 捷運台北車站 M6 號出口

HOYII 和億北車站是一個美食匯集的小商場，場內有許多特色小店販售各式餐飲、文創商品和伴手禮。駐場有石研室、飯饌韓式料理、添好運點心專門店、韓式炸雞 Nene Chicken 等餐廳。當中石研室是一家主打台式爆炒石頭火鍋的連鎖餐廳，石頭鍋讓食材能夠充分吸收石頭的熱度，保留食材的原汁原味。室內有一整排吧台座位，供應單人火鍋，獨享自在空間。

地址：中正區忠孝西路一段 36 號 1F & B1　　電話：02 2370 1578　　營業時間：11:00am-10:00pm
網址：www.hoyii.com.tw/

半世紀老店
潘家老牌牛肉麵 ⑪

京站時尚廣場後面華陰街方向

潘家老牌牛肉麵在華陰街已開業超過六十年，見證了台北車站一帶的滄桑變化。難得的是食肆的出品沒有大幅加價，牛肉湯麵最便宜NT60已有交易。雖然價錢親民，質素並沒有下降，牛肉依然軟嫩甜美，湯頭甘香清爽，能媲美大店的出品。另外這裡的牛油拌麵在其他食肆較罕見，它沒有過分濃重的牛油香，反而增添一抹像是「清燉牛肉」的爽口油香，多扒兩口越發香甜，完全不覺鹹膩，小碗只售NT50，超抵吃！

牛油拌麵NT50（小）、NT70（大）。碗底的牛油和醬汁是精華所在，吃時記得拌勻。

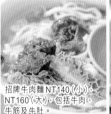
招牌牛肉麵NT140（小）、NT160（大），包括牛肉、牛筋及牛肚。

豬頭皮。

地址：大同區華陰街123號
電話：09 1206 5383
營業時間：11:00am-9:00pm

---

⑫
肥美刺身丼
三多屋

捷運台北車站台北地下街Y13出口步行5分鐘

三多屋原本是現切魚生的專賣店，生意本就不錯，開食堂後人潮更是綿延不絕。由於是賣海鮮起家，這裡當然以又平又靚的海鮮為賣點。例如熱賣的生魚片蓋飯，定價只是NT250，食物上桌卻像是魚鮮總動員，當中有三文魚、蟹肉、海鱺、紅甘以及三文魚子，非常令人感動。不吃生的也可點櫻花蝦鮭魚炒飯，飯粒炒得很乾，但油香十足，蝦香均勻的散布在飯間，令人吃不停口。

地址：大同區太原路19號　　**電話**：02 2555 2263
營業時間：周三至日 11:00am-8:00pm；周一至二休息
FB：https://www.facebook.com/SanDuoWu/

櫻花蝦鮭魚炒飯NT150。每一口都有蝦子香氣，拌入三文魚子巧妙的提出一抹鹹香。

日本第一天丼 MAP 6-1 D1

金子半之助 ⑬

捷運台北車站沿地下街往台鐵台北車站方向步行 3 分鐘

要數近年最熱爆的日式餐廳，非金子半之助莫屬。這間來自東京的天丼專門店，強調重現江戶（東京舊稱）的飲食文化為己任，食物以豪邁（大件）及高性價比見稱。店內只提供江戶前天丼、天丼及上天丼，口味都大同小異，分別只在配料的種類和多寡。例如大蝦、乾貝及魷魚每款都有提供，而穴子魚只是江戶前天丼獨有。

天丼套餐包含鳳尾蝦、小乾貝、魷魚、青龍、炸半熟玉子及炸海苔片。

地址：中正區北平西路 3 號 2F（微風台北車站）
電話：02 2314 0298
營業時間：10:00am-10:00pm
FB：https://www.facebook.com/tendon.jp/

三十年不變

⑭ MAP 6-1 C1 六洲麵線

捷運台北車站台北地下街 Y13 出口步行 5 分鐘

台北車站後面的華陰街，隱藏著許多隱世美食，其中六洲麵線與其說是小店，不如說是小攤。它沒有舖面，只是放上幾張小椅小桌，在華陰街已經營三十多年。雖然麵線的價錢不是三十年不變，不過 NT40 一碗麵在今天的台北市應不易找到。這裡的麵線近似港人熟悉的阿宗，但最精彩還是配菜的大腸。這些大腸滷得極之入味，而且很有嚼頭。麵線帶著近似「沙茶」的風味，一碗份量不多，是極佳的小吃。

麵線 NT40（小）、NT50（大），滷大腸是最佳的點綴。

地址：大同區太原路 22 巷 4 號 電話：09 3702 1363
營業時間：11:30am-7:00pm；周日營業至 6:30pm
FB：https://www.facebook.com/Taipeifamily/

手造限量菜包 ⑮

三味香 ⭐ MAP 6-1 A4

🚐 捷運西門站 3 號出口步行約 5 分鐘

　　香港人或許對三味香聞所未聞，但台北人都知道這家位於唐樓地下的店把包子做得很出色。全店只供應香菜包、肉包及豆沙包三款，全部是即製即賣。店家要早一天發好麵皮，餡料之一的青江菜要先燙再過冷河，然後跟切成細絲的木耳和粉絲拌勻，製作過程複雜，每日限量出品300個，手快有手慢無。

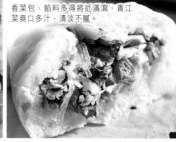

香菜包，餡料多得將近滿瀉，青江菜爽口多汁，清淡不膩。

地址：中正區桃源街 19 號
電話：02 2331 0756
營業時間：7:00am-9:00pm
FB：https://www.facebook.com/
SANWEIHSIANG/

---

⑯ 視覺味覺雙重享受

⭐ MAP 6-1 D2 　開丼

🚐 捷運台北車站 M6 出口

　　號稱「地表最強」的燒肉丼專門店開丼，雖然店名有點霸氣，不過食物質素絕對有水準，所以幾年間已在全台灣開分店。開丼採用的肉品，包括美國 Choice 等級的雪花牛及澳洲天然草飼肥牛，確保肉質美味。醬汁方面，選用了日本醬油、天然味酥及獨家秘方，務求與燒肉 prefect match，令食客齒頰留香。連米飯也精選雲林西螺鎮出產的清健米，飯香濃郁口感Q軟，將食味極致提升。

地址：中正區忠孝西路一段 36 號 B1（北車站）
電話：02 2312 1606　　**營業時間：**11:00am-10:00pm
網址：www.kaidonno1.com

板南線 市政府 國父紀念館 忠孝敦化 忠孝復興 忠孝新生 台北車站 西門

豬肉軟嫩多汁

吉豚屋

17 🍴

⭐ 🔍 **MAP 6-1 D2**

🚌 捷運台北車站 M6 出口

　　號稱全日本最大的連鎖豬排丼店，來台短短半年已接待過十萬人次，售出五萬碗豬排飯。吉豚屋的餐點分成梅、竹、松三種，代表不同的豬排份量，梅是80g、竹120g、松是80g，雙份共160g。四大人氣必食包括吉豚豬排丼、里肌豬排定食、吉豚醬豬排丼和豬排咖喱，其中以吉豚豬排丼（梅）只售NT189最抵食。

海老腰內豬排定食 NT299。

吉豚海老 NT229。蝦天婦羅炸得甘香，令人回味。

地址：中正區忠孝西路一段 36 號 B1（北車站）
電話：02 2311 3318　**營業時間**：11:00am-10:00pm
FB：www.facebook.com/katsuya.taiwan

⭐ **MAP 6-1 C3**　　　日本傳媒推介

🍴 **18**

公園號酸梅湯

🚌 捷運台北車站台北地下街 Z6 出口步行 10 分鐘

三色冰淇淋有紅豆、芋頭、牛奶三種口味。

　　公園號的名氣在台北算是相當的響亮，不僅如此，它也是很多日本觀光客來台指定要喝的古早味飲品之一。這裡的酸梅湯以仙楂、烏梅、甘草、桂花熬煮，比坊間的酸梅湯少了點嗆喉，多一點黏稠滑順。冰淇淋則只有紅豆、芋頭、牛奶三種口味，最啱有選擇困難的朋友，當中以紅豆最出色，既有紅豆的香氣，又能咬到裡頭軟綿的顆粒，特別有口感。

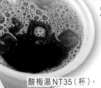

酸梅湯 NT35（杯），NT120（瓶）。

地址：中正區衡陽路 2 號
電話：02 2311 3009
營業時間：10:30am-8:00pm
FB：www.facebook.com/park228plumjuice/

精緻鬆餅甜品 ⊙ MAP 6-1 C2

咖啡弄（站前店）⑲

🚌 台北地下街 Z4 出口步行 5 分鐘

　　香港雖然都有分店，但台北的咖啡弄因為分店夠多，很多時毋須排隊便能入座。來這裡自然要一試人氣No.1的鬆餅，尤其是招牌的草莓冰淇淋鬆餅，以及健康清新的葵花子芝麻冰淇淋鬆餅，都是女士喜愛之選，而且鬆餅份量頗大，可供兩人一起分享呢！

地址：館前路 18 號 2 樓　電話：02 2388 3000
營業時間：11:30am-8:00pm
網址：www.coffee-alley.com.tw

★ MAP 6-1 B2 ⑳ 濃郁牛骨湯頭

劉山東牛肉麵

🚌 台北地下街 Z8 出口步行 5 分鐘

　　劉山東最出名的便是清燉牛肉麵，其次是紅燒牛肉麵。他們的牛肉麵有個特別的吃法，就是要按「一口豆豉、一口牛肉、一口湯」來吃麵，才能吃出它的真正鮮味。值得一提，劉山東所選用的麵條較厚身，口感與外形都極似烏冬，與其他店家所煮的幼麵截然不同，很有新鮮感。

地址：開封街一段 14 巷 2 號　電話：02 2311 3581
營業時間：8:00am-8:00pm；周日休息　FB：劉山東小吃店

爆餡料多 ★ MAP 6-1 B2

福州世祖胡椒餅 ㉑

🚌 捷運台北車站地下街 Z8 出口徒步約 5 分鐘

　　台北車站附近的胡椒餅店，門口經常大排長龍，更成為米芝蓮推薦的食肆之一。餅餡用上五花肉和瘦肉，用胡椒及特製香料醃一天，再將餡包進麵糰內，放入爐內用木炭烘烤。剛出爐的胡椒餅，外皮酥脆、肉餡鮮嫩多汁，呈兩種不同的口感，喜歡吃肉包的一定要試試。

地址：重慶南路一段 13 號地下
電話：02 2311 5098　營業時間：11:30am-10:30pm

隱世麵攤 ㉒
69年老店米粉湯

🚌 京站時尚廣場後面華陰街方向

MAP 6-1 A4

　　69年老店米粉湯位於京站時尚廣場後面的巷子裡，位置不容易找，卻成為很多老饕的私房秘店。這個小小的麵攤據說開業已超過七十年，雖然簡陋，但在小巷中開餐頗別有風味。麵攤有不同麵食，惟人氣之選是米粉湯。這種近似銀針粉的細米粉，吃起來相對順口，一咬即斷、一抿即化，配合清甜的湯底，是麵攤魅力所在。麵攤也兼售不同的豬雜，心肺腸舌等內臟齊齊，每款都是台幣20至40不等，用來送米粉絕配。

豬雜（豬舌NT20＋大腸NT40），微Q甜微脆，上桌前淋一點台式的蒜味辣椒醬油，份外惹味。

米粉湯NT30，外表平平無奇，湯底卻令人難忘。

乾麵NT35，純豬油不帶太多的醬色，麵細直帶點咬勁。

地址：大同區華陰街101巷5號
營業時間：7:30am-6:00pm；周六日公休

㉓ 懷舊風情咖啡角
明星咖啡館

⭐ MAP 6-1 B3

🚌 台北地下街Z10出口步行10分鐘

　　由於店主之一是白俄羅斯人，所以弄得一手傳統好滋味，例如羅宋湯、田莊沙律、俄羅斯軟糖及核桃糕，都是店內首推的餐點。亦因為台灣的一眾名作家黃春明、林懷民、白先勇及陳若曦都曾是座上客，令這裡更加星光熠熠，充滿人文風采。

地址：武昌街一段5號2樓　**電話**：02 2381 5589
營業時間：11:30am-8:30pm，周五及六營業至9:00pm
網址：www.astoria.com.tw

再髒也要吃的牛肉麵 MAP 6-1 B3

老牌牛肉拉麵大王 ㉔

🚐 捷運台北車站台北地下街 Z10 出口
步行 5 分鐘

　　相信很多經常下榻台北車站一帶酒店的朋友，都未曾到過城中市場。其實這裡交通很方便，從台北車站沿重慶南路走15分鐘即達。城中市場是老台北人的美食市場之一，老牌牛肉拉麵大王份屬人氣食肆。雖然環境和衛生略遜，但有網民稱這裡是「再髒也要吃的牛肉麵」！牛肉麵的湯底走四川風味，牛肉軟嫩自不在話下，麵條也滿有口感和咬勁。另一人氣食品炸醬麵滿滿的一碗炸醬，難得是不油也不鹹，吃起來甘甘香香，讓人一口接一口。

半筋半肉牛肉麵 NT190（小）、NT210（大），吃一口，蔥香加上川味的辣油香立刻充斥口腔。

炸醬麵 NT75（小）、NT85（大），端上來光看這滿滿的肉醬還以為是魯肉麵，拉麵的Q彈和咬勁都屬上乘之作。

地址：中正區重慶南路一段 46 巷 7 號
電話：02 2381 5604
營業時間：9:30am-8:00pm

城中市場孖寶

㉕ MAP 6-1 B3

城中豆花伯

🚐 捷運台北車站台北地下街 Z10 出口步行 5 分鐘

城中豆花伯開業超過五十年，常有傳媒介紹。

　　到城中市場吃過牛肉麵後，一般都會幫襯埋附近的城中豆花伯，才算是功德圓滿。這裡的豆花吃起來綿很細，沒有一般市售豆花的假滑嫩感，抿在嘴裡會嚼到一絲絲豆渣，淋上的糖漿不甜不膩正好解渴。裡頭加入花生更是精彩，軟綿香嫩不說，一放入嘴巴就自動分解，只留下滿口花生香，可見老闆娘在煮花生時一定花了很多心血，值得支持。

花生紅豆豆花 NT40，喝起來真是清涼解渴。

地址：中正區漢口街一段 80 巷　電話：09 3613 8583
營業時間：8:00am-6:00pm；周日休息

真材實料、顆顆飽滿 MAP 6-1 A4

趙記菜肉餛飩大王 ❷⑥

🚇 捷運西門站 4 號出口步行 5 分鐘

據說趙記的菜肉餛飩原本是趙婆婆的家常菜，因為親友大讚，所以索性開店公諸同好，連台灣食家胡天蘭都曾撰文推介。趙記菜肉餛飩與其他食肆最大的差別是件頭夠巨型。一客餛飩六大粒已完全遮蓋碗面。餛飩皮用較厚的水餃皮替代，內裡塞滿了菜肉餡料，感覺像是吃著迷你菜肉包，輕Q纏牙又非常清爽。至於另一推介雙醬麵，食客可選炸醬、麻醬和肉醬三種口味，麵條口感滑順帶點很輕的麵心咬勁，非一般水準之作。

餛飩內裡塞滿了菜肉餡料，似是迷你菜肉包。

炸醬加麻醬，炸醬味道層次較多亦更豐富。

一客六大粒餛飩，似水餃多過餛飩。

地址：中正區桃源街 5 號　**電話**：02 2381 1007
營業時間：8:00am-9:30pm
網址：http://www.chao60.com.tw/

  ❷⑦

⭐ MAP 6-1 B3

🚇 台北地下街 Z6 出口步行 5 分鐘

復古風味茶座
點水樓

台北點水樓主打江浙料理，餐廳的設計充滿了江南風情，有中式流水與竹圍設計、金色半透明帷幕的包廂，提供了一個宛如迷你江南的環境。招牌菜包括紹興醉雞、點水烤方等經典菜餚，並有特色小籠包如蟹黃小籠包、松茸小籠包等。

麻油雞的製作方式，加入鮮活青蟹，湯中麻油和米酒的香氣濃郁，同時帶有海鮮的甘甜。

小籠包皮薄餡鮮，湯汁滿溢，人氣之選。

地址：懷寧街 64 號　**電話**：02 2312 3100　　**營業時間**：11:00am-2:30pm，5:30pm-10:00pm
網址：www.dianshuilou.com.tw/

板南線
【西門站】

頂埔方向

西門　台北車站　善導寺　忠孝新生　忠孝復興　忠孝敦化　國父紀念館　市政府

南港展覽方向

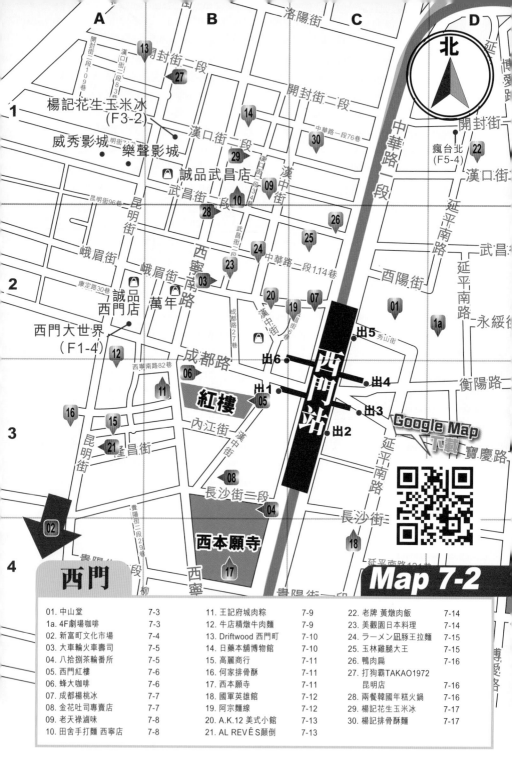

西門　　　　　　　　Map 7-2

歷史文化殿堂 **01**
中山堂 🔍 **MAP 7-2 C2**

🚌 捷運西門站 5 號出口步行約 1 分鐘

　　中山堂是昔日的台北公會堂，於1936年建成，紀念日本昭和天皇登基25年而興建。二戰後改為現名，並由台北市政府接收。中山堂的建築外觀融合了日式和西洋風格，主體建築為四層樓高，屋頂為中央圓頂式，正面門廊設有四根愛奧尼式圓柱。作為國定古蹟，舉辦多元文化活動，三樓有展覽空間展示孫中山先生的生平事蹟和遺物，見證歷史轉變。

地址：中正區延平南路 98 號　**電話**：02 2381 3137
營業時間：9:30am-5:00pm
網址：www.zsh.gov.taipei/

所有人都不自覺放低音量、輕聲交談，習慣了大聲說話的人要自制一下。

1a 超美復古咖啡店
MAP 7-2 D2 # 4F 劇場咖啡

🚌 中山堂內

咖啡店環境古色古香，充滿文藝氣息。

　　4F 劇場咖啡是一間藏身在古蹟建築的不限時咖啡店，不僅是多部電影的拍攝地，也是電影界人士或攝影愛好者流連的地點。店舖裝潢簡約大方，以木質和玻璃為主，配合拱型窗戶，散發著一股復古的韻味和情調。店內提供手沖咖啡、茶飲、花草茶，也有蛋糕、Pizza和港式點心等小吃。除了提供免費的Wi-Fi和電源插座，更無需擔心時間限制。地點鄰近捷運站，交通便利，是西門町不可錯過的經典懷舊咖啡店之一。

地址：中正區延平南路 98 號 4 樓　**電話**：02 2331 5055　**營業時間**：11:00am-7:00pm　**網址**：www.theatrecoffee.com/

文青朝聖地

新富町文化市場 ②

必遊景點

MAP 7-2 A4

捷運龍山寺站3號出口右轉第一條巷子內

台北 ☆☆☆

板南線 市政府 國父紀念館 忠孝敦化 忠孝復興 忠孝新生 台北車站 西門

台北龍山寺旁多了一處文青基地，「新富町文化市場」是一棟逾八十年歷史的建築，經歷數十載後，新富町漸漸被遺忘直至近年老屋才被活化，於2006年被定為台北市市定古蹟。翻新後的新富町文化市場，於2017年3月底揭幕，一度成為城中的話題；擺脫了「街市」的身份後，新富町變身為料理教室、咖啡店、展覽館，結合現代風格與古蹟的設計，視覺上相當契合。館中保留了獨特的馬蹄形天井設計，也是遊客最喜愛的角落，連舊有的市場木製攤位也保存了下來，藉由傳統市場這個主題，傳遞本土料理及台灣文化。

台灣傳統紅龜粿印模。

想拍下馬蹄形天井全景，記得帶備魚眼鏡頭。

參觀完文化市場，順道可以走訪一旁仍保存的東三水街市場。

展示昔日市場內的木造攤架。

地址：萬華區三水街70號 電話：02 2308 1092
營業時間：10:00am-6:00pm（周一公休）
FB：www.facebook.com/Umkt.JUTfoundation

迴轉壽司火車 **03** ⭐ **MAP 7-2 B2**
大車輪日本壽司店

🚇 捷運西門站 6 號出口，出站步行 5 分鐘即達

　　始創於1976年，目前在台灣已有五間分店的大車輪壽司店，最為人熟識的是以玩具火車運送精美的迴轉壽司，店內保持了日本店吃壽司的風格，沒有餐牌，在牆上寫上了各種壽司的款式，把想吃的壽司直接告訴枱前的壽司師傅或店員便可以。餐廳堅持以新鮮食材放入食客口中，產自台灣東部的水產每日新鮮送達，為了配合近年不同食客口味的需要，店內提供了洋食或牛排，成為了真的的多元化食店。

地址：西門町峨眉街 53 號　　**電話**：02 2371 2701　　**FB**：https://www.facebook.com/dsrsushi/
營業時間：周日至周四 11:00am-9:30pm，周五、周六 11:00am-10:30pm

必遊景點 📍

⭐ **MAP 7-2 B3** 鬧市的心靈綠洲
🍴 **04** 八拾捌茶輪番所

🚇 捷運西門站 1 號出口步行 4 分鐘

　　八拾捌茶輪番所原為西本願寺住持的宿舍，寺院和以茶與菓子聞名的八拾捌茶合作，把原來寺廟住持的宿舍改建為茶室，成為台北市內又一古蹟活化的新景點。室內布置簡潔而具日式風味，有簡單的桌椅也有和室區，不過和室區要脫鞋跪坐，雖然極有東瀛風味，卻未必人人接受得來。

地址：中華路一段 174 號　**電話**：02 2312 0845
營業時間：11:30am-6:00pm
FB：https://www.facebook.com/rinbansyo/

百年古蹟 X 創意市集
西門紅樓 05 🔍 MAP 7-2 B3

🚇 捷運西門站 1 號出口步行 1 分鐘

　　西門紅樓是台灣第一座官方興建的公營市場，紅樓取八卦作建築圭桌，外形古色古香。走進樓內，看看一系列的圖文簡介及舊物展覽，便可得知其重要的歷史地位。這裡除了不定期舉行文創展覽活動外，到了周末紅樓前還有創意市集，聚集各種新穎的文創作品，有空閒逛或許會發現討喜有趣的小物呢。

紅樓北廣場逢周六日及假期都會舉行創意市集，展銷生活創意商品。

地址：成都路 10 號　**電話**：02 2311 9380　**費用**：免費參觀　**網址**：https://www.redhouse.taipei/
營業時間：11:00am-8:00pm；周六營業至 10:00pm；周日營業至 9:30pm；周一休息

古董器材烘焙 50 年老咖啡
⭐ MAP 7-2 B3 　06 # 蜂大咖啡

🚇 捷運西門站 6 號出口沿成都路步行約 3 分鐘

　　很多懂咖啡的人，會慕名前往有50多年歷史的蜂大咖啡，為的是呷一口由虹吸式酒精燈煮成的傳統水滴咖啡。由於製作繁複，現時已是買少見少。蜂大咖啡館也有售世界各地的精選優質咖啡和沖調咖啡的器具，店員會親切地講解咖啡的知識，那是連鎖店無法相比的情懷。

蜂大綜合咖啡（前）、蜂大水滴冰咖啡（後），綜合咖啡由5種優質咖啡製成，香醇順喉；水滴咖啡由專用器材逐滴過濾而成，咖啡香濃溫醇。

香濃的水滴咖啡就是由這款滴濾器製作，店內有十多台以應付客人需求。

地址：成都路 42 號　　　**電話**：02 331 6110
營業時間：8:00am-10:00pm　**FB**：蜂大咖啡

醃製生果冰 50年不變

成都楊桃冰 🔍 MAP 7-2 **C2**

🚇 捷運西門站 6 號出口即達

　　成都楊桃冰早於1966年開業，雖然招牌貨都是生果冰，卻與時興的鮮果冰大有不同，因小店以醃漬生果冰聞名。這製法以前十分流行，但近年已漸被鮮果冰品淘汰。成都楊桃冰只有3種冰品和2款飲品選擇，冰品分別是楊桃、鳳梨（菠蘿）和李塩（梅蜜餞）味，味道又鹹又酸又甜，開胃消暑。

楊桃冰（前）、鳳梨冰（後），用上屏東新鮮楊桃醃製3個月，楊桃爽甜帶甘味；鳳梨則新鮮清甜。

地址：中華路一段 144-1 號
電話：02 2381 0309
營業時間：12:30pm-10:30pm

MAP 7-2 **B3** 　熔岩厚多士

08 金花吐司專賣店

🚇 捷運西門站 1 號出口步行 2 分鐘

　　金花碳烤吐司是一間位於西門紅樓附近的小店，雖然門面不甚起眼，但卻其門如市，要一嘗聞名的多士，最低消費要排隊15分鐘。話明碳烤吐司，多士以炭火烤製是指定動作。而它的餡料亦大手加入蛋漿和芝士，所以吃時如火山爆發般，汁醬爆瀉而出，非常壯觀，建議吃時最好戴上手套。多士有鹹（豬及雞肉）與甜（紅豆及朱古力），也有傳統的蛋餅供選擇。店家飲品的選擇不多，推薦相思病牛乳，鮮奶加上紅豆，是極佳的配搭。

地址：漢中街 195 號　電話：09 0566 3001
營業時間：8:30am-3:30pm；周一休息

遊客熱捧手信 ⭐ MAP 7-2 B1

老天祿滷味 ⑨

🚐 捷運西門站 6 號出口走約 3 分鐘即達

創店五十多年的老天祿，他的鴨舌可算街知巷聞。鴨舌與多種藥材和香料一併滷製，香中帶辣，最適合當佐酒小食。店內售賣的滷味小吃種類繁多，有鴨舌、鴨翅、鴨胗、鴨心、鴨頭、雞爪、雞胗、雞肝、牛腱肉及牛肚等，全部用上新鮮食材定量滷製，絕不含防腐劑。

鴨胗 NT40/1個。

老天祿辣味鴨舌
NT200/1份

老天祿鴨翅 NT30/1支。

地址：武昌街二段 55 號　**電話**：02 2361 5588
營業時間：10:00am-10:00pm
網址：www.lautianlu.com.tw

🔍 MAP 7-2 B1　🍴 彈牙口感

⑩ 田舍手打麵 西門店

🚐 捷運西門站 6 號出口步行 4 分鐘

據說老闆吳先生為了製作出彈性十足的麵條，特別由日本引入了模擬手打的製麵機，模擬人手橫向、縱向的交替梽麵法，令麵條呈現Q、彈、滑、勁的口感。這裡的口味分為牛肉、豬肉、鮮蝦及冷麵等六種，選擇不算多，麵條都非常的有咬勁，咀嚼的過程還可以嘗到麵粉的香氣，而且每碗最貴也不過NT150，所以食客不絕。

手打冷麵NT110，冷麵的沾汁帶著日式淡麵油的適度鹹香，加上一抹應該是來自柴魚片的甜，令Q彈的麵條美味倍增。

豚肉手打麵NT150。

地址：萬華區西寧南路 99 巷 6 號　**電話**：02 2389 0996　**營業時間**：11:30am-8:30pm，周一公休　**FB**：田舍手打麵

一百分粽 ⑪ ⓒ MAP 7-2 B3

王記府城肉粽

捷運西門站 1 號出口沿成都路轉左入
西寧南路，步程約 3 分鐘

王記府城肉粽可説是全台灣最有名的肉
粽，在台北有多間分店，全都人山人海。蘇
施黃曾在節目中説，台灣肉粽徹底勝過香港
的粽子，盛讚王記府城肉粽值100分。王記
的肉粽餡料豐富，包括
香而不膩的五花
肉，還有軟脆的
花生和大大塊的
香菇。糯米軟綿
而不黏牙，難怪大
受當地人歡迎。

台灣肉粽和港式粽的餡料
相若，香港人吃粽會蘸醬
油或砂糖，台灣人則淋上
特製濃郁醬油，味道和肉
粽很匹配。

地址：西寧南路 84 號　　**電話**：02 2389 3233
營業時間：10:00am- 翌日 3:00am

ⓒ MAP 7-2 A3　環境食物俱佳

⑫ 牛店精燉牛肉麵

捷運西門站 6 號出口沿成都路走至昆明街轉左，
步程約 8 分鐘

牛店的老闆曾於5星級酒店工作，一直認為
「吃的享受」，需要食物和環境俱佳，因此牛店雖
然只是小小的一家牛肉麵店，但食物和裝潢
也是用心之作。小店已被傳媒廣泛報道，其
牛肉麵不油不膩，湯底香濃帶回甘，牛肉筋
肉均勻，入口即化，吃時務必加入特製牛骨
髓辣醬，令牛肉麵更香濃，有畫龍點睛的效
果，難怪能入選為台灣米芝蓮的必比登推介
美食。

特製牛骨髓辣醬，即
使不吃太辣，也不
妨加入少許辣醬同
吃，超惹味！

滿漢牛肉麵，有齊牛肉、牛筋、牛肚，一次
過吃盡牛店的三寶，麵底有齊麵和細麵兩款
供選擇。

地址：萬華區昆明街 91 號　　**電話**：02 2389 5577　**FB**：西門町牛店牛肉麵
營業時間：11:30am-3:00pm，5:00pm-7:30pm；周一休息

啤酒＋瑜伽 ⑬ 🔍 MAP 7-2 A1

Driftwood

🚌 捷運西門站 6 號出口步行 10 分鐘

運動配啤酒是近年的潮流，而歐美盛行的 beer yoga，更在 Driftwood 酒吧的西門店有提供。每班 beer yoga 都有專業導師坐鎮，參加者要完成一組動作才可歡一口啤酒。此舉除了加強學瑜伽的趣味，也可令學員徹底地放鬆。不過 beer yoga 暫時每月只有一班，每班也只限十數人參加。想體驗這種嶄新的運動就要留意 FB 的公告。

Driftwood 是台灣啤酒公司臺虎經營的酒吧，出品質素有保證。

酒吧以漂流木（driftwood）作主題，就算不是參考瑜伽班，一班人在此暢聚氣氛環境也一流。

地址：萬華區昆明街 46 號　**電話**：02 2388 3699
營業時間：5:00pm-11:30pm，周五及六至翌日 1:00am
FB：https://www.facebook.com/driftwoodxmd/

⭐ MAP 7-2 B1 ⑭ 日藥總匯

日藥本舖博物館 ✏️

🚌 捷運西門站 6 號出口步行 5 分鐘

遊日本「順路」到藥房購買成藥及化妝品是指定動作，依家遊台灣也可血拼日本藥妝。日藥本舖是全台最大日本直輸藥妝販售專門店，由熱銷藥妝、生活用品、食品等，商品90% 日本製造，並有專業藥劑師駐場提供服務。而西門的旗艦店，更設有博物館，重現上世紀的日本街頭，介紹日本及台灣藥業的歷史，購物之餘又可增進見識，非常值得參觀。

地址：萬華區西寧南路 83 號
電話：02 2311 0928　**營業時間**：10:30am-10:00pm
網址：http://www.jpmed.com.tw/

韓國美食 ★ MAP 7-2 A3

高麗商行 ⑮

🚌 捷運西門站 1 號出口沿漢中街入
內江街步行約 5 分鐘

　　小店由韓國華僑家庭經營，之前只
賣韓國食材，卻發現在台灣找不到合口
味的韓式料理，於是決定自己來做，怎
料開門後生意卻越做越好。雖然食物種
類不算多，但價格便宜，特別推介的是
拉麵年糕和泡菜煎餅，蠻有水準的。

拉麵年糕，裡面不但有麵跟年糕，還有冬粉，材料超豐富。

泡菜煎餅，為配合台灣人喜歡口感QQ又鬆脆的餅皮，店家在傳統韓式煎餅上略作改良，餅身製得較厚增強口感。

地址：內江街 54 號 1 樓
電話：02 2331 5190
營業時間：10:00am-8:00pm；周日公休

香濃不加味精 ★ MAP 7-2 A3

⑯ 何家排骨酥

🚌 捷運西門站 1 號出口步行約
8 分鐘

　　老闆有三十多年製作排骨酥
的經驗，製作方法傳統，高湯熬
足四至五小時，排骨則每日早上
新鮮購入，不加味精，但味道卻
非常濃郁。

跑山雞湯 NT100。

排骨酥湯 NT80，店內排骨酥是老師傅一盅一盅把炸過的排骨親手放進去，濃濃的胡椒香，卻沒有一點味精。

地址：貴陽街二段 110 號
電話：02 2311 6199 **FB**：何家排骨酥
營業時間：11:00am-2:30pm、
　　　　　　5:00am-8:30pm；周一休息

古剎重生 ★ MAP 7-2 B4

西本願寺 ⑰ 卍

🚌 捷運西門站 1 號出口步行 5 分鐘

　　西本願寺是台灣日治時期興建的淨
土真宗寺院，它曾是台灣配置最完善的
日式寺廟，可惜遭大火焚毀。後來市政
府在原址重建，除了保留西本願寺本堂
遺跡，按原來的設計重建鐘樓、輪番所
及樹心會館，其中樹心會館更是弘揚佛
法之場所，組成了這片寧靜幽雅的西本
願寺廣場。

地址：中華路一段 174 號　　**費用**：免費

台北
☆☆☆

板南線　市政府　國父紀念館　忠孝敦化　忠孝復興　忠孝新生　台北車站　**西門**

超低價早餐
國軍英雄館

 MAP 7-2 C4

(18)

🚇 捷運西門站 2 號出口步行 2 分鐘

　　西門町一帶食肆林立，但說到早餐，可以選擇的地方卻不多，國軍英雄館是其中一間晨早營業，又提供價廉物美早餐的地方。這裡的名字雖帶有軍人色彩，但不是軍人或家眷也無任歡迎。早餐以自助形式，食物不算特別精美，但區區 NT130 便可吃個飽，並可進入這帶點神秘的建築裡參觀，絕對值回票價。除了早餐，這裡也有午餐及晚餐提供，與一般食肆分別不大。

老實說，這裡的早餐與酒店的大路自助早餐分別不大。不過勝在夠平而且任吃。

地址：中正區長沙街一段 20 號　**電話**：02 2371 8237
營業時間：7:00am-9:00am，11:00am-2:00pm，
　　　　　　5:00pm-9:00pm
網址：http://www.fafaroc.org.tw/

---

(19) 三十年獨沽一味
阿宗麵線

🔍 **MAP 7-2 C2**

🚇 捷運西門站 6 號出口沿峨眉街 6 巷左轉至峨眉街，
　　步程約 2 分鐘

　　阿宗麵線原來已經有 30 多年歷史，近年港台也有「翻版阿宗」，但依然不減正宗阿宗麵線的吸引力。阿宗麵線由小攤檔起家，麵線細滑入味，柴魚湯底香濃鮮甜，吸引一眾老饕，及後於西門開設第一間門市店，成為西門地標之一。西門店不設座位，阿宗門外滿是大汗疊細汗吃麵線的客人，街頭小食之王實在當之無愧。

大腸麵線 NT75（大）、NT60（小），麵線入味濃稠，大腸煙韌爽口，只是簡單一款麵線已可俘虜一眾老饕。

地址：峨眉街 8-1 號　**電話**：02 2388 8808
營業時間：周一至四 8:30am-10:30pm；
　　　　　　周五至日 9:00am-11:00pm

大份量高CP值 ⭐ MAP 7-2 B2

A.K.12美式小館 ⑳

🚐 捷運西門站6號出口步行2分鐘 🍴

西門一帶傳統美式餐廳不多，A.K.12算是較吸引的一間。餐廳採用工業風格，由樓梯的設計已覺得挺酷。進入餐廳，裸露的紅磚牆加上美式簡約小酒吧風格，滲出點點休閒風味，難怪店裡的年輕人眾多。餐廳提供各類典型的美式漢堡套餐、三文治餐與牛排，雖然難免高鹽高脂高熱量，不過難得與友人相聚，稍為放肆一下也不為過吧。

花生醬培根
牛肉漢堡。

地址：萬華區峨嵋街12號2樓　　**電話**：02 2361 0136　　**FB**：https://www.facebook.com/2015ak12/
營業時間：12:00nn-3:00pm、4:00pm-9:00pm，周六營業至9:30pm；周日營業至9:00pm

AL REVÉS

Bite & Eat

⭐ MAP 7-2 A3 ㉑ 意式創意驚喜

🍴 AL REVÉS 顛倒

🚐 捷運西門站1號出口步行約5分鐘

AL REVÉS顛倒是一家新派的西餐廳，店內提供各種意式料理，包括香濃燉飯、經典意粉、酥脆炸物和豐富海鮮塔。海鮮塔有多個款式，包括大量蛤蜊、鮮蝦或其他海鮮，招牌蛤蜊塔以超過50個肥美蛤蜊堆疊，麵條吸飽海鮮精華，味道鮮美。餐廳還提供各種特色飲料和沙冰，都是拍照打卡的首選。

地址：萬華區昆明街131號
電話：02 2375 1221
營業時間：12:00nn-8:30pm；周一休息
網址：https://alreves131.weebly.com/

我很醜卻很溫柔

黃記老牌燉肉飯 22

MAP 7-2 D1

🚐 捷運西門站 6 號出口步行 5 分鐘

老牌黃燉肉飯位於漢口街二段，它和附近的楊記排骨酥、楊記花生玉米冰、萬國酸菜麵，都是這附近必吃的老店。店裡賣的東西也不算多，主要是排骨、滷肉、燉肉和雞腿。當中最著名的燉肉飯，上桌時單看粗獷而巨型的焢肉，可能會嚇倒不少食客。但一咬後，便發現這塊巨肉的紋理清清楚楚就好像「肉絲」一般肥而不膩，不但燉得非常軟，肉被如「黑金」般的滷汁滋潤，誘人連著皮、肥肉、瘦肉一起入口，享受焢肉在嘴裡溶化的感動。

要幹掉這巨肉，最初可能需要一點勇氣，不過開動便「唔停得口」。

燉肉飯 NT80，附菜頭湯一碗。

燉肉的飯搭止醬汁，滋潤口感恰到好處。

🏠 地址：萬華區漢口街一段 101 號
☎ 電話：02 2361 0089
🕐 營業時間：10:00am-6:00pm，周六及周日公休

屹立半世紀的日本料理

美觀園 23

MAP 7-2 B2

🚐 捷運西門站 6 號出口沿漢中街轉入峨眉街步行約 5 分鐘

早於1946年創業的美觀園，創辦人張氏曾於日治時期擔任日式食店主廚。第二代接手後就分為三家，其中2間在西門町，1間在板橋。位於峨眉街36號的（金字招牌），由家族長子經營，將原始老店的舊菜單加以改良；而位於峨眉街47號的這間美觀園（紅字招牌），則由弟弟掌舵，專注在食材新鮮，以留住老顧客的胃口。

🏠 地址：峨眉街 47 號　　☎ 電話：02 2331 0377
🕐 營業時間：11:00am-9:00pm
🌐 網址：http://www.oldshop.com.tw/

七彩拉麵

ラーメン凪豚王拉麵 ㉔

西門捷運站 6 號出口，步行約 5 分鐘

豚王拉麵是這日本品牌先後進駐香港和台灣，除了招牌豚骨拉麵外，還有融入意大利料理感覺的翠王與黑王拉麵。拉麵口味固定班底有豚王、赤王、翠王、黑王，限定王也就是不定期推出的限定口味有：元氣王、魚王、海老王、山椒王及胡椒王等。其中較特別的翠王融了羅勒與芝士的口味，就像意大利粉青醬搭配芝士粉那樣，實行日西cross-over。

拉麵口味足足有9種選擇。

招牌豚骨拉麵。

由拉麵口味、湯底味道濃度、香料量、調味量、至叉燒肉的部位選擇都可以按個人口味挑選。

地址：漢中街 52 號 6 樓 6 號
電話：02 2370 2000
營業時間：
周一至周四
11:30am-9:00pm；
周五至周六營業至 9:30pm
網址：www.n-nagi.com.tw

七十年炸雞專家

玉林雞腿大王 ㉕

捷運西門站 6 號出口步行 5 分鐘

今時今日說到炸雞，不是美式就是韓式，其實玉林在半個世紀前，已經以炸雞馳名。雖然炸雞的口味不似新潮炸雞店那麼多，但勝在原汁原味。玉林的炸雞沒有厚厚的炸粉，但據說落鑊前會以20至30種香料調味；加上經營七十多年的炸物火候經驗，以及精選肉質幼嫩的雞腿，使得每一口都是油潤香滑的享受。即使眾所周知，雞皮含油量高，多食無益，但人們仍然難以抗拒那誘人的滋味。

地址：萬華區中華路一段 114 巷 9 號
營業時間：11:00am-8:00pm；周一休息
電話：02 2371 4920
FB：玉林雞腿大王

肥美鵝肉稱霸60年
鴨肉扁 ❷❻

★ MAP 7-2 C2

捷運西門站6號出口步行約5分鐘，位於武昌街及中華路交界

早於1950年創業，因第一代老闆綽號「阿扁」命名。最初兩年賣鴨肉卻滯銷，改賣土鵝（獅頭鵝）生意好轉，但連名字也懶得改，賣鵝肉卻叫「鴨肉扁」。菜式也只有鵝肉、米粉和切仔麵，鵝肉以台式方法炮製，用鹽水煮後再蒸煮，鵝肉新鮮有彈性，中外遊客來台必食。

地址：中華路一段98-2號
電話：02 2371 3918
營業時間：12:00nn-8:00pm

火鍋用餐區以木質隔成大量卡位。

必遊景點 ◉

巨無霸日式料理
打狗霸 TAKAO1972
★ MAP 7-2 B1 ❷❼ 昆明店

捷運西門站6號出口步行10分鐘

頂級沙朗牛肉，肋眼部位切成薄片，油花均勻。

打狗（TAKAO）是高雄的舊名，食肆由高雄著名的飲食集團海霸王創辦，所以便命名為打狗霸。食肆店如其名，踏進門口便感受到箇中霸氣。這裡大得要分為多區，包括立吞區、火鍋用餐區，甚至有戶外區、日式庭園及土產販賣區，讓客人用餐前後都可以逛逛。這裡另一個招牌武器就是平價火鍋，火鍋採個人式，湯頭一共有4種，價位從NT300多到400多都有，絕對是豐儉由人。

地址：萬華區昆明街46號　營業時間：11:00am- 9:30pm
電話：02 2331 3677　網址：http://www.takao1972.com/

一餐當兩餐吃 ★ MAP 7-2 B2
兩餐韓國年糕火鍋 ❷❽

捷運西門站6號出口步行5分鐘

兩餐韓國年糕火鍋在韓國已有過百間分店，是一間「食力」雄厚的過江龍。食肆把韓國傳統美食辣炒年糕、關東煮、獨特炸物及道地泡麵共冶一爐，務求食客在一餐之內吃到多種美食。餐廳以自助形式，食客可按喜好挑選不同種類的湯底、年糕及配菜。

選擇配菜也令人大傷腦筋。

地址：萬華區西寧南路123號　電話：02 2311 9736
營業時間：11:00am-10:00pm；周五及六營業至10:30pm
FB：https://www.facebook.com/DookkiXiMen/

MAP 7-2 B1

懷舊冰店街坊捧場50年
楊記花生玉米冰 ㉙

🚐 捷運西門站 6 號出口向忠孝西路步行約 6 分鐘

　　台灣刨冰向來出名，但說到刨冰始祖，應是早於1960年開業的楊記。小店的冰品款式不多，但味道卻有古早味。刨冰以花生、玉米、紅豆、芋頭等傳統冰品配料為主，有11款以供選擇。冬季加設4款熱食甜品如花生湯、蓮子雪蛤膏等，都是以傳統口味為主，但最受歡迎的始終是古早冰品。

地址：漢口街二段 38、40 號　**電話**：02 2375 2223
營業時間：11:00am-10:00pm

MAP 7-2 C1

㉚

風「酥」入骨
楊記排骨酥麵

🚐 捷運西門站 6 號出口步行 5 分鐘

　　楊記排骨酥麵是台北的著名老字號，屹立在西門町超過半世紀，難得的是定價仍然非常貼地，招牌的排骨湯只售NT85。所謂排骨酥，就是把排骨油炸後再放入湯裡。坊間不少這類「排骨酥湯」嘗起來總有粉粉的口感，但楊記的排骨酥入口完全沒有半點粉爛，相反排骨仍能保持外酥內嫩之口感。這裡的滷肉飯也是絕品，八分肥的塊狀滷肉香味厚實，再加一只滷蛋也只是NT15，抵得無話可說。

小菜每款NT40。

楊記的排骨酥炸功有獨到之處，才能讓排骨放湯而不爛還能帶著爽口感。

滷肉飯 NT35，
滷蛋 NT15。

地址：萬華區漢口街二段 17 號
電話：02 2388 6488
營業時間：11:00am-10:00pm

淡水信義線
【芝山/天母】

象山方向

| 芝山 | 士林 | 劍潭 | 圓山 | 民權西路 | 雙連 | 中山 | | | | | 東門 |

淡水方向

中和新蘆線
蘆洲/迴龍方向

大橋頭

台北車站　台大醫院　中正紀念堂

MAP 8-1A

北

芝山／天母

Google Map 下載

北

MAP 8-1B

五星級街市

士東市場 01

MAP 8-1B B5 必遊景點

🚌 捷運芝山站 2 號出口轉搭大業高島屋免費巴士，至終點站下車沿士東路即達

天母雖然是一個中產的社區，但最吸引人的景點，竟然是區內的街市士東市場。該街市獲獎無數，被譽為台北的五星級市集。市場規劃十分完善，走道寬敞，格調高雅，最重要是有空調供應，大熱天都不會身水身汗。士東市場樓高兩層，一樓經營蔬菜、花卉、肉類、鮮魚、雜貨、素食等；二樓經營百貨、古董、珠寶、美食等樣樣齊全，比逛百貨公司更有風味。

傳承第4代的饅頭老店，手工饅頭又香又有嚼勁。

東益肉鬆除了傳統的豬肉鬆、魚鬆、肉乾以外，更研發了土雞脆鬆，全手工製作。

地址：士林區士東路 100 號 **電話**：02 2834 5308
營業時間：一樓 7:00am-6:30pm、
二樓 7:30am-9:00pm；周一公休
網址：http://www.shi-dong.com.tw/

必遊景點

全部都係雞

MAP 8-1A B2 02

鳥哲 燒物專門店

🚌 捷運芝山站 2 號出口步行 5 分鐘

鳥哲是手串本舖老闆開的第二家店，雖然仍以「雞肉料理」為主，但走的是比較精緻高單價的「料理亭」，而且並無菜單料理，因為很多菜都是隱藏版，菜單上沒有的。店裡的用餐空間不算大，只有三十來個座位，包括像壽司店的板前座位，適合一、兩個朋友一邊用餐一邊看師傅做料理，烤好的肉串立馬端到客人面前，非常有氣氛。這裡的雞肉料理可謂五花八門，其中的雞肉刺身，可能會挑戰你的美食底線。另一道秘菜烤雞輸卵管，還連著沒發育完成的蛋黃，據說能否碰上純講運氣，可遇不可求。

雞輸卵管連著沒發育完成的蛋黃，輸卵管味道似粉腸，微Q的蛋黃入口像溏心半熟蛋。

雞肉刺身，雞肉只灑了一點芝士粉和以鹽輕漬，可嘗到原原本本的雞味。

山葵里肌肉，串烤的時間極短，是以雞肉仍是微白透著粉紅。

地址：士林區福華路 128 巷 12 號 **電話**：02 2831 0166
營業時間：6:00pm-11:00pm；周一公休
FB：https://www.facebook.com/toritetsu1111/

牛排名店 **03** MAP 8-1B **C4**
洋葱牛排餐廳

🚌 由高島屋百貨步行 5 分鐘　必遊景點 📍

　　洋葱於1990年已在天母開業，至今已有二十多年歷史，多年來榮獲不少殊榮，包括肋眼牛排奧斯卡國際組冠軍、台北市牛排料理大師賽冠軍，以及米食料理創意賽冠軍等。創辦人盧俊雄可稱為牛排達人，創出分子熟成技術處理牛排，令肉質變得更細緻、柔嫩及鮮甜。難得的是這裡的收費非常親民，一客招牌菲力手排（五道菜）只定價五百多元台幣，不用HK$200已可嘗得獎名菜，絕對物超所值。

法式鵝肝醬（跟餐），鵝肝醬脂香濃郁，口感順滑。

分子菲力牛排，第一口咬下時一股牛肉煎烤過後的香氣立刻竄了出來，牛肉的甜味佔據了整個味蕾。

華爾道夫沙拉（跟餐），華爾道夫是紐約知名餐廳，這道沙拉便是從那裡出來的。

地址：士林區忠誠路二段 132 號　**電話**：02 2877 2591
營業時間：11:30am-10:00pm
FB：https://www.facebook.com/cafe.onion/

必遊景點 📍　**04** 令人難忘的異國料理
MAP 8-1B **C3** # 番紅花印度美饌

🚌 捷運芝山站乘的士約 5 分鐘

　　印度菜在台灣的飲食世界中從來不是主流，不過在天母的番紅花，卻因為高質素的印度菜備受追捧，甚至成為2018台北米其林（米芝蓮）七十間「米其林餐盤」其中之一。餐廳分為兩層，雖然稱不上寬敞，卻充滿傳統印度風情。各式咖喱和烤餅固然必試，更不可錯過印式甜品，包括費爾尼布丁、奶燉果泥和印度傳統冰淇淋。加入香料的甜品，與平時我們吃慣的或有差別，但也是美味的體驗。

櫃檯旁邊的小盒子內裝滿了茴香 Saunf，據説是印度人飯後的香口膠。

地址：士林區天母東路 38 之 6 號
電話：02 2871 4842
營業時間：11:30am-2:00pm，
　　　　　5:30pm-9:00pm，
　　　　　周五及六營業至 9:30pm
FB：https://www.facebook.com/saffrontw/

主廚特製扁豆燉煨羊小排酥香的羊肉與小辣黏稠的醬汁成為絕配。

Samosa是印度街頭常見的小食，以麵皮包裹碎牛肉的咖喱角。

無菜單 Fusion 🔍 **MAP** 8-1A **B2**

喫 • 東西 Cucina ⑤

🚇 捷運芝山站 1 號出口步行約 4 分鐘

　　喫 • 東西 Cucina 是一家無菜單創意料理餐廳，由米其林二星餐廳「松園禪林」的主廚團隊打造。餐廳主打融合亞洲與北歐元素的菜式，擅長採用當季的食材，炮製新派料理，精美的擺盤令人驚喜。餐廳分為兩個區域，食客可以選擇坐在吧台前，近距離目睹主廚烹飪的過程，或是選擇包廂享受自在空間。

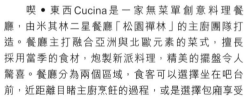

地址：士林區中山北路六段 35 巷 25 號
電話：02 2831 9393　**營業時間**：6:00pm-10:00pm
IG：https://www.instagram.com/cucina_e.w/

阿豬媽的味道 🍴 🔍 **MAP** 8-1A **A2**

阿里郎村落 ⑥

🚇 捷運芝山站 2 號出口出站即達

　　走進阿里郎村落，總給人一種回到家的感覺，原來店主孟媽媽是韓國出生的華僑，廿六歲時嫁到台灣，首先成立網店，之後再開設實體店，為的是把韓國傳統美食以平實的價錢介紹到台灣。這裡沒有華麗裝潢，卻洋溢著舒適和溫馨。食物走傳統路線，賣相不會出人意表，但質素令人滿意，是芝山區受歡迎的食肆之一。

海鮮煎餅，韓菜是僅次於年糕以外受歡迎的美食，海鮮的鮮甜和麵糰的粉甜合而為一，鮮香味美。

精緻的前菜有韓式泡菜、辣味蘿蔔及醋溜海帶。

山東燒雞，製法是先醃、後炸、再蒸，然後手撕雞肉上桌，味道酸甜交纏，很有特色。

地址：士林區福華路 149 號
電話：02 2838 3228
營業時間：11:30am-2:00pm，
　　　　　　5:00pm-9:00pm
FB：https://www.facebook.com/TMfood/

正宗窯烤披薩
Pizzeria Oggi

⭐ **MAP**8-1A **B1** **07**

🚇 捷運芝山站 2 號出口步行 15 分鐘

　　近年香港與台灣不少薄餅店都以窯烤為賣點，強調自家的披薩是正宗意式風味。Pizzeria Oggi 係台灣第一家取得意大利「拿玻里披薩協會」認證的薄餅店。食肆特地從意大利拿玻里訂製重達數噸的火山岩石窯爐來台，爐內以龍眼木柴燒窯烤，使餅皮帶有淡淡的木質香氣。窯爐以外，薄餅的原材料由麵粉、橄欖油及乳酪全由意大利入口，務求能出品最正宗義式口味。一絲不苟的認真態度，實在令人欽佩。

弗羅提那披薩NT310（9吋）、NT510（12吋），包括馬芝拉乳酪、番茄泥、菠菜及煙肉，最吸睛是正中間的太陽蛋。

地址：士林區德行西路 19 號　**電話**：02 2834 3886
營業時間：周一至五 11:30am-2:30pm、
　　　　　　　5:30pm-9:30pm
網址：http://www.pizzeria-oggi.com/

⭐ **MAP**8-1A **B1**　禾稈冚珍珠
08 芝玫乳酪蛋糕

🚇 捷運芝山站乘的士約 5 分鐘

日式輕乳酪蛋糕NT300/盒，純白的蛋糕，在回中散發出濃濃奶香，是低糖、低脂、低熱量的健康蛋糕。

起酥蛋糕NT250/盒，超過五百層手工摺疊而成的麵皮，滿溢奶香味的海綿蛋糕，微甜順口，回味無窮。

朱古力波士頓派NT420/9吋，餅店另一人氣之選，裡面的鮮忌廉輕而細滑，甜度不太高，吃時沒有過重的負擔。

　　天母一帶有兩家知名的蛋糕老店——TASTERS及芝玫蛋糕。稱得上老店，因為門面都是零裝飾。雖然舖面尚算整齊，但與一些日系或歐陸風格的甜品店外觀則不可同日而語。芝玫創業於1990年，自稱為一家幾乎零裝潢的簡陋小店。不過憑著蔡老闆夫婦的努力，終於以起酥蛋糕和乳酪蛋糕闖出各堂。其中起酥蛋糕以超過五百層手工摺疊而成的麵皮，造就了起酥層次分明。而日式輕乳酪蛋糕也擁有雲絮般口感，入口即化，微甜不膩，質素遠勝許多貴價又要大排長龍的日式芝士蛋糕。

地址：士林區德行東路 89 號
電話：02 2835 6956
營業時間：8:00am-9:30pm
網址：http://www.cheesemate.com.tw/

淡水信義線

芝山／天母

士林／圓山　雙連　大稻埕　中山　東門

歐陸式古宅 ❾ ⭐ MAP 8-1A B3
星巴克天玉門市

🚇 捷運芝山站2號出口出站即達

　　天玉門市位於天母圓環旁巷弄的獨棟建築中，建築外觀猶如歐洲古宅，是天母的打卡地標，擁有幽靜且綠蔭盎然的戶外露天座位區，愜意的氛圍與濃厚的異國情調，與天母區獨有的環境非常契合。室內以弧形設計呈現手沖吧台，提供手沖咖啡服務及氮氣冷萃咖啡，採用大片玻璃窗迎進陽光，在這裡歡咖啡真是超級享受。

地址：士林區天玉街38巷18弄1號　**電話**：02 2875 1361　**營業時間**：6:30am-9:30pm
網址：https://www.starbucks.com.tw/

⭐ MAP 8-1B C5 人氣最鮮壽司
中與志壽司

🚇 捷運芝山路站轉乘高島屋接駁巴士即達

　　中與志壽司憑一個「鮮」字，長期人氣爆燈！壽司店由日本最大水產集團中島水產開設，《中國時報》報道指，「這裡每日不但有基隆及屏東港口提供的新鮮水產，更會每兩周從日本空運水產過來！」以經濟價錢就能品嘗到日本及台灣新鮮漁獲，難得！

刺身五品套餐（師傅自選刺身5款，包括有紅魽魚、旗魚、吞拿魚、三文魚及甜蝦）

地址：忠誠路2段55號（高島屋百貨公司B1地下美食街）
電話：02 2836 2786
營業時間：平日 11:00am-8:30pm；
　　　　　　公眾假期前一天 11:00am-10:00pm

回味無窮
雅米烘焙點心坊 Yummy

MAP 8-1B C4 ⑪

🚌 由高島屋百貨步行 5 分鐘

原味起司蛋糕，芝士吃的是濃厚、紮實的口感，不小的一個只售台幣四百多元。

　　雅米隱藏在天母忠誠路的小巷內，地方不易找，門面也不起眼。店子其實有些像一般的住宅，放了個簡單的蛋糕櫃。賣的甜點也頗為簡單，就兩三種口味的芝士蛋糕、芝士餅乾、手工餅乾，據說還有布朗尼。不過吸引人到此朝拜的，竟然是那小小的芝士蛋糕。蛋糕入口時除了芝士味濃香外，還夾帶著上層微微的焦香，很是迷人。連餅底的撻皮也是獨家配方，帶點鹹香，與又濃又纏又綿的芝士，能天衣無縫地配搭，令人回味無窮。

地址：台北市士林區忠誠路二段 130 巷 4 號　　電話：02 2876 4318　　FB：雅米烘焙點心坊
營業時間：8:00am-10:00pm；周六、日 10:00am-10:00pm，周四公休

貓奴打卡基地
小貓花園

🚌 捷運芝山站 1 號出口即達

　　小貓花園地方不算大，數百呎的空間裡竟有12隻貓及1隻狗，全都乖巧精靈，善於招呼客人！此餐廳由一對夫婦打理，布置得像在家一樣溫馨；除了有貓窩之外，也有貓咪專屬的用餐空間。貓咪們未必次次都會在客人的椅子上坐下，但有機會跳到桌上看著客人吃東西。店內還有大量寵物書可供閱讀，客人亦可用這裡的寵物玩具逗牠們。餐廳供應簡單輕食和飲品為主，反正來這裡的都是愛貓之人，志不在吃。

地址：士林區福華路 129 號 1 樓　電話：02 2835 3335
營業時間：12:00nn-10:00pm；周二休息
FB：https://www.facebook.com/nekocafe1998/

本土風味

天母鵝肉

⭐ **MAP** 8-1A **C4**

13

🚌 捷運石碑站轉乘的士約 15 分鐘

　　天母雖是中產區，但大街小巷內，也有不靠裝潢的實力派街坊食店，天母鵝肉是其中之一。食店開業二十年，儘管是街頭小店，環境光猛但地板濕滑，店員友善但服務不算好好，卻依然有很多忠心捧場客，全因其鵝肉既美味又便宜。小店的營業時間不固定，每日2時開店直至鵝肉售罄，有時未到黃昏便打烊。

地址：天母東路 8 巷 23 號　　**電話**：0932 947 807　　**營業時間**：1:30pm-7:30pm；周一休息

14 沖繩黑糖刨冰
原味錄

⭐ **MAP** 8-1B **C4**

🚌 捷運石碑站轉乘的士約 15 分鐘

　　來自桃園縣的人氣刨冰「廣安階」，移師天母開總店廣受歡迎，更改名為「原味錄」，老闆沒換甜點依舊，強調以古早味道、沖繩黑糖為主的冰店，致力將黑糖控制在15度，確保不會太過甜膩。店內的配料更全部自家製造，最近甚至在網誌上公開製作心得和秘訣，總共有十一種自家製作配料可選擇，招牌的「紅豆粉粿黑糖冰」，另外還有即叫即煮、一碗兩大顆的黑糖芝麻湯圓，也是食客心水之選。

百香青木瓜冰，先用波浪刀將青木瓜切成條狀，放入鹽將瓜中的水分逼出來，酸甜清脆，再配上百香果醬。

彩虹大湯圓。

地址：天母東路 50 巷 20 號之 9 號　　**電話**：02 2872 3242　　**FB**：https://www.facebook.com/yuan.wei.lu/
營業時間：12:00nn-11:00pm（周日至四）；12:00nn-12:00mn（周五、六）

傳媒熱捧 15 🔍 MAP 8-1B C3
三明堂和菓子

🚌 捷運石碑站轉乘的士約 15 分鐘

　　小小的一間和菓子店，備受傳媒推介，八十多歲的老闆娘蔡蔭婆婆已習慣接受訪問。婆婆每日親手做麻糬，口味多且質感紮實。沒有精緻的和紙包裝下，全憑真材實料吸引顧客。麻糬可外賣，由於沒添加防腐劑，所以最好即日品嘗。

六色麻糬禮盒，餡料為紅豆，外皮有白芝麻、櫻花、海苔、原味、黑芝麻及黃豆粉共6種口味。

草莓麻糬大福，春季限定，只於2至5月推出，經常一早賣完。

蔡蔭婆婆已成為三明堂的吉祥物。

地址：天母東路 49-1　**電話**：02 2876 5283
營業時間：11:30am-7:00pm　**FB**：三明堂

🔍 MAP 8-1B B3
開心趁墟 16 天母生活市集

🚌 捷運石碑站轉乘的士約 15 分鐘

　　天母生活市集，又名天母創意市集。市集由2009年開始營業，主因是世界經濟不景，政府為了刺激經濟而設立天母發展區，由當地設計師、創業人士聚集而成。市集售賣本土設計的產品、創業者精品、二手衣服雜貨，由於價錢便宜，深受當地青年人喜歡！且每到周末，便有不少藝術家或年輕樂隊演唱，所以近年已成為日本、香港旅客必遊之地！

地址：天母西路至中山北路一帶
營業時間：周五 4:00pm-10:00pm、周六 9:00am-10:00pm、周日 3:00pm-9:00pm
網址：http://www.tianmu.org.tw/

台北

☆☆☆

淡水信義線

芝山／天母

士林／圓山　雙連　大稻埕　中山　東門

酥脆街頭小吃
⑰ 越富越南法國麵包

★ MAP 8-1A B1

🚇 捷運芝山站 2 號出口步行約 9 分鐘

　　越富越南法國麵包的生意非常好，是許多網民推薦的覓食地。店內的法式麵包每日新鮮製作，口感酥脆。餡料選擇包括原味、招牌綜合夾心麵、起司雞排和青蒜大蒜等，每個口味都是即叫即做，店家溫馨提示麵包在一小時內吃完，以保持最佳口感。

青蒜大蒜麵包
NT60。

蔬菜夾心麵包 NT55，
素食者之選。

招牌綜合夾心麵包
NT110，內餡有肝
醬、燒肉、火腿、醃
蘿蔔、青瓜等材料。

地址：士林區德行東路 45 號　**電話**：0982 090 788
營業時間：10:00am-6:00pm；周一休息
FB：越富越南法國麵包 - Lò Bánh Mì Việt Phú

漢堡老字號
⑱ 茉莉漢堡

★ MAP 8-1B B3

🚇 捷運芝山站乘的士約 5 分鐘

　　茉莉漢堡創立於1979年，至今已有超過三十年歷史。因為過往天母有很多美軍及家眷定居，這裡的漢堡包正可一解思鄉之情。今天茉莉漢堡已成為天母的地標食肆，幾年前更大裝修，把門面弄得更新潮更現代。客人可以選擇吃足三十年的牛肉起司堡，也能揀近年才引入的墨西哥辣肉醬熱狗或起司歐姆蛋。各適其適，體會天母的閒情。

脆皮雞柳條，搭配BBQ和
蜂蜜芥末蘸醬，帶來雙重的
口感。

地址：士林區天玉街 38 巷 15 號　**電話**：02 2872 5357
營業時間：10:30am-9:00pm；周六早 8:30am 開始營業
FB：https://www.facebook.com/marys.hamburger3815/

祖傳排骨酥 ⑲ ⊛ MAP 8-1B D3
金蓮萊遵古台菜 🍴

🚌 捷運石碑站轉乘的士約 20 分鐘

佛跳牆，雖然是改良版，用料依然豐富。

在天母這洋化社區，也可找到台式古早味。開店近五十年的「金蓮萊」是天母老字號，以一道招牌排骨酥深得老饕的喜愛，老闆是北投人陳良枝，堅持傳統台菜，據說他每天到肉檔精挑排骨做原料，近年第三代接班人陳博璿接手，落力做宣傳，改良「佛跳牆」私房菜之餘，更成為日本旅客去台北必訪名店。

蔥燒煨蔘海膽麵。

蓬萊排骨酥，帶骨肋排炸得外酥內嫩、鹹香多汁。

地址：天母東路 101 路　**電話**：02 2871 1517　**網址**：www.goldenformosa.com.tw
營業時間：11:30am-2:00pm，5:30pm-9:00pm；周六、日 11:30am-2:30pm，5:30pm-9:30pm，周一休息

⑳ 農家風情古早料理
⊛ MAP 8-1B D3
女娘的店 🍴

🚌 捷運石碑站轉乘的士約 20 分鐘

全店以 50 年代台灣農家風情作為賣點，菜式是充滿「媽媽味道」的台式料理。店主為了營造古早（傳統的意思）氣氛，特意在店內設立米倉、古早灶腳、豬舍等展示區。牆上更掛著簑衣、古早電影海報與四、五十年前的照片，實行「做戲做全套」，一點都不馬虎。

苦瓜虎掌。虎掌是豬腳關節韌帶的筋，古早味台菜都稱豬為虎，所以有虎掌之稱。

竹筒君子蝦。

地址：天母東路 97 號　**電話**：02 2874 1981　**網址**：redlantern.eatingout.com.tw
營業時間：5:00pm-11:00pm；逢周六、日增設午市 11:30am-2:00pm；周一休息

淡水信義線
【士林/圓山】

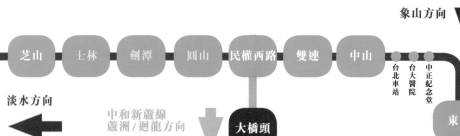

象山方向

芝山　士林　劍潭　圓山　民權西路　雙連　中山

台北車站　台大醫院　中正紀念堂

淡水方向

中和新蘆線
蘆洲／迴龍方向

大橋頭

東門

台灣科學教育館
(F4-4)

以利泡泡冰(F3-1)

士林夜市 (F2-1)

鍾家原上海生煎包 (F2-6)

花藏雪 手作雪氷 (F3-2)

劍潭山

圓山大飯店

Google Map 下載

士林/圓山

北

Map 9-1

松山機

銀球劇場

台北表演藝術中心 ①

🚐 捷運劍潭站 3 號出口步行 2 分鐘

　　歷經十年打造，由荷蘭 OMA 建築團隊操刀設計，是世界唯一圓球造型的中劇場。球體內部為半弧形觀眾席，可容納800人，包括九個獨立的包廂，讓不同位置的觀眾都能無阻擋看到舞台。北藝中心的設計靈感來自中國傳統木製玩具孔明鎖，將三個獨立的劇場錯落嵌入中央立方體，更獲選時代雜誌全球百大景點，成為台北的新地標。場內設置了「公共迴路」參觀路線，即使不是看表演的人也能穿梭其中。

球劇場每一排座位均可享受等距的觀賞視角。

地址：士林區劍潭路 1 號　　**電話**：02 7756 3888
營業時間：周二至日 12:00nn-9:00pm；周一休息
網址：https://www.tpac-taipei.org/

宇宙萬花筒
台北天文館 ②

🚐 捷運劍潭站 1 號出口出站後於左方巴士站，轉乘公車（紅 30）至天文科學館站下車

　　台北天文館有非常擬真的太空場景、有很多動態展示、互動體驗。一樓展示區以地球及太空探險為主題，活動內容相當豐富，挑高的大廳懸掛著太陽系八大行星，更有火箭砲發射區、龍捲風製造機等，還有阿波羅17號登陸月球的模擬場景，小朋友可以與太空人在月球表面拍照留念。

　　二樓展示區最有趣的是量體重遊戲，可以測量自己在八大行星以及冥王星上的體重變化。最受歡迎的宇宙探險區在四樓，坐上探險列車讓你飛上太空、登陸月球、接觸外星人，相當刺激有趣。每個展區都有 QR code 可掃描，再以手機聽取語音導覽。

場館	成人	6-11歲兒童
展示場及劇場	NT40	NT20
宇宙探險	NT100	NT50

*5歲或以下小童以及65歲以上長者免費
** 半價預購三館聯票 (NT100)：https://tinu.be/39x0Y7A5F

地址：士林區基河路 363 號
電話：02 2831 4551
營業時間：9:00am-5:00pm；周一休息
網址：https://tam.gov.taipei/

台北最美伸展台 03 📷

劍潭山步道北眼平台

🚌 捷運劍潭站 2 號出口，步行往劍潭青年活動中心方向，穿越地下道至中山北路「圓山風景區」登山口進入

🔍 ⭐ **MAP** 9-1 **B3**

　　劍潭山步道沿途設有許多觀景平台，當中「北眼平台」是近年的話題新亮點。沿山徑按路牌指示往「市區觀景平台」方向，經過尋源圍後首先到達「微風平台」。微風平台分成上下兩層，視野十分開揚，眼前可見淡水河、基隆河以及市中心景色，完全無遮擋。而微風平台左下方便是那座純白球體造型的「北眼平台」，平台採無邊際縷空設計，更與台北表演藝術中心對望，喜歡短線登山的人不可錯過。

「北眼平台」由登山口步行僅約20分鐘便到達。

🏠 地址：台北市龍尾穴劍潭山圓山風景區

📷 04 台灣的傳奇故居

士林官邸

🔍 ⭐ **MAP** 9-1 **B1**

🚌 捷運士林站 2 號出口徒步約 15 分鐘

　　雖然士林官邸在名字上沒有蔣氏概念，但這裡卻是蔣介石執政時與夫人宋美齡居住了廿多年的地方。參觀官邸不但加深了解這對中國近代史上傳奇夫婦的生平，更可遊覽蔣介石孫兒蔣孝勇與其妻子舉行婚禮的教堂凱歌堂，及多個不同特色的賞花庭園，當中的玫瑰園更於每年的三至五月舉行花展。

🏠 地址：福林路 60 號　📞 電話：02 2883 6340
🕐 營業時間：9:30am-12:00nn，1:30pm-5:00pm；周一休息
💰 費用：NT100（正館）；除正館外其餘免費參觀
🌐 網址：https://www.mbckssslr.taipei/

食得落肚的國寶 05
故宮晶華 ⭐ MAP 9-1 D1

🚐 捷運士林站轉乘的士約 15 分鐘

位於故宮博物館院區內的故宮晶華，奢華的裝潢皆出自國內首席建築師姚仁喜先生之手。由大廳、牆身、走廊、屏風至餐枱椅，無一不盡顯中國傳統建築的特色紋路。來到故宮晶華，必試有九道經典菜式的「故宮國寶宴」，在廚師精湛的技藝下，之前在館內所見的國寶文物隨即活現眼前，而且更由死物變身成香噴噴的美饌，令人垂涎三尺。

地址：至善路二段 221 號　**電話**：02 2882 9393
營業時間：
周一至五 11:30am-2:30pm、 5:30pm-9:00pm
周六日及假日 11:00am-3:00pm、 5:30pm-9:00pm
網址：www.silkspalace.com.tw

🔍必遊景點 📍 06 世界上的另一個
⭐ MAP 9-1 D1 # 故宮博物院

🚐 捷運士林站轉乘的士約 15 分鐘

故宮的紀念品店可購入翠玉白菜相關的商品，款式十分可愛。

上世紀40年代時，由於國共內戰的關係，國民政府把當時放在紫禁城的六十多萬件文物運往台灣。又於1965年建設了富現代感的國立故宮博物館，將一眾故宮文物安置入內。館內藏有很多珍貴瑰寶，例如聞名海外的翠玉白菜、肉形石、多寶閣等，還有很多文獻典籍及佛像等，都是價值連城且饒富歷史意義的文物。

地址：至善路二段 221 號　**電話**：02 6610 3600
營業時間：9:00am-5:00pm；周一休息
費用：NT350　**網址**：www.npm.gov.tw

療癒萌寵空間 MAP 9-1 A1
元氣貓主題樂園 ⑦

🚈 捷運芝山站 1 號出口步行約 4 分鐘

　　樂園內有多達16隻可愛的貓咪駐守，包括英國短毛貓、金吉拉、波斯及一些混種貓，也有愛撒嬌又很親近人的緬因貓，每一隻都有其獨特的個性和魅力。入場前需要換上拖鞋並清潔雙手，以維持場內的衛生。門票為NT300，含入場費和貓零食，限時2小時，可以自備飲料入場。

地址：士林區中山北路五段 829 巷 30 號
電話：02 2835 3336
營業時間：周二至五 2:00pm-10:00pm；
　　　　　　周六及日 1:00pm-10:00pm；周一休息
FB https://www.facebook.com/genkicat/

⭐ MAP 9-1 A1 孕育未來科學家
🚀 ⑧ 台灣科學教育館

🚈 捷運劍潭站 1 號出口出站後於左方巴士站，轉乘公車（紅 30、41）至科學教育館站下車

　　科學教育館位於兒童新樂園附近，以活潑及多媒體的方式，向小朋友灌輸普及科學的知識。科教館共有十層樓，B1為「劇場與科學實驗室」展館，設有動感3D劇院、兒童益智探索館、立體虛擬實境劇場及地震劇場等。三、四樓為「生命科學展示區」，展示基因及人體的奧秘。五樓為「物質科學展示區」，探討力學及電力；六樓為「地球科學展示區」，讓大家了解地球構造的寶庫。除了展覽，館內更設有科學DIY班，不但啟發小朋友的求知慾，說不定也造就未來諾貝爾獎的得主！

地址：士林區士商路 189 號　**電話**：02 6610 1234
營業時間：9:00am-5:00pm，周六、日至 6:00pm；周一休息
費用：常設展（3-6F）：全票 NT100、優待票 NT70
網址：http://www.ntsec.gov.tw

親子勝地 🔍 MAP 9-1 A1

兒童新樂園 ⑨ 🈚️

🚌 捷運士林站：1 號出口轉乘「兒樂 1 號線」或 255 區、紅 30、620 號公車
捷運劍潭站：3 號出口轉乘「兒樂 2 號線」或 41、紅 30、2 號公車
＊「兒樂 1 及 2 號線」均需以 1 段票（NT15）收費，注意 1 號線於平日停駛，詳情以官方公告為準。

自從台北兒童育樂中心在 2014 年底關閉後，大家都轉戰到兒童新樂園，一個為小孩度身訂造的主題樂園。原來夢幻樂園內有的咖啡杯、碰碰車、海盜船、摩天輪、小型跳樓機等設施，都被帶進新樂園內，規模更比過往的大，而且消費偏低，機動遊戲起錶價都是 NT20！園內還增設多個特色裝置藝術與美食廣場，集吃喝玩樂於一身，果真是親子遊的熱門好去處。

🏠 地址：羅士林區承德路五段 55 號　　📞 電話：02 2833 3823#105
營業時間：寒、暑假及連續假期：9:00am-8:00pm
　　　　　非寒、暑假：周二至五 9:00am-5:00pm，
　　　　　周六及日營業至 6:00pm
費用：成人入場 NT30、小童 NT15；園內每種遊玩設施收費一次
　　　NT20 起；一日任玩套票 NT200
🌐 網址：www.tcap.taipei

🔍 MAP 9-1 B4　　台灣藝術重地

⑩台北市立美術館

🚌 捷運圓山站 1 號出口步行 15 分鐘

美術館約有六千餘坪，由建築師高而潘根據傳統的四合院概念所設計，館內典藏作品超過四千四百件，主要為 40 年代之後的台灣當代藝術作品，共分為十三類，包括雕塑、版畫、油畫、素描等等。除了本土藝術，美術館多年來亦舉辦很多世界性藝術展覽，著名如梵高及其他印象派大師的作品展，豐富了台灣人的藝術修養和眼光。

🏠 地址：中山北路三段 181 號
📞 電話：02 2595 7656
營業時間：9:30am-5:30pm，周六至 8:30pm；
　　　　　周一休息
費用：NT30；特別展覽會個別收費
🌐 網址：www.tfam.museum

百年老宅大變身 ★ MAP 9-1 A3

ACME 北美館園區 ⑪

🚌 捷運圓山站 1 號出口,步行約 10 分鐘

台北故事館原址改造的藝文場所,過去是日治時期大稻埕茶商陳朝駿的私人招待所,以仿英國都鐸時期的半木構造建築,於1914年落成,已逾百年歷史。改造後結合咖啡廳、小公園及美術館於一身。園區內的 CAFE ACME 是一整棟簡約玻璃屋,打造出唯美的用餐空間;原先的儲物倉庫改建成 SHOP ACME,保留了原有公園的溜滑梯,展現新舊交替的樣貌;至於 MAISON ACME 圓山別莊,現規畫為展覽與藝文活動場所。

地址:中山北路三段 181-1 號　**網址**:www.acmetaipei.com/
電話:02 6617 7979　**營業時間**:10:00am-6:00pm;周一休息

- -

人氣早餐店 🔍 MAP 9-1 B1

豐盛號 ⑫ 🍴

🚌 捷運士林站 1 號出口步行 3 分鐘即達

手打肉排蛋起司 NT72。

近年台灣非常流行早午餐店,其中最熱爆的,首選於士林站附近的豐盛號。小店於2013年創業,人氣歷久不衰,每天清晨在門前,總會聚集一群慕名而來的食客想一嘗它的招牌碳烤三文治及牛奶紅茶。雖然看似尋常食物,但據說麵包是自家烘焙,茶葉更是精挑細選。而店內另一人氣飲品蔗香紅茶,其靈魂的蔗糖也是自家熬製。就是這些細小處的堅持,才達致今天的成果。

地址:士林區中正路 223 巷 4 號 1 樓
電話:02 2880 1388　**營業時間**:6:30am-4:00pm
網址:http://www.fongshenghao.com.tw/

台北 ☆☆☆

淡水信義線　芝山／天母　士林／圓山　雙連　大稻埕　中山　東門

都市公園綠洲 ⭐ MAP 9-1 A3
台北花博公園 ⑬ 📷

🚇 捷運圓山站 1 號出口出站即達

台北花博公園原為2010台北國際花卉博覽會會址，現轉型為都市公園。園區包含圓山園區、美術園區與新生園區。每逢周末在圓山廣場都有花博農民市集，販售台灣各地農產、伴手禮和手工藝品等。

地址：中山區玉門街 1 號　電話：02 2182 8886
費用：進園免費，參觀各館分別收費
網址：http://www.expopark.taipei/

⭐ MAP 9-1 A4 ⑭ 城市遊樂園
MAJI MAJI 集食行樂

🚇 捷運圓山站 1 號出口步行5分鐘

MAJI MAJI 集食行樂於2013年6月正式營運，由哈林庾澄慶與知名設計師葉裕清精心規劃，在大自然中運用貨櫃、原木穀倉，巧妙包覆住美食、原創商品、音樂、藝術等元素，打造出具有異國氛圍的生活市集空間。MAJI包含六大區域：神農市場、寰宇小吃街、玻璃屋市集、異國美食餐廳、商店街、Triangle 以及多功能展演空間，足夠一家大細食買玩盡興而歸。

地址：中山區玉門街 1 號　電話：02 2597 7112
營業時間：12:00nn-9:00pm
FB：www.facebook.com/majisquare

川客名廚

MAP 9-1 A4

駱師父醬味川客菜 ⑮

捷運圓山站 1 號出口步行 3 分鐘

　　駱師父精通川菜和客菜，贏得金廚盛名，時常在傳媒出現展示廚藝。位於花博公園附近的菜館，沒有華麗的裝修，卻令人感覺舒服。駱師父燒的菜不管是「辣」、「酸」、「鹹」、「甜」都不會太過重手，卻一樣可以很迷「味」，價格也平易近人，是一次過嘗盡川客兩大菜系的好地方。

客家肉封的肉質鮮嫩化口。

金沙中捲包裹著中捲（魷魚）的金沙（鹹蛋黃）厚卻不會太鹹，半鬆半散帶點微濕的沙沙口感超迷人。

地址：大同區民族西路 31 巷 36 號
電話：02 2591 6228　FB：駱師父醬味川客菜
營業時間：11:00am-2:00pm，5:00pm-9:00pm

魯肉飯看起來金黃且油亮。

MAP 9-1 B4　蜚聲國際

⑯ 丸林魯肉飯

捷運圓山站 1 號出口步行 10 分鐘

　　魯肉飯可算是台灣傳統小吃的國粹，丸林的魯肉飯更揚名國際，吸引很多日本及韓國遊客光臨，以美食推廣台灣傳統。據說丸林的滷汁是獨家秘方，魯肉也是選用上好的肩胛肉，所以看起來金黃且油亮，吃入口飯香有嚼勁。這裡也提供其他傳統小吃，如紅燒肉、雞捲及排骨酥湯等，味道不至特別出眾，不過比起在街邊攤吃，這裡的環境舒適得多，也為食物加分不少。

▶紅燒肉，肥瘦比例平均。

菜牌兼附日文，可見日本人是這裡的常客。

排骨酥湯，湯頭清甜，排骨仍保持一點酥脆。

地址：中山區民族東路 32 號
電話：02 2597 7971
營業時間：10:30am-9:00pm
網址：https://www.wanlinrestaurant.com.tw/

台北 ☆☆☆　淡水信義線　芝山／天母　士林／圓山　雙連　大稻埕　中山　東門

9-9

200年珍貴古蹟 MAP 9-1 B4

林安泰古厝民俗文物館

🚌 捷運圓山站 1 號出口步行 15 分鐘 ⑰

淡水信義線 芝山/天母

士林/圓山

雙連 大稻埕 中山 東門

林安泰古厝始建於乾隆48年(1783年)，是台灣罕有超過200年歷史的古宅。古厝是一間典型清代閩南四合院，整個建築群包括月眉池、外埕、三川門及安泰堂等，院內四周布滿手工細緻的雕花裝飾，有飛鳳雀替、垂花吊筒、古琴和夔龍等吉祥象徵。參觀完古蹟，可以到鄰近的天使生活館及夢想館看新穎的多媒體展覽，一次過新舊共融，令人大開眼界。

地址：中山區濱江街 5 號　**電話**：02 2599 6026
營業時間：9:00am-5:00pm，周一休館　**費用**：免費入場
網址：https://linantai.taipei/

紅酒野蕈牛肋丼 NT450。

🍴 ⑱ 平價日式料理

⭐ MAP 9-1 A4

漁陶屋

🚌 捷運圓山站 1 號出口步行 5 分鐘

漁陶屋就在花博公園附近，每逢假日特別多一家大小來幫襯，所以繁忙時間可能要稍稍等候。這裡走的是平價路線，雖然不及迴轉壽司般價廉，不過仍非常抵吃。一客綜合刺身，單點最平不用 NT300，已包括四至五片魚生刺身。另一人氣之選野蕈菲力蓋飯，醬汁、蕈菇、牛肉三味一體的香氣，菇和肉的甜美汁液，配上白飯和洋葱絲帶來的微甜，真的會讓人停不了口，誠意推薦。

海膽干貝茶碗蒸 NT220。

地址：大同區承德路三段 206 之 1 號　**電話**：02 2585 6383　**營業時間**：11:30am-3:00pm，5:30pm-10:00pm

迷人焢肉   MAP 9-1 A3
梅滿美食 ⑲ 🍴

🚌 捷運圓山站 1 號出口步行 5 分鐘

　　只要不介意門面，台北其實到處可找到又平又正的美食。好像這間在花博公園附近的梅滿美食，賣的也是傳統美食，慳至 NT200 之內，已能夠吃到心滿意足。梅滿最馳名的美食首推焢肉。大大塊的焢肉肥瘦適中，肉汁飽滿，肥肉的部分相當細軟，瘦肉看起來有點乾柴，但實際吃時卻相當軟嫩。連同滷肉飯及排骨湯這小吃三寶，一口氣幹掉也不用 NT160，不只是價廉物美可形容。

滷肉飯 NT40（小），搭配酸菜一起入口，其「脆度」和淡淡的「鹹香」十分搶舌。

排骨湯 NT60。排骨酥輕輕一咬便「骨肉分離」，湯頭一點也不油，喝起來相當甘醇順口。

焢肉 NT60，油光飽滿卻不肥不膩。

地址：大同區庫倫街 13 巷 2 弄 2 號　**電話**：02 2596 2348
營業時間：7:00am-2:00pm；周六及日公休
FB：https://www.facebook.com/perfectlycate/

油飯飄香 MAP 9-1 A4 🍴 ⑳
阿川油飯

🚌 捷運圓山站 1 號出口步行 10 分鐘

　　大龍街是圓山一帶美食集中地，匯聚了炒羊肉、水煎包、滷肉飯、肉圓等等，而阿川油飯是這裡的老字號。所謂油飯又稱蒸糯米飯，通常是以蒸熟的糯米，拌入炒香的佐料。按台灣的習俗，家中若有嬰兒出生，會以麻油雞及油飯祭祖並分送親友。阿川的油飯糯米不會太黏，略乾的口感搭配淋上的滷汁恰到好處，滷汁的滋潤和肥肉的油化讓油飯的口感產生微微的乳化效果，獨有的「油蔥」香令糯米本身的香氣更為突出。店裡的甜辣醬也不要錯過，淋少許別有一番滋味，太多則難免過度甜膩了。

油飯除了略帶金黃的色澤外，米粒看起來也是粒粒分明。

油豆腐滷得入味，吃起來也沒太多醬油的死鹹。

四神湯的蘿蔔、魚丸、腸子份量都不算少，蘿蔔甜且多汁不老。

地址：台北市大同區大龍街 294 號
電話：09 8720 0328
營業時間：9:30am-9:00pm；周二公休

淡水信義線
【民權西路／雙連】

芝山　士林　劍潭　圓山　民權西路　雙連　中山　　台北車站　台大醫院　中正紀念堂　東門

淡水方向

中和新蘆線
蘆洲／迴龍方向

大橋頭

象山方向

Map 10-1A

北

民權西路 / 雙連

北

Map 10-1B

延續舞蹈精神 ★ MAP 10-1A C2

蔡瑞月舞蹈研究社 01

🚌 捷運雙連站 1 號出口，步行約 4 分鐘

有別於一般日式老宅，其前身曾作為舞蹈教室使用，室內有大片鏡面並裝潢成開放式的空間。古蹟原建於1920年代的文官宿舍，後成為現代舞老師蔡瑞月的故居，同時也是她的演出、創作及舞蹈教室。房子於90年代遭焚毀，經古蹟學專家認定為台灣現代舞紮根之地，才免於拆卸的危機，延續了古蹟的生命。戶外有大草地庭園，右側改建成咖啡室，室內為史料研究室、舞蹈室、視聽室等展覽空間，極具文藝氣息。

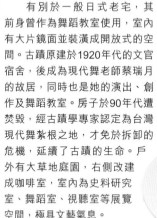

台灣第一座以舞蹈社為主題的市定古蹟。

綠草如茵的戶外咖啡座。

地址：中山區中山北路二段 48 巷 10 號
電話：02 2523 7547　**網址**：https://www.dance.org.tw/
營業時間：10:00am-5:00pm；周一休息

必遊景點 📍

★ MAP 10-1A B1　經典台式甜品

🍴 02　雙連ㄛ仔湯

🚌 捷運雙線站 1 號出口步行約 2 分鐘

雙連ㄛ仔湯又稱為雙連圓仔湯，是一家具五十年歷史的閩南甜點店，在台北幾乎無人不曉。ㄛ仔即由糯米搓成的糰子，如燒麻糬和湯圓。小店的麻糬全由人手逐粒搓成，大小像乒乓波，然後把大量芝麻花生糖粉灑在燒好的麻糬上，咬下去甜而不膩。店內每日鮮製的紅豆湯圓是招牌甜品之一，把屏東萬丹鄉的紅豆反覆熬煮8小時，口感濃稠綿滑。

燒麻糬NT95/2粒，有鹹和甜兩種口味，口感有點像糖不甩，軟綿綿卻不黏牙。

紅豆蓮子湯圓NT95，紅豆粒粒飽滿，部分煮爛了融化在甜湯中，湯圓有嚼勁，蓮子入口即融，三者配合得天衣無縫。

紅豆＋豆花＋綠豆＋鳳梨＋湯圓刨冰NT120。

地址：民生西路 136 號
電話：02 2559 7595
營業時間：10:30am-9:30pm；周一休息
網址：https://www.sweetriceball.tw/

老店新搞作
福利麵包 03 ★ MAP 10-1B B4

🚇 捷運民權西路站 9 號出口步行 5 分鐘

冠軍桂圓麵包採用傳統麵包製作技術，配上 QQ 彈牙的桂圓乾和烘烤過的核桃，十足享受。

福利麵包可算是台灣麵包店的元祖，因為它在 1949 年國民黨遷台之前已在上海成立。1949 年，福利麵包隨國民黨遷台，更禮聘了法籍主廚以法國優良技法烘焙麵包。因為出品超班，福利不但是當時美軍駐台顧問團之主要供應商，更為多間酒店及航空公司供應麵包。雖然麵包店已超過七十歲，不過依然活力十足。門市的裝潢一點都不老土，產品更推陳出新，人氣之選包括奶油大蒜麵包、冠軍桂圓麵包以及鹹甜乳酪蛋糕。門市尚設有茶座，讓客人第一時間享用新鮮出爐的麵包，感受福利數十年精湛的烘焙功力。

奶油大蒜法包 NT270（2 條）

辣椒奶油風味短法 NT156，充滿新鮮辣椒香氣，挑戰你的味蕾。

地址：中山區中山北路三段 23-5 號
電話：02 2594 6923
營業時間：6:30am-11:00pm
網址：https://www.bread.com.tw/

★ MAP 10-1B B4 包不可以貌相
04 圓山老崔蒸包

🚇 捷運中山國小站 2 號出口步行 3 分鐘

根據台灣美食家舒國治先生的理論，良店賣的東西一定不可以雜，圓山老崔蒸包便完全符合這條件，因店內只售兩款（牛和豬）的蒸包，以及酸辣湯。這裡的蒸包，單看外表都是滿臉斑點、坑坑窪窪的，非常趕客。不過咬下去，便發現「醜陋」的包皮非常有麵糰香和咀嚼口感。蒸包內餡只有肉，不像小籠包般混入香蔥或其他配料，絕對原汁原味。簡單、純粹，正是圓山老崔蒸包動人之處。

豬肉蒸包用的是純後腿肉，肉味濃郁，有點似吃肉圓的感覺。

地址：中山區中山北路二段 137 巷 33 號
電話：02 2581 7014
營業時間：6:30am-1:00pm；周一休息

蒸包 NT90，一籠有 10 個，每個都很有個性，外形各異。

番薯大學問 ⊛ MAP 10-1A A1
雙連烤地瓜 05

🚌 捷運雙連站 1 號出口步行 6 分鐘

香港人對地瓜（番薯）的認識，最多也是分得出黃心和紫心；但台灣人對地瓜的研究深入而專門，不但認識不同品種，連食法也分為冷熱。雙連烤地瓜標榜用龍眼木，令火力更均勻，香氣四溢。而且店家也會按不同季節出售不同種類地瓜，春夏售紅皮紅肉（台農66號），秋冬售黃皮黃肉（台農57號）。至於冰烤地瓜，則一定要選台農57號，經烤烘再冷藏，令地瓜口感更Q軟，綿得像吃雪糕一般。

烤地瓜NT40（中份）、NT50（大份）。

地瓜牛奶NT50，內含大量地瓜纖維，對腸道很有益。

地瓜可再細分不同品種，非常講究。

地址：大同區民生西路 198-13 號　**電話**：02 2556 3673
營業時間：11:00am-10:00pm
FB：https://www.facebook.com/edsion.198/

⊛ MAP 10-1A B1　逐臭之夫
06 宋上好脆皮臭豆腐

🚌 捷運民權西路站 3 號出口步行 5 分鐘

臭豆腐這種富爭議的食物是否美食純屬見仁見智，不過一片臭豆腐是否處理得宜則有「客觀」的標準。首先身為炸物，外皮一定要夠酥脆，而內部不但要柔軟，更要充滿豆汁。綜合各方面的指標，宋上好的臭豆腐絕對合格有餘，所以成為逐臭一族熱捧的名店。

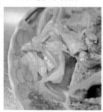

臭豆腐都輕敲一個洞，方便淋上醬汁。

泡菜NT50（小份）、NT70（大份），口感和脆度都不錯，可以釀入臭豆腐內一起吃。

脆皮臭豆腐NT70（5塊）、NT105（8塊）。

地址：大同區錦西街 86 號　**電話**：09 3784 2110
營業時間：4:00pm- 翌日 1:00am **FB**：宋上好脆皮臭豆腐

勝在夠鹹

  MAP 10-1A C1

燕山湯圓

07

🚇 捷運雙連站 2 號出口步行 5 分鐘

　　燕山湯圓算是雙連隱藏版的美食，要不是老饕或詳知附近美食的朋友，未必輕易找到。顧名思義，這裡的湯圓因為鹹食而與別不同。客人可選擇粉腸鹹湯圓及豬肝鹹湯圓，非常破格。有別於傳統湯圓，鹹湯圓都是以糯米作皮，不過餡料卻用上豬肉。除了湯圓，這裡的肉粽也不可錯過。台灣的肉粽用料頗豐，有蛋黃、香菇、花生及肉片，口味偏甜多帶點Q度，與廣東粽口感上略有分別。

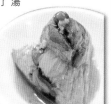
肉粽NT50，這裡的粽子則軟像是「南部粽」，不過吃來還是軟中帶點Q黏之口感。

粉腸鹹湯圓NT90，粉腸處理得相當乾淨，腸內半點微粉及異味都沒有。

湯圓咬開後肉汁便順勢湧了出來。

地址：中山區民生西路 45 巷 9 弄 12 號
電話：02 2521 6479　　**FB**：燕山湯圓
營業時間：周二至五 7:00am-7:00pm 火；
　　　　　　周六 11:00am-3:00pm，
　　　　　　周一營業至 7:00pm；周日休息

切仔麵NT45，阿國生意如此之好，關鍵在其「湯」。

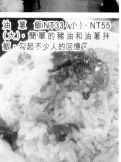
油蔥飯NT33(小)、NT55(大)，簡單的豬油和油蔥拌飯，勾起不少人的回憶。

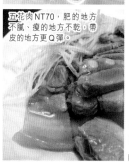
五花肉NT70，肥的地方不膩、瘦的地方不乾，帶皮的地方更Q彈。

MAP 10-1A B1
濃濃油蔥香

08 阿國切仔麵

🚇 捷運雙連站 2 號出口步行 2 分鐘

　　阿國切仔麵與阿城切仔麵及賣麵炎仔，並稱為台北市三大夢幻切仔麵老店。老闆阿國師承父親手藝，從路邊攤直至今天擁有自己的店舖。這裡的切仔麵湯頭特別好喝，帶有「大骨湯」的鮮甜。麵條用的是帶鹹的油麵，吃來Q中帶軟很是順滑，另伴隨著不算太淡的油蔥香和韭菜，非常惹味。其他小吃以油蔥飯最對味。它只是單純白飯淋上一點點豬油和油蔥拌成的醬汁，簡簡單單的古早味，或許是有一定「年資」的食客才會充分領略。

地址：大同區民生西路 81 號
電話：02 2557 8705　　**FB**：阿國切仔麵
營業時間：11:00am-8:00pm，
　　　　　　周六及日營業至 7:30pm；周二休息

超迷你食肆 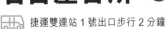 MAP 10-1A B1

名古屋台所 09

🚇 捷運雙連站 1 號出口步行 2 分鐘

　　名古屋台所就在雙連站附近，非常易找。食肆裡外加起來只有約十個位，面積袖珍，但亦因此小店甚有日式屋台（大排檔）的氛圍。幾個朋友已能夠包場，與大廚及友人一面吃喝一面聊天，暢快地度過一個晚上。

日式漢堡排，漢堡上鋪了荷包蛋，造型立即變得可愛。

炸雞翅，雞翅的肉汁非常驚人，而且相當軟嫩。

關東煮，加了大量味噌醬，入口惹味。

地址：大同區赤峰街 50 號　**電話**：02 2555 5078　**營業時間**：5:00pm-9:00pm；周日至二公休　**FB**：名古屋台所

七十年老店 10 阿田麵

MAP 10-1A B1

🚇 捷運雙連站 1 號出口步行 5 分鐘

　　捷運雙連站一帶特別多老字號食肆，其中創立於1950年的阿田麵可算特別德高望重。阿田麵與其他老店最大的不同，就是它沒賣小菜，就得乾、湯麵。這裡吃麵分全套及半套，前者是加上滷蛋和肉片，後者是二選一，每款只需多付NT10。阿田麵用的是黃油麵，煮出來略為偏軟，吃時卻沒很多古早油麵的「鹼」味，而且其湯頭簡直是大半個世紀的精華所在。

油麵全套NT60，可選乾或湯麵。

餛飩湯NT30，皮滑肉香，肉餡不多吃來又不會過於單薄。

地址：大同區赤峰街 44 巷 20 號
電話：02 2556 0927
營業時間：11:00am-4:00pm；周六日公休

夢幻色彩
蜜菓拾伍

 MAP 10-1A **B1** ⑪

🚌 捷運雙連站 1 號出口步行 3 分鐘

　　赤峰街是文青勝地，逛街之餘想歇歇腳醫醫肚，蜜菓拾伍是非常合適的地方。食肆地方不大，全部以素色布置，未開餐已予人身心寧靜的感覺。必試這裡的戚風蛋糕，有抹茶、芝麻及草莓等口味，顧客也可選擇「加餡」，既可一次過品嘗多種口味又不會增加食量，啱晒貪吃又怕胖的女士們。

地址：赤峰街 77 巷 3 號 1 樓　**電話**：02 2550 6505
營業時間：周六及日 1:30pm-8:00pm
📱 **FB**：www.facebook.com/Migos.Cakes

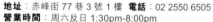

來自大阪的地道風味
誠屋拉麵

⑫ ★ MAP 10-1A **B1**

🚌 捷運雙連站 1 號出口步行 5 分鐘

　　來自大阪的誠屋拉麵，在關西地區本有七間分店，當中的心齋橋店，自2005年開始便經常有大批台灣遊客光顧，令店家決定遠赴台北開分店，滿足食客的熱情。中山分店是誠屋拉麵的旗艦店，不但佔地兩層，更刻意把店內裝飾成老日本的模樣。為了以最新鮮的方式烹調食物，所以不設中央廚房，湯頭、叉燒、半熟蛋等料理都是由各店當天新鮮處理，以最新鮮的程度提供給客人。

店內有3種麵條可選，分別是博多細麵、玉子麵還有粗麵。

地址：大同區民生西路 142 號
電話：02 2521 8159
營業時間：11:00am-1:00am
FB：https://www.facebook.com/makotoyaramen/

平有平吃
鰻味屋 MAP 10-1A D1

🚇 捷運雙連站 1 號出口步行 7 分鐘

中山有多間超人氣的鰻魚專門店，包括濱松屋及肥前屋等。不但吃得正宗，門面也很有氣派。但鰻味屋的裝潢平實，就似普通的日式食堂。雖然吃的是日式料理，卻沒隱瞞食材都來自台灣。這裡的鰻魚料理不似專門店般分為三食四食、蒲燒還是蒸焗，不過一客肥美的鰻魚飯不用NT300，食客自不會過分講究。除了鰻魚，這裡還提供壽司刺生拉麵等食物，抵吃指數亦長期高企。

鰻魚玉子燒，蛋味突出，與鰻魚肉很合拍。

鰻魚套餐最平NT300有交易，隨餐附魚生片多塊。

地址：中山區中山北路二段 77 巷 45 號　**電話**：02 2523 9128
營業時間：11:30am-2:30pm，5:30pm-9:00pm
FB：https://www.facebook.com/shingtianue/

濃厚豚骨湯頭
特濃屋 MAP 10-1A D1

🚇 捷運雙連站 1 號出口步行 7 分鐘

特濃屋雖然不是日本著名食肆的海外分店，卻是由熱愛台灣的日本廚師大塚健二一手創立。據說店主曾於神奈川修業橫濱家系拉麵，所以食肆也以此為賣點。拉麵的選擇只有基本兩種：濃厚豚骨拉麵或更濃厚的DX拉麵，可以加一團辣肉變辣味，或者加蔥變成爆蔥拉麵。每碗拉麵都附兩片大得誇張的海苔，湯頭既濃又充滿脂肪，甚至有點一絲絲的奶油味，中粗的麵條很會吸湯汁，全部吃下去飽足度超高。叉燒偏肥但肉質柔軟，流心的黃金蛋更令人唾涎。

叉燒及黃金蛋令拉麵更吸引。

濃厚豚骨醬油DX拉麵NT310，特大海苔先聲奪人，成為手機焦點。

味王豚骨RED拉麵NT270，濃湯加辣，最啱重口味的食客。

地址：中山區中山北路二段 77 巷 22 號
電話：02 2522 2808
營業時間：11:30am-3:00pm，5:00pm-9:00pm；周一公休
FB：https://www.facebook.com/tokunouya/

醒神美食
阿桐阿寶四神湯 ⑮

MAP 10-1A B1

🚇 捷運雙連站 1 號出口步行 4 分鐘

　　四神湯是台灣民間的湯水，以淮山、芡實、蓮子、茯苓四味中藥，加入豬肚或豬小腸熬煮，有利濕及健脾胃之效。阿桐阿寶以四神湯聞名，湯裡腸子蠻多，外輕脆內軟嫩夾著一點點油質，蠻好吃的。至於湯方面，第一口非常的清淡，直到最後才跑出一點點「薏仁」和「腸子」的清甜。如果不好此湯，推薦品嘗這裡的大包。這個比拳頭大上一點的包子，夾著半個鹹香略油的鹹蛋黃，香菇、肉餡，吃來甚有傳統廣東大包的味道，飽肚又美味。

鮮肉包 NT25，抵食夾大件。

燒賣 NT60 (5粒)，餡料是豬肉加竹筍，蘸上甜辣醬後非常美味。

四神湯 NT70，豬腸非常重手，難得異味。

地址：大同區民生西路 151 號　**電話**：02 2557 6926
營業時間：11:00am- 翌日 5:00am
FB：阿桐阿寶四神湯

MAP 10-1A B1 　⑯ 成功轉業

楊中化主播爆漿大貢丸

🚇 捷運雙連站 1 號出口步行 4 分鐘

貢丸除了原味還有香菇、紅麴和墨魚等口味可選。

　　香港的新聞主播退役後多會轉拍廣告掘金，但中視的主播楊中化退役後卻轉行賣貢丸，而且做得有聲有色，曾入選2011年台灣伴手禮團購人氣名店，也是CNN評選來台必吃美食。主打的貢丸非常「巨大」，一碗只有兩粒。説是爆漿可能有點誇張，不過貢丸咬下可謂「肉汁四射」，最厲害是「肉味」濃厚，帶點豬油的甘香，口感方面既Q且彈牙，咀嚼時滿口肉香，肉汁不斷在嘴裡肆意奔跑，好吃極了。

貢丸 NT60，一碗只有兩粒，不過體積驚人。

地址：大同區民生西路 157 號
電話：09 3616 2425
營業時間：4:00pm-10:30pm；周一公休
FB：主播楊中化 爆漿大貢丸

淡水信義線　芝山／天母　士林／圓山　雙連　大稻埕　中山　東門

經典小吃密集 ⑰

寧夏夜市 🔍 MAP 10-1B A1

🚇 捷運雙連站 1 號出口步行 8 分鐘

寧夏夜市是本土人也會去的夜市，馳名小吃，夜市內多個攤位連續數年獲米芝連推介，包括排隊美食70年老店「豬肝榮仔」、蚵仔煎始祖的「圓環邊蚵仔煎」、飄香數十年的「劉芋仔」、傳承三代的「環記麻油雞」；所有攤位的美食份量十足、價格公道，需要排隊也是意料之中的事。

地址：大同區寧夏路寧夏夜市
營業時間：5:00pm-1:00am
網址：https://www.xn--yes-897eo9j.taipei/

必吃推介包括豬肝榮仔、等老字號攤擋。

🔍 MAP 10-1A A1　⑱ 飯糰之味

慈音古早味阿婆飯糰

🚇 捷運雙連站 1 號出口步行 7 分鐘

阿婆飯糰雖然稱為飯糰，但請不要誤以為係日式料理，反而可以當作傳統的粢飯。飯糰分鹹甜口味，鹹味有菜脯、魚鬆和酸菜；甜味則有白糖和花生粉。無論鹹甜，飯糰中間的油條都是靈魂。阿婆飯糰之所以受歡迎，粒粒分明的香甜糯米是致勝關鍵。此外，飯糰內的油條竟是現炸，咬在嘴裡仍然是霹靂啪啦，加上「酸菜」和「菜脯」，在嘴裡也能清楚分辨出其不同的爽脆，令飯糰錦上添花，成為寧夏夜市的名物。

地址：大同區民生西路 198 號
電話：09 8063 9341
營業時間：5:30pm-11:00pm
FB：寧夏慈音古早味阿婆飯糰

劉芋仔芋餅芋丸 ⑲

🚇 捷運雙連站 1 號出口步行 10 分鐘

劉芋仔芋餅芋丸是寧夏夜市的人氣攤販，開業超過四十年，最近更被《台北米芝蓮》收錄為必比登推介（Bib Gourmand）名單之中，認真威水。劉芋仔主打蛋黃芋餅和香酥芋丸，裡面的芋泥芋香濃滑、口感綿密，而且即點即炸，因而大受歡迎，成為寧夏夜市的排隊王。

無論芋餅或芋丸都是即場人手打造，兩者最大分別是芋餅加了蛋黃。

香酥芋丸NT25/粒，芋香中帶著一抹奶香，外層香香酥酥的炸皮也非常吸引。

地址：大同區寧夏路寧夏夜市
營業時間：周五至四 5:30pm-12:00mn；
　　　　　　 周五及六營業至 12:30mn；周二休息

綜合牛肉河粉NT210，包括牛肉、牛肚及牛丸。一碗包含了牛的精華。

阿忠越式傳統牛肉河粉

🚇 捷運雙連站 1 號出口步行 10 分鐘

阿忠越式傳統牛肉河粉位於寧夏夜市之內，地方寬敞又有冷氣，成為了夜市遊人理想的休憩站。雖然佔盡地利，但食物的質素才是最強賣點。阿忠使用的牛肉，強調是上等新鮮的本地牛，湯底也是以牛骨熬製二十多小時而成。稱得上越南美食自然含有法式風味，所以也同場加映咖喱雞及越式火腿法包。比較遺憾是沒有馳名的越南滴漏咖啡提供，不能為越式盛宴劃上完美句號。

炸春捲 NT70，炸得極鬆又帶點油香，口感非常的讚。

越式火腿法包NT80，麵包酥脆，火腿鮮香。

地址：大同區重慶北路二段 57 巷 19 號　**電話**：02 2555 1235
營業時間：11:30am-2:00pm、5:00pm-8:30pm
FB：https://www.facebook.com/azhongpho/

金黃酥脆 ㉑ ★ MAP 10-1A A2
馥陽鍋貼水餃

🚇 捷運雙連站 1 號出口步行 10 分鐘

馥陽鍋貼水餃也是寧夏夜市的名店，鍋貼的火候到位，光從外觀已看得出金黃酥脆的感覺。鍋貼內餡除了飽滿外，絞肉和白菜的比例恰到好處，既不會有肉的腥味，也不會因為太多菜讓內餡的水分過多，咬起來相當的順口，配上金黃的酥脆外皮，真的會一口接一口。最「過分」是一客十隻鍋貼，只售NT60，如此高的性價比，難怪店內長期都人頭湧湧。

鍋貼 NT70/10隻，鍋貼皮不會太厚，肉餡鮮香。

餛飩湯 NT60，一碗有4粒餛飩，正好吃完鍋貼後滋潤一下。

地址：大同區寧夏路 26-2 號　**電話**：02 2555 8960
營業時間：11:30am-9:00pm

★ MAP 10-1A A1 ㉒
足料麵線
阿川麵線

🚇 捷運雙連站 1 號出口步行 6 分鐘

麵線之於台灣處處可見，但形態不太一樣，比方說南部的麵線糊，北部的蚵仔麵線。阿川麵線是雙連的老字號，他的麵線是「清麵線」，再依客人的喜好添加蚵仔、大腸等食材。蚵仔雖然個頭不是大到嚇死人，但鮮度相當夠，半點不腥且超甜。滷腸做得相當不錯，滷汁的味道較輕，腸子的甜度和油度都不差。只需NT70，大大碗鋪滿蚵仔大腸的麵線即時奉上，絕對符合廉價美食的稱號。

蚵仔每天新鮮炮製。

綜合麵線 NT70，老闆非常重手，食客有口福。

地址：大同區民生西路 198-17 號　**電話**：02552 3962
營業時間：7:00am-5:00pm；周日公休

淡水信義線

【大稻埕】

象山方向

芝山　士林　劍潭　圓山　民權西路　雙連　中山　　台北車站　台大醫院　中正紀念堂　東門

淡水方向

中和新蘆線
蘆洲 / 迴龍方向

大橋頭

大橋頭站
出1 出2

大稻埕

延三夜市
(F2-4)

太平國民小學

永樂
國民小學

州

涼州街

民樂街

保安街49巷

甘州街

保安街

大稻埕公園

延平北路二段

歸綏街

歸綏街

民生西路

Google Map
下載

霞海
城隍廟

民樂街

重慶北路二段

寧夏

永樂市場

台灣日和
(F1-4)

06、07

永樂

27   19

北

南京西

Map 11-2

華亭

老台北人才知道的夜市 ❶
延三夜市  MAP 11-2 B1

🚌 捷運大橋頭站 1 號出口出站即達　必遊景點 📍

　　延三夜市大約是於民權西路至昌吉街之間的延平北路三段，這夜市知名度遠比士林夜市或饒河街夜市要低，而且攤販亦不密集。但比起那些人氣夜市，這裡少了人車爭路的情況，而且夜市結集的都是有二十至三十年歷史的老店，售賣的是傳統美食，充滿老台北的回憶，所以是識途老馬「尋味」的天堂。

地址：大同區延平北路三段
營業時間：6:00pm-12:00mn；部分攤販 4:00pm 開始營業

延三夜市古早美食推介

大橋頭老牌筒仔米糕

　　延三夜市人氣食肆，筒仔米糕內的五花肉無論肥瘦各有特色。除了肉片外，米糕同樣讓人激賞，油飯飯粒分明不硬不軟，恰到好處，加入秘製甜辣醬，簡直如虎添翼。

地址：大同區延平北路三段 41 號
電話：02 2594 4685
營業時間：6:00am-4:00pm；周二休息

老牌張豬腳飯

　　老牌張的豬腳是紅燒的，而且滷的成色很深，非常入味。除了豬腳，一定不可錯過這裡的豬皮。豬皮有如肥肉溶在嘴裡微黏微滑的滿足口感，那是香、甜、油、滑合一的美妙滋味。

地址：大同區民族西路 296 號
電話：02 2597 2519
營業時間：11:00am-8:30pm，周一休息

雞蛋蚵仔煎・魷魚羹

　　蚵仔煎主角的蚵仔雖不大，數量大約是十顆左右，卻相當的鮮美。令人驚艷的卻是煎蛋，吃起來非常非常的香且跟醬汁十分的搭。帶著較一般蚵仔煎為多的Q度，咀嚼時更有一抹厚實的口感。

地址：延平北路三段 21 號
電話：02 2973 2740
營業時間：6:00pm-12:00mn

台北 ☆☆☆
淡水信義線
芝山／天母
士林／圓山 雙連
大稻埕
中山 東門

台魂法料 ⑫ 必遊景點
豐舍 B.B.R ★ MAP11-2 A1

🚐 捷運大橋頭站 1 號出口步行 10 分鐘

豐饒薌舍是一家以台式料理、食材和法式料理結合的餐廳。豐舍的位置大約就在迪化街一段末，靠近台北橋，在一排醒目的紅磚屋「十連棟」之內。由門面至室內裝潢，都予人復古又典雅的感覺。食肆有前五星級飯店法廚坐鎮，把台式料理、食材和法式料理巧妙的結合，有趣之餘，味道也相當出色。

法式油漬虱目魚皮，魚皮保留了Q度，肉質軟化美味，重點是完全沒有魚腥味。

一桌二椅與花臉，因為魚的品種叫花臉，於是老闆度了一個似京劇目的菜名，名字有噱頭味道亦不俗。

百里香醬汁臭豆腐，吃起來味道像蒸的臭豆腐，但口感又有一點像炸的，酥軟可口味道特出。

地址：大同區迪化街一段 350 號　**電話**：02 2557 9935
營業時間：11:30am-10:00pm，周二 6:00pm 開始營業；周一休息
FB：https://www.facebook.com/BrasseriebonneRecolte/

★ MAP11-2 C5 ⑬
馳名七里香
小春園滷味

🚐 捷運中山站 5 號出口步行約 10 分鐘

小春園始創於1916年，至今已超過一個世紀。滷味種類有數十種，都是精心研發，滷汁的調配更是由四十餘種百年祖傳的獨製配方處理，必試滷水鴨翅，肉質鮮嫩惹味。假如你喜歡接受挑戰，更應一試這裡獨有的蜜汁七里香，亦即是雞屁股。它們都是先炸後滷，保證沒有怪味，而且脂肪少肉多，口感過癮。

火腿 NT200/28克

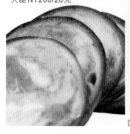

鴨翅 NT30/只

鴨舌 NT20/只

七里香NT150/串

地址：大同區南京西路 149 號　**電話**：02 2555 5779
營業時間：10:00am-7:30pm　**FB**：https://www.facebook.com/scy101/

台灣典型的商街
迪化街 ❹

🚌 捷運中山站乘的士約 10 分鐘

　　迪化街是大稻埕（即今大同區）的一部分，最早在清咸豐六年（1851年）已有商店出現。這裡有點似香港的西環，盡是有悠久歷史的商圈，不過比起今天的西環，迪化街仍然較草根，惟對古蹟的保留及活化，則遠勝香港。迪化街上許多商店樣貌都保存有「大正時期」的巴洛克式裝飾建築，仍然發揮著商住作用。這裡也是南北貨、茶葉及傳統工藝品的集散地。走進迪化街，彷彿走進歷史長廊，見證自晚清以來台灣商街的典型。

🏠 地址：大同區迪化街一段

❺ 園藝咖啡複合空間
🔍 MAP 11-2 A2　裏 Ura.219

🚌 捷運大橋頭站 1 號出口步行約 9 分鐘

　　裏 Ura.219 坐落於迪化街的百年老屋中，由台灣服飾品牌「Professor.E」與陽明山咖啡店「裏山」合作，擅用大稻埕傳統街屋擁有天井庭院的特色，將老宅改造成以服飾、古物、盆栽、咖啡和茶屋為主題的全新複合空間。前棟為銷售服裝區，中庭有一個露天花園，咖啡店則設在後方。穿越其中彷彿置身於日本，坐在榻榻米上享用香濃咖啡，還能欣賞窗外庭院景觀、度過美好的時光。

🏠 地址：大同區迪化街一段 219 號　網址：www.ura219.com/
　營業時間：周三至日 11:00am-7:00pm；周一及二休息

藥房賣藝
小藝埕

06

🚐 捷運中山站轉的士約 10 分鐘

為了把傳統文化融合創意產業，台北市政府特別把迪化街一帶幾座街屋改建為文化藝埕，分別命名為民藝埕、眾藝埕、小藝埕、學藝埕及聯藝埕。街屋的建築各有特色，屋內設有不同的商店及食肆，歡迎民眾參觀及惠顧。小藝埕位於百年洋樓「屈臣氏大藥房」，是大稻埕的第一棟文化街屋，「小藝埕」為「大稻埕上賣小藝」之意，一樓有 Bookar 1920s 書店、台灣物產、小雨的兒子等店；二樓為爐鍋咖啡及 ASW 沃森的茶館及酒館；三樓為 Antique Bar1900古董酒吧。

位於一樓的台灣物產，是在地文創選物店。

隱身在三樓的 Antique Bar1900，洋溢著懷舊氛圍，讓人彷彿置身於歐洲的舊時光。

地址：迪化街一段 34 號　**電話**：02 2552 1853
營業時間：9:30am-7:00pm
FB：www.facebook.com/artyard1/

⭐ MAP 11-2 B4　**07** 英倫風情
ASW 沃森茶館

🚐 小藝埕內

ASW TEA HOUSE 位 於 小 藝 埕 二樓，全店走復古格調，書牆、書桌、枱燈，令人仿如置身英國百年歷史大學的圖書館之中，非常有文青的氛圍。既然稱為 Tea House，茶葉當然格外講究。這裡的紅茶既有來自紅茶王國斯里蘭卡，也有來自台灣南投魚池鄉及花蓮瑞穗鄉的出品，配上精美的蛋糕，令人真正感受到英式 High Tea 的閒逸安寧。

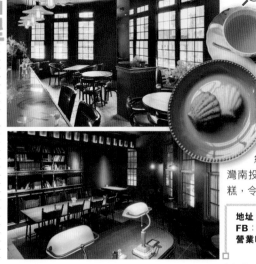

地址：迪化街一段 34 號 2 樓　**電話**：02 2555 9913
FB：www.facebook.com/aswteahouse
營業時間：11:00am-7:00pm、7:30pm-12:30mn；
周一及二 11:00am-7:00pm

深入體會茶文化
民藝埕 08 🔍 MAP 11-2 B4

🚌 捷運中山站轉的士約 10 分鐘

　　民藝埕位於迪化街霞海城隍廟旁，是一棟百年的三進式街屋，以民藝精神為主題，當中的商戶包括台灣著名本土的陶瓷工藝品牌台客藍，以及主要賣茶及傳統糕點的南街得意。

台客藍是台灣著名本土的陶瓷工藝品牌，作品屢獲設計獎項。

地址：台北市迪化街一段 67 號　**電話**：02 2552 1367　**網址**：https://artyard.tw/ 小藝埕 /artyard67
營業時間：周一至四 10:30am-6:30pm；周五至日營業至 7:00pm

🌟 MAP 11-2 B4 大眾化、生活化
眾藝埕 09

🚌 捷運中山站轉的士約 10 分鐘

　　眾藝埕以大眾及群眾之「眾」為主題，包含了「民眾工藝」、「本土在地」、「復古風華」、「當代設計」、「生活滋味」、「美學教育」等六方面。商店的題材比較廣泛，商品傾向生活化。

Omake 是來自日本新潟的小小雜貨屋，搜羅世界文化服飾及雜貨等讓人感到快樂的產品。

樂花園酒吧，店內常設傳統文化展覽，同時以中藥材、南北雜貨自創調酒。

地址：大同區民樂街 22 號
電話：02 2552 8167　**營業時間**：10:00am-7:00pm
FB：www.facebook.com/artyard2022

復古霜淇淋店 ⑩
昭和浪漫洗濯屋

MAP 11-2 B2

捷運大橋頭站 1 號出口步行約 10 分鐘

　　昭和浪漫洗濯屋是的一家霜淇淋專賣店，店舖前身是一間自1937年就存在的洗衣店。店內保留了許多昭和時代的復古元素，如古董家具和日式裝飾，營造出一種懷舊的氛圍。除了霜淇淋，還提供飲品和甜點，色彩鮮艷繽紛，成為 IG 上的熱門打卡地點。

地址：大同區安西街 3 號　　**電話**：02 2550 5358　　**營業時間**：11:00am-6:00pm
IG：https://www.instagram.com/showaicecream/

⑪
MAP 11-2 C4

寶島風情選物店
台灣日和

捷運大橋頭站 1 號出口步行約 14 分鐘，或北門站步行約 10 分鐘

　　台灣日和是一家充滿台灣特色的文創選物店，由台灣旅行作家蔡依珊創立。店面由85年歷史的老屋改建而成，保留了昭和時期的復古氛圍。商品種類豐富，涵蓋了台灣的美食、手工藝品、生活雜貨等多個方面，如手工繡花鞋、印花包等。店內不定期舉辦藝文展覽，展出台灣藝術家的創作，也經常舉辦台日交流活動，讓台日朋友有機會交流互動。

地址：大同區延平北路二段 41 號 1 樓　**網址**：https://taiwanbiyori.com/　**營業時間**：周四至一 10:30am-6:30pm；周二及三休息

台北 ☆ ☆ ☆

淡水信義線

芝山／天母

士林／圓山

雙連

大稻埕

中山 東門

夢幻小店

MAP 11-2 B1

阿角紅燒肉 ⑫

🚇 捷運大橋頭站 1 號出口步行 5 分鐘

　　大稻埕是台北著名的老區，隱藏著許多傳統美食。好像在大橋頭站附近的阿角紅燒肉，外表雖然是一間簡陋的攤販，但卻提供令人驚歎的美食。好像著名的紅燒肉，客人不單可挑肥瘦肉，甚至是松・阪・豬，而且不另收費。這裡的食物湯底遠比其他食肆清甜，秘訣竟然是採用高級食肆的方法，以蔬果熬製高湯。除了紅燒肉，阿角也提供不同部位的豬雜如豬心、豬舌及豬腸，全部新鮮脆嫩，一試難忘。

什錦麵料有紅燒肉、花枝片、粉肝及豬舌。建議先吃粉肝，別被湯給泡得太熟太老。

松阪豬一定要下單時要求，雖然不另收費，但售完即止。

這裡的豬雜也是名物，豬舌輕脆軟嫩，相當美味。

地址：大同區延平北路二段 247 巷 2 號　電話：0981 123 034　營業時間：8:00am-1:00pm；周一休息

燻烤豬肉火腿三明治 NT220。

水果冰沙 NT200。

MAP 11-2 A1　鬧市園林

⑬ D.G. Hotel & Café

🚇 捷運大橋頭站 1 號出口步行 10 分鐘

　　大稻埕除了是台北著名的老街，中間亦夾雜著一些非常有外國風情的店舖。D.G. Hotel & Café 位於迪化街一段，在著名的手信店江記華隆對面，因為美麗的庭園設計，被稱為迪化街裡的秘密花園。食肆裝潢布置充滿南法的慵懶風情，置身其中猶如在歐洲油畫的花園場景裡，是打卡的勝地。餐廳主打早午餐（Brunch），不過色彩繽紛的水果冰沙，同樣人氣高企。

地址：大同區迪化街一段 334 號　電話：02 2553 6711
營業時間：10:00am-6:00pm
FB：https://www.facebook.com/D.G.CafeTaiwan/

百年老餅
李亭香

  MAP 11-2 A1

⑭

🚍 捷運大橋頭站 1 號出口步行 10 分鐘

　　大稻埕不乏老字號商店，但當中李亭香可算數一數二，因它創立於1895年，至今已超過一百二十歲。迪化街的總店原是一幢仿巴洛克式的台式老洋樓，2000年，李亭香把這裡重新裝修，不但作為產品行銷據點，更視文化傳承為己任。這裡不但可以找到李亭香一系列充滿古早味的餅食，還展示了古董級的製餅器材及傳統禮餅資訊，甚至成立了餅藝學苑，邀請民眾造出美味又好玩的平安龜包，寓教育於玩樂。

經典平安龜 NT150/3個

地址：大同區迪化街一段 309 號
電話：02 7746 2200　營業時間：10:00am-7:00pm
網址：https://lee-cake.com/

食米要知埞
葉晉發商號

 MAP 11-2 A1

⑮

🚍 捷運大橋頭站步行約 5 分鐘

　　大稻埕除了茶葉外，也是大米貿易的集散地。葉晉發成立於1923年，是日治時期著名的米商，可惜生意在1969年已結束。其後葉氏後人再次經營米業，更把位於大稻埕的古宅改建為展覽館，於2016年底開幕。葉晉發商號主要是推廣台灣的食米文化，間中還會舉行試食會，讓客人品嘗不同米飯的滋味。如果啱口味，也可買袖珍包裝的白米回家炮製。

地址：迪化街一段 296 號　電話：02 2550 5567
營業時間：1:30pm-5:00pm；周一及二休息
FB：www.facebook.com/yehjinfa

蔡瀾推介 ⊙ MAP 11-2 B1

賣麵炎仔 ⑯ 🍴

🚇 捷運大橋頭站 1 號出口步行 10 分鐘

　　切仔麵原叫摵仔麵，其實即是拌麵。在雙連及大稻埕一帶有多間老牌的切仔麵店，賣麵炎仔以八十多歲的高齡位列榜首，連蔡瀾都曾撰文推介。食肆的門面實在簡陋得有點「趕客」，但卻因價廉物美反而人龍不絕。招牌的切仔麵細油麵的麵條相當有咬勁，湯頭用雞和大骨去烹調，既有大骨高湯的鮮甜又有雞肉香。至於另一人氣食品紅燒肉，只是很單純的醃了一下然後就下去炸至金黃，口感因為肥的部位多所以偏軟，但肉的鮮甜也被緊緊的鎖在肉內，所以充滿肉汁，令人回味。

豬肝，賣麵炎仔的豬雜新鮮而無異味，也是客人必吃之選。

紅燒肉，據說是先炸熟，再酥炸，除去大部分油脂。

切仔麵乾吃或濕吃都可口。

地址：大同區安西街 106 號　**電話**：02 2557 7087
營業時間：周一及三 8:00am-3:00pm；周二、四及日
　　　　　7:00am-3:00pm；周五營業至 5:00pm、周六至 4:00pm
FB：https://www.facebook.com/noodleyeh/

⊙ MAP 11-2 A2　和菓子老店

⑰ 滋養和菓子

🚇 捷運中山站 5 號出口徒步約 6 分鐘

　　創業於1953年的林氏滋養和菓子，是台北第一家專門製作日式糕點和菓子的老店，多年來獲獎無數，更堅持選擇台灣在地最優質的頂級食材製作菓子，如台東的優質米、聞名國際的屏東特級紅豆等。招牌和菓子包括大福（麻糬）、羊羹、銅鑼燒等，全部健康低卡路里，值得一試。

新鮮台灣本土草莓，搭配紅豆顆粒的麻糬，只在冬季限量發售。

銅鑼燒 NT480/8入，搭配小倉紅豆粒餡料，以厚12mm的特製銅板烤焙。

地址：大同區迪化街一段 247 號　**電話**：02 2553 9553
營業時間：9:00am-6:00pm
FB：https://www.facebook.com/wagashi.tw/

台式漢堡 萬福號 ⑱

★ MAP 11-2 D4　捷運中山站 4 號出口步行 10 分鐘

　　萬福號是大稻埕的老字號，在日治時期已經開業，至今已傳至第四代。食肆年齡雖已過半百，但門面一點也不老土，以簡約又現代化的外觀售賣台式「老餅」──潤餅和刈包。所謂潤餅其實近似春捲，只是潤餅的餡料比較多而濕潤。至於刈包則似現代的漢堡包，不過刈包口感似饅頭，放入的是肥瘦參半的五花肉、酸菜、花生粉及香菜，與我們平時吃開的芝士生菜加芝麻的漢堡包味道大有分別。

潤餅 NT55，賣相不及刈包吸引，但因餡料多，味道更有層次。

刈包 NT55，刈包看起來很厚，拿上手卻很柔軟，咬入口更帶著非常麵粉的芳香。

地址：大同區重慶北路二段 29 號　電話：02 2556 1244　營業時間：10:00am-2:30am，3:30pm-7:30pm

---

★ MAP 11-2 B5　⑲ 古早味零食
迪化街純正麥芽餅

捷運北門站步行約 7 分鐘

　　麥芽餅攤位由第二代老闆經營，至今已有超過 30 歷史。全部麥芽餅現點現做，不黏牙且香酥可口，販售的麥芽餅有花生、芝麻及海苔等三種脆煎餅，餅乾鋪滿麥芽糖後會沾上梅子粉和花生粉，一甜一鹹的口感十分有特色。攤位上還有「一口吃小餅乾」及造型麥芽糖，都是小朋友的最愛。

地址：大同區南京西路 233 巷 15 號　電話：0976 719 118
營業時間：11:00am-7:00pm　IG：maltsugar_1990

傳統無添加 ⑳ ★ MAP 11-2 A1
稻舍 Rice & Shine 迪化店

捷運大橋頭站 1 號出口步行約 5 分鐘

　　稻舍的前身是一棟110年的紅磚洋樓米行，見證了大稻埕米業的輝煌歷史。這間百年老屋現改造為食肆，主打台灣在地食材和無添加料理，每天繼續碾米，以鮮米煮成熟飯。店內的招牌菜包括滷肉飯、雞腿飯、蚵仔煎及臭豆腐等，用餐環境乾淨舒適，是品嚐台灣菜的好去處。

地址：大同區迪化街一段 329 號
電話：02 2550 6607　費用：低消 NT120/ 位
營業時間：12:00nn-9:00pm
網址：www.ricenshine329.com/

海霸王落難記

阿華鯊魚烟   ㉑

捷運大橋頭站 1 號出口步行 5 分鐘

台灣漁民一直有捕捉海霸王鯊魚的傳統，香港人最熟悉的，可能只是魚翅，其實鯊魚全身都是寶，不過鯊魚肉味道比較奇怪，要成為食材首先是煙燻辟味，所以鯊魚肉又稱為鯊魚煙。在大稻埕有三間老牌的鯊魚煙食肆，分別是阿可鯊魚煙、柴寮仔鯊魚煙及阿華鯊魚烟，其中以阿華鯊魚烟人氣最鼎盛。來這裡基本上可以吃盡鯊魚的任何部位，不過最常吃的一定是鯊魚肉、魚皮及膠質。阿華手工獨到，令魚肉雖被煙燻但仍保持軟嫩，配合秘方醬汁，讓食客對這種凶猛的海霸王又有多一重認識。

這裡可以嘗到鯊魚全身所有器官。只要你敢吃老闆就敢切給你。

綜合鯊魚煙NT150，通常包括「鯊魚肉、魚皮、膠質」三個部分。

鯊魚煙的膠質因為經過煙燻，所以吃起來Q、彈、軟、嫩的口感夾著濃濃的煙燻香最是迷人。

地址：台北市大同區涼州街 34 號　電話：02 2553 4598
營業時間：11:00am-6:00pm；周一公休
FB：阿華鯊魚烟

㉒ 白煮豬腳、捨棄紅燒

許仔豬腳麵線

捷運大橋頭站 1 號出口步行 5 分鐘

許仔豬腳麵線位於大稻埕慈聖宮前，開業超過四十年。許仔的豬腳不似普遍食肆採用的紅燒，而以白煮方式處理，豬腳帶著淡淡香甜，令人齒頰留香。下單前不妨向老闆要求中段肉。原來豬腳分上段（腿庫）、中段及下段（蹄膀），其中以中段有肉能吃、有骨能啃、有Q彈的豬皮可以咀嚼，還會帶著較多的油脂吃起來頗為滋潤，所以老饕都會指名要這部分。

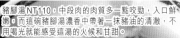

豬腳湯NT110，中段肉的肉質多一點咬勁，入口鮮嫩，而這碗豬腳湯濃香中帶著一抹豬油的清澈，不用嚐光就能感受這湯的火候和甘甜。

豬腳有不同部分，識食一定點中段肉。

乾麵線NT30，相當單純就是麵線煮熟了，淋上一點豬油加上豬腳湯和一大匙蒜泥，但也就因為簡單所以美味。

地址：大同區保安街 49 巷 17 號　電話：02 2553 4364
營業時間：9:00am-5:00pm；周日公休　FB：許仔豬腳麵線

清湯上肉

排骨湯 NT80。

阿桂姨原汁排骨湯 ㉓

★ MAP 11-2 C2

🚌 捷運大橋頭站 1 號出口步行 5 分鐘

在大稻埕慈聖宮廟前廣場分左右兩側各約莫十家左右的古早味小吃攤，其中阿桂姨是受歡迎的攤販之一。阿桂姨的排骨，以整塊豬肋排熬湯，然後把肋排剪成一小塊一小塊的排骨，據說此煮法能把豬肉鮮甜鎖住，不過製作上較花工夫。而排骨加上蘿蔔更是絕配，當排骨肉吃膩了時，咬上一塊滿是「清、香、甜」的蘿蔔，那種爽口感，一下將「肉膩」味給驅得無影無蹤。

滷肉飯 NT25。滷肉偏肥但油而不膩，配合排骨湯已可當一道正餐。

排骨瘦肉的地方鮮嫩不柴，因為吸足了蘿蔔鮮甜的湯汁之故，吃起來是兩種「甜」互相掩護、彼此加分。

◻ **地址**：大同區保安街 49 巷 32 號　　**電話**：09 2888 0015　　**營業時間**：10:00am-4:00pm；周三休息

合興

食藝傳承

★ MAP 11-2 A2

㉔ 合興壹玖肆柒

🚌 捷運大橋頭站 1 號出口步行 10 分鐘

鬆糕是台灣人傳統的小吃，與香港的廣式鬆糕不同，台式鬆糕是以米漿製作，外形偏小，口感較實在。合興是台北南門市場賣鬆糕的老店，於1947年創立，至今已有七十年歷史。第三代傳人為了向年輕一代推廣這種傳統美食，便在迪化街開設工場，更把舖面及產品重新包裝，成功吸引大眾參觀選購。新款的鬆糕除了原味，還加入了桂花、栗子等季節限定版，更會定時舉行 DIY 班與眾同樂，為生意也為文化保育踏前一大步。

地址：大同區迪化街一段 223 號
電話：02 25578060　**營業時間**：11:00am-7:00pm
FB：https://www.facebook.com/hoshing1947/

11-14

爆漿魚丸
佳興魚丸店

㉕

🚇 捷運大橋頭站 1 號出口步行 10 分鐘

　　此店的福州魚丸是以人手新鮮現做為賣點，將新鮮鯊魚肉攪拌打成魚漿，然後包住以蔥及醬油等醃過的豬前腿肉餡，豬肉以人手剁，故此口感特別細膩，眼見一唧一捏魚丸就可成形放在鍋裡煮熟。

魚丸沒丁點腥味，入口彈性十足絕不黏牙，中間夾心肉餡爆出大量肉汁。

地址：大同區延平北路二段 210 巷 21 號
電話：02 2553 6470　**FB：**佳興魚丸店
營業時間：9:00am-6:30pm；周日公休

食肆內部裝飾得似一條懷舊街巷。

刨冰可選：米苔目、粉粿、花豆（大紅豆）及仙草。每多一款口味多 NT5。

米苔目是必選口味，它口感軟Q而滑順，配上細綿的刨冰，是非常特別的回味。

米苔目都是在店內現做現吃，保證新鮮。

㉖ 懷舊小巷復古風
呷二嘴

🚇 捷運大橋頭站 1 號出口步行 6 分鐘

　　呷二嘴創業於1954年，至今已超過六十歲，曾被台灣飲食名家舒國治和焦桐推介。食肆為配合大稻埕古早老街風情，把店內裝飾得似一條懷舊街巷，非常有心思。呷二嘴最馳名的食品是米苔目，它其實似港人熟悉的銀針粉，外形粗而短，本來是熱食的粉麵，卻被呷二嘴加入各式刨冰中，而且標榜純手工打造，所以大受歡迎，成為鎮店之寶。

地址：大同區甘州街 34 號　**電話：**02 2557 0780
營業時間：9:30am-5:30pm；周一公休
FB：呷二嘴

淡水信義線

芝山／天母　士林／圓山　雙連

大稻埕　中山　東門

古早味銅鑼燒 📍MAP 11-2 B5

名古屋日式點心 ㉗

🚌 捷運北門站步行約 7 分鐘

在迪化街的永樂市場廣場，有一個攤車專賣各種口味的銅鑼燒和羊羹。這些甜點使用傳統配方和原料製成，保持了老式的風格。銅鑼燒提供包括紅豆、芋頭、花生、草莓和奶油等多種選擇，每一種口味各有特色。其中「白頭翁」值得一試，以紅豆球為基底，上面覆蓋著一層白糖霜，鬆軟飽滿又香甜。

迪化街永樂市場廣場上，經常可以看見這一檔可愛的攤車。

地址：大同區迪化街一段 26 號　**電話**：0930 299 402　**營業時間**：周一至三 8:30am-5:00pm；周四至日 9:30am-5:00pm

---

什錦炒飯 NT80，飯粒炒到粒粒分明有鑊氣，大大盤一百元台幣有找。

📍MAP 11-2 C3　鑊氣十足

㉘ 阿旺阿華炒飯炒麵

🚌 捷運大橋頭站 1 號出口步行 10 分鐘

炒飯看似簡單，但要炒到好吃其實不易，光是一個大火的鑊氣就不是一般住家能炒出。阿旺阿華就因為一手炒飯炒麵的好手藝，成為晚晚爆場的街坊食肆。食肆的炒飯雖然不是乾爽型，但飯粒炒到粒粒分明而且不油不膩。其他的小菜也做得非常到位，火候適宜，台幣一百多元就可以吃得心滿意足。

略焦的炒豬肝口感軟嫩，好吃得很。

藥膳雞湯的中藥以當歸和紅棗為主，雞肉蒸煮到入口即化。

地址：大同區歸綏街 190 號　**電話**：09 1614 1515　**營業時間**：11:30am-2:30pm，5:00pm-9:00pm；周六公休

八十年老台灣口味
意麵王 29 MAP 11-2 B3

捷運大橋頭站 1 號出口步行 10 分鐘

　　台灣的麵食分為四大家，即陽春麵、意麵、麵線及油麵，其中意麵較受台南人歡迎。意麵發源地在台南鹽水，因在麵粉內加入雞蛋，令麵呈現「如意」的顏色，所以叫「意」麵。意麵王以馳名，開業已超逾八十載。店內賣的餐點分三大類，包括麵點、切盤和刨冰。這裡的意麵又細又薄，放入嘴裡卻有一種先輕脆而後Q軟的錯覺，就連其麵香都十分獨特。不過意麵王最厲害處還在於那是順口的「甜辣醬」，它一點也不辣，反而帶著較多討喜的甜，放在麵裡不用其他配料也可把整碗麵秒速吃光。

豬肝NT50，肉質粉嫩，味道濃厚。

乾米粉NT30，米粉帶點令人「震」齒的輕脆，吸入湯汁後更加滋味。

乾意麵NT30，雖然美味但份量「袖珍」，兩三口便吃完。

地址：大同區歸綏街 202 號　**電話**：02 2553 0538
營業時間：10:30am-8:00pm；周三公休

30 歷史茶業印記
新芳春行 MAP 11-2 C3

捷運中山站轉乘的士約 10 分鐘

　　大稻埕過去是台北重要的商港，而茶業的進出口，則是碼頭主要的生意。新芳春行建於1934年，曾是當地經營茶葉貿易的據點。這幢大樓集茶行、貨倉、烘焙工場及住宅於一身，而建築亦揉合中西風格，非常有特色。2009年，新芳春行被評為法定文物，更花了五年時間，耗資8,000萬台幣改建。樓高三層的展覽館，既保存了原來的間隔，亦加入不少新元素，務求令參觀者能互動地了解台灣的茶文化，以及大稻埕的歷史。

地址：大同區民生西路 309 號　**電話**：02 7756 3910
營業時間：10:00am-6:00pm；周一及二休息
費用：免費　**FB:** 新芳春茶行

食趣、藝遊、居樂 🔍 ★ MAP 11-2 B4

福來許 Fleisch ㉛

🚌 捷運中山站乘的士約 10 分鐘

福來許坐落於霞海城隍廟的對面，名字的含義是「福氣事由許願來的」。樓高三層的福來許，集咖啡館、私廚、小酒館、文具禮品及傳統布藝於一身，可算是區內最有特色的文創中心。集團以食趣、藝遊、居樂為三大發展主軸，讓傳統文化於此再生。總之走進福來許，就好像展開發現之旅，既大開眼界，連五感都可以大獲滿足。

珈琲吧進閘即見，既賣咖啡及雞尾酒，同場尚有手工藝品展銷。

2樓的餐廳較寬敞，擺放了不少現代藝術品。

地址： 大同區迪化街一段 76 號
電話： 02 2556 2526　**營業時間：** 11:00am-8:30pm
網址： https://www.fleisch.com.tw/

🔍 ★ MAP 11-2 A4　　新海邊夜市

㉜ PIER5大稻埕碼頭 河岸特區

🚌 捷運台北車站乘的士 10 分鐘即達

除了夜市，日間 PIER5 也會闢作跳蚤市場。

台北101附近的COMMUNE A7雖已光榮結業，在台北另一人氣景點大稻埕，便開設了另一個貨櫃市集夜市。夜市設於大稻埕碼頭，雖然暫時檔攤只有6個貨櫃屋及3輛美食車，勝在地方寬敞，而且鄰近海邊，就算炎炎夏日都有海風調節。除了吃喝，夜市更會定期舉行文藝表演及手作市場，非常有文青氛圍，加上黃昏美景，令逛夜市整件事立即upgrade，打卡呃like都唔會俾人話老土。

貨櫃屋細細卻「樓高」兩層，食客可以登高吹水。

地址： 大同區民生西路底（大稻埕碼頭 - 五號水門內）
營業時間： 4:00pm-10:00pm；周六及日 12:00nn 開始營業
FB： https://www.facebook.com/DOYENPIER5/

名不副實 ⭐ MAP 11-2 B4
永樂雞捲大王 ㉝

🚌 捷運中山站乘的士約 10 分鐘

　　永樂雞捲大王早在上世紀初永樂市場建成後就營業，現在已有一百歲，如今由第四代傳人主理。馳名的雞捲內裡一點雞肉都沒有，但從沒有客人投訴，因從前雞肉矜貴，雞捲只放入一些肥豬肉充數，結果竟演變成今天受歡迎的美食。除了雞捲，這裡的紅燒肉也大受歡迎，甚至可以選擇松阪豬肉，也不過 NT70 一碟，非常抵食。

雞捲即炸即吃，雖然熱氣卻香脆可口。

雞捲 NT85，雞捲成色金黃中透著一抹「焦」色，豬肉偏肥卻很好吃。

地址：大同區延平北路二段 50 巷 6 號
電話：02 2556 0031
營業時間：7:30am-1:30pm；周一公休

⭐ MAP 11-2 B3　黑膠黑貓伴隨
㉞ 孵珈琲洋館

🚌 捷運大橋頭站 1 號出口步行約 10 分鐘

　　孵珈琲洋館曾是多部本地戲劇的取景地，店主將老屋改造成復古摩登的喫茶店，以古董風擺設和昏暗的燈光營造復古氛圍，讓人彷彿搭上時光機回到昭和年代。二樓雅座空間不大，僅提供五、六張餐枱，擺放著古董老物。店內提供手沖單品咖啡、特調咖啡、茶飲、調酒和輕食等，更有黑膠音樂播放，慵懶的黑貓偶爾會在身旁，絕對是沉浸在復古氛圍中的好去處。

珈琲焙煎／器具販売

孵珈琲洋館的入口處。燈箱上俏皮地標示著『三階雅座・爽快冷房』。

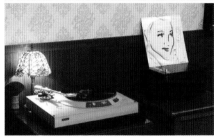

孵咖啡最吸引人的地方，是那份濃郁昭和時代的懷舊氛圍。

地址：大同區歸綏街 218-1 號
營業時間：12:30nn-7:30pm
FB：https://www.facebook.com/fukohiyokan

淡水信義線
【中山】

赤峰街

Map 12-0

五原路16巷

承德路二段109巷 1b&1c

承德路二段91巷

京西路二段 中山北路二段62巷

民生西路二段50 中山北路二段50巷

承德路二段75巷 1e&1f

赤峰街49巷 1h R10

1g 1d R9 中山北路二段46巷

承德路二段53巷

赤峰街12巷 赤峰街41巷 中山北路二段44巷

中山北路二段42巷

建成公園

南京西路25巷 中山北路二段26巷

赤峰街33巷

赤峰街17巷 R7

赤峰街8巷

赤峰街 1a

赤峰街3巷

出5 出4 中山北路二段20巷

南京西路 出3

出6 出1 新光三越(西南店三館) 中山北路二段16巷

中山

象山方向

芝山 — 士林 — 劍潭 — 圓山 — 民權西路 — 雙連 — 中山 — 台北車站 台大醫院 中正紀念堂 — 東門

淡水方向

中和新蘆線
蘆洲/迴龍方向

大橋頭

中山

Map 12-1

文創聚落   MAP 12-0

赤峰街 01

🚌 捷運中山站 4 號出口

赤峰街融合傳統產業與文青小店。

赤峰街是感受文藝氣息的小社區。

登波咖啡
復古風格的落地鐵花窗與椅子。

打鐵町
由9坪的老宅改建而成的懷舊居酒屋。

　　赤峰街位於捷運中山站至雙連站之間，不過它並不是單指一條街，而是由許多小巷組成的小社區，赤峰街昔日是五金行與汽車零件行的聚集地，因此有「打鐵街」的稱號。隨著時代變遷，近年赤峰街翻新吸引年輕創業者進駐，各式個性商店和咖啡店藏身其中，造就了另一股的文青氣息，形成新舊交織的街景，讓你感受慢活的悠閒。

卜卜商店
台南波哥茶飲在台北開的文青風咖啡店。

赤峰街人氣小店

Map12-0	店名	特色	地址
1a	小器藝廊	藝文展示空間	赤峰街 17 巷 4 號
1b	SNAPPP 寫真私館 AKA 赤店	懷舊相機店	赤峰街 28-2 號 1 樓
1c	小器赤峰 28	生活雜貨＆手作室	赤峰街 28-3 號 1-5 樓
1d	浮光書店	獨立書店咖啡廳	赤峰街 47 巷 16 號 2 樓
1e	登波咖啡	美式趣味咖啡店	赤峰街 49 巷 25 號
1f	打鐵町	日式串燒居酒屋	赤峰街 49 巷 25 號
1g	卜卜商店	老宅複合式咖啡店	赤峰街 49 巷 2 號 2 樓
1h	Tella Tella Cafe	日式復古風咖啡店	赤峰街 49 巷 22 號 2 樓

神級土司工坊
R9 Cafe

02

⭐ **MAP** 12-1 **A1**

🚐 中山地下街 R9 出口即達

　　位於中山商圈的 R9 Cafe 憑蜜糖土司打響名堂後，顧客絡繹不絕，紛紛慕名前來，品嘗一下這裡的神級土司。R9 Cafe 的餐點十分多元化，除了出名的蜜糖土司外，還有不同的食物提供，如意大利麵、茶葉、咖啡，餐牌上亦有特別的說明，講述食材的來歷，豐富食客的知識。

地址：大同區赤峰街 41 巷 13 號　**電話**：02 2559 3159
營業時間：11:00am-10:00pm
網址：www.r9cafe.com.tw

⭐ **MAP** 12-1 **A1** **03** 小器食堂

日本媽媽手作風味

🚐 中山地下街 R9 出口步行 5 分鐘

　　小器食堂的老闆森賢一先生原是做日本器皿進口的生意，而「小器」其實是指日本進口器皿的意思。食堂主要售賣日本家常飯，以定食為主，配合日系簡約精緻的餐具，讓食家體驗傳統日本風格。食堂更與當地小農合作，使用在地的有機蔬果煮食，貫徹其簡約生活的理念。

龍田揚炸雞塊定食，小器食堂的不敗明星菜。

地址：赤峰街 27 號　**電話**：02 2559 6851
營業時間：12:00nn-3:00pm，5:30pm-9:00pm；
　　　　　　周一休息
網址：www.thexiaoqi.com/

淡水信義線

芝山／天母 士林／圓山 雙連 大稻埕 中山 東門

日本名店登陸

MAP 12-1 B2 **04**

誠品生活南西

🚇 捷運中山站 1 號出口

　　前身是新光三越南西二館，現由誠品生活接手，引進日本多個知名品牌，包括東京超人氣「猿田彥珈琲」的海外一號店、甜點排隊名店「FLIPPER'S」在台首個據點等，連日本藥妝「松本清」的台灣二號店也來插旗。5/F 誠品書店設獨創的「Gift+禮物包裝專門店」，還首設國際書榜專區，雜誌種類是全台誠品最齊全的據點。童書區繪本多達1,500種，涵蓋全球46國著作。

東京人氣咖啡店猿田彥。

外牆9扇屋型木窗框，為中山區添上一份閱讀氣息。

四樓expo SELECT一貫其生活美學風格，集結逾百個文創設計品牌。

地址：南京西路 14 號　**電話**：02 2581 3358
營業時間：
　（商場）周日至四 11:00am-10:00pm、
　　　　　周五至六到 10:30pm
　（書店）周日至四 11:00am-10:00pm、
　　　　　周五至六到 12:00mn
網址：https://meet.eslite.com/hk/tc

MAP 12-1 B2 天然無添加食材

05 ## 神農生活X食習

🚇 捷運中山站 1 號出口即達

　　由神農市場 MAJI Food & Deli 的概念延伸出來的超市，首度以「神農生活X食習」形式登場。有別於一般傳統超市賣的大路貨色，主打小農安心食材，糧油雜貨一應俱全之餘，一旁的「食習」為用餐空間，供應無味精的家鄉料理。而且在「食習」品嘗到的食材，包括蔬菜、麵飯以至調味料，全都可以在神農生活內採購回家自行烹調。

井然有序的明亮空間，逛起來很舒適。

佳芳茶園特級高山茶 NT450

百雀羚 Peh Chao Lin Cream

皮膚龜裂的保養聖品「貝林百雀羚霜」以天然蜂臘製造。NT90

地址：誠品生活南西店 4/F
營業時間：周日至四 11:00am-10:00pm、
　　　　　　周五及六至 10:30pm
網址：www.majitreats.com/

日式風情刨冰店 06 ⭐ MAP 12-1 A1
點冰室・ジャビン

🚈 捷運中山站 5 號出口步行約 5 分鐘 🍴

　　點冰室・ジャビン主打使用台灣當季水果製作的風味甜點，包括台南的愛文芒果、大湖的草莓等，並根據季節變化加入日本的水果。店內使用日本製的 Swan 刨冰機，製作出細膩柔軟的刨冰，口感與台灣傳統的粗糙刨冰截然不同。點冰室・ジャビン還提供水果三文治，其中芒果三文治以其巨大的芒果塊和清爽的奶油作招徠，是店內的一大賣點。

地址：大同區承德路二段 53 巷 33 號　**營業時間**：2:00pm-8:00pm；周三休息
FB：https://www.facebook.com/jabintw

⭐ MAP 12-1 B2　　　07 茶飲潮店
永心鳳茶新光南西店

🚈 捷運中山站 4 號出口即達

　　來自高雄的永心鳳茶，店名取自台語諧音「用心奉茶」的意思。仿古的空間設計，展現 60 年代老茶行的懷舊味。新光南西店門市新增秘製排骨酥麵、台式炸豬排飯、青蒜魷魚五花鍋等定食料理。冷泡茶系列中，新增了玉山金萱紅茶與翠峰蜜香烏龍兩個項目，同樣以高腳酒杯品嘗，高格調之餘，又方便觀茶色和聞香。

高雄台菜品牌，店內的裝潢擺設都深具巧思。

懷舊木質老茶櫃，配上金色茶罐牆，別具品味。

地址：南京西路 15 號 3 樓（新光三越南西店三館）　**電話**：02 2581 9909
營業時間：11:30am-9:30pm　**FB**：永心鳳茶 Yonshin Tea & Cake Selection B

冠軍肉桂捲 ⑧ 🔍 MAP 12-1 A1
Miss V Bakery 🍴

🚌 捷運中山站 4 號出口，步行約 5 分鐘

　　Miss V Bakery 是由兩個女孩 Virginia 和 Veronica 所成立的烘焙店兼咖啡店，藏身在赤峰街的巷弄之中。Miss V Bakery 以肉桂捲打出名堂，曾被媒體票選為肉桂捲冠軍，口味分為原味、糖霜、奶油起司、意式濃縮咖啡、超級肉桂及焦糖等六種，口感介乎蛋糕和麵包之間，顛覆肉桂捲給人的刻板印象。另一道招牌甜品是嫩滑清香的蘋果水嫩蛋糕，每日新鮮製作，最適合閨密們一齊分享。

蘋果水嫩蛋糕，吃在嘴裡卻很嫩。

一打開盒子就聞到迷人的肉桂香。

肉桂捲採用全蛋黃製作，口感介乎蛋糕和麵包之間。

地址：大同區赤峰街 49 巷 22 號　**電話**：02 2559 7391
營業時間：11:30am-9:00pm，周六、日 10:30am-8:00pm
網址：https://missvbakery.cyberbiz.co/

🔍 MAP 12-1 B1 ⑨ 日式 Tapas
HanaBi

🚌 中山地下街 R7 出口，步行約 3 分鐘

　　HanaBi 以日式 Tapas 和釜飯為賣點，其實即係居酒屋式伴酒小吃。這裡的日式串燒以自家調製的黑味噌先烤再滷，柯打後再烤，所以特別入味也 juicy。用料經過嚴選非常新鮮，加上大量日本酒類可供選擇，所以很易爆滿。

地址：中山北路二段 20 巷 1-3 號
電話：02 2511 9358
營業時間：5:30pm-11:00pm；周日及一休息
FB：HanaBi

船槳送菜 ⭐ MAP 12-1 D3

時時爐端燒 ❿

🚌 捷運中山站 2 號出口步行 10 分鐘

爐端燒通常是指在居酒屋內設方形敞口式火爐，廚師在爐邊烤煮食物即時遞給客人。時時爐端燒就是這種充滿傳統日式氣氛的小店，坐在板前的食客，甚至可以一面欣賞師傅的廚藝，一面與他們聊天。食肆除了爐端燒，手羽（雞翼）也是招牌菜，料理的手法除了傳統的烤、炸外，還多了南蠻漬的作法。三五知己把酒談天，時時是絕佳的地點。

玉子燒、入口蛋香、葱香齊發，高湯汁夠味夠鹹香。

雞眕串，包括雞肝和雞心，Q度、甜度都頗為不錯。

以船槳把現烤食物送上，是時時的招牌指定動作。

茄子燒，撒上大量柴魚片，慷慨得令人感動。

地址：中山區林森北路 107 巷 32 號
電話：02 2541 0009
營業時間：6:00pm-12:00mn；周一休息
FB：https://www.facebook.com/izakayajiji/

⭐ MAP 12-1 C1 邂逅打卡地
⓫ 逐愛轉運站

🚌 捷運中山站 3 號出口步行約 7 分鐘

逐愛轉運站以其懷舊車站風格為特色，店面外觀獨特，擁有復古感的等候座椅和車站指示牌，吸引路人駐足拍照。店內裝潢結合了懷舊復古與時髦感，並設有吧台和挑高空間，提供舒適的用餐環境。餐廳主打創意料理，菜單豐富，招牌菜有麻婆嫩蛋、口水雞、炸醬麵等，很適合作為佐酒菜。

地址：中山區中山北路二段 39 巷 20 號
電話：02 2568 1298　**IG**：true_love_station
營業時間：平日 6:00pm-2:00am；周末營業至 3:00am

本土生活品牌
The One 概念店⑫

🚐 捷運中山站 3 號出口步行約 3 分鐘

中山區出名多台灣自家創意文化品牌，The One是其中之一，整棟建築有四層樓，地下為門市，發售自家設計的生活家品、精品、服裝等，其餘樓層作為餐廳和酒吧。餐廳主打fusion輕食，款式選擇有限，味道卻不錯。餐廳裝潢以灰白色為主，加上柔和的音樂，使四周洋溢著一片舒適輕鬆的氣氛。

🏠 地址：中山北路二段 30 號　電話：02 2536 3090
🕐 營業時間：12:00nn-8:00pm　網址：www.theonestyle.com

MAP 12-1 C2

香醇咖啡體驗
富錦樹咖啡 ⑬

🚐 捷運中山站 3 號出口步行約 6 分鐘

富錦樹咖啡是一家以日本銀座風格為設計靈感的咖啡廳，店內裝潢以純白色調和木質桌椅搭配，大片落地窗讓自然光線穿透，很有文青氣息的環境。中山店採不限時用餐方式，店內還提供茶飲、甜點和輕食。店中咖啡豆皆採用自家烘焙，並由專業咖啡師沖煮，還提供結合水果原汁的美式咖啡，包括西柚、鳳梨、和甘蔗等口味，帶來清新的風味。

除了咖啡之外，店中有多款國家的自然酒可供品嘗。　西柚的酸甜與咖啡的甘苦巧妙融合，提升口感層次。

🏠 地址：中山北路二段 37 之 1 號　電話：02 2563 5225
🕐 營業時間：11:00am-7:00pm　IG：fujintreecafe2

向地獄挑機 MAP 12-1 B3 ⑭
辣麻味噌拉麵 鬼金棒

🚌 台北車站地下街 Y1 出口步行 5 分鐘 🍴

　　來自東京的鬼金棒是以「味噌沾麵」為主打，再加入大量的麻和辣，走濃厚路線，也算是台灣比較少見的麵系。鬼金棒以一紅一藍兩隻惡鬼作代表，紅鬼是辣的化身，藍鬼則是麻的化身，在天花板亦吊著鬼金棒，相當有趣。無論辣和麻，由無到鬼增量，各有5級可揀，食客購票時可自行決定。雖然食物偏向重口味，其實鬼金棒由湯底到麵條都是認真製作。而當中的和牛叉燒拉麵，更是每日限量發售，切勿錯過。

和牛叉燒拉麵，和牛的份量約莫是四、五片，還算蠻多的。

金柑醋據說可以緩和一下受驚的味蕾。

濃厚麻辣味噌拉麵，喝一口湯，辣度和麻勁一齊衝了出來，非常刺激。

地址：中山區中山北路一段 92 號 1 樓
電話：02 2562 0062
營業時間：12:00nn-2:00pm，5:00pm-8:30pm
FB：https://www.facebook.com/kikanbotw/

熟成麥豬
勝博殿

 MAP 12-1 B2 ⑮

🚌 捷運中山站 3 號出口出站即達

名古屋味噌里肌豬排，精選名古屋赤味噌醬，濃都甘甜爽味開胃。

　　勝博殿創立於1966年，在日本國內外已擁有六百家店，一直以炸豬排馳名。食肆所使用的「三元麥豬」，比一般豬隻多了三十天的飼養期。他們會在這多出的三十天當中，以麥類飼養，讓豬隻肌肉間的脂肪含量增多，所以日本人都管這種豬叫「熟成麥豬」。此外，由炸油、麵衣、醬汁以至芝麻，食肆都嚴選最優質的材料，確保豬排都能外脆內嫩，非常好吃。

腰內肉非常軟嫩，當牙齒咬開酥得不像話的金黃外皮後，味蕾便同時被豬排的鮮美給侵佔。

葱花蘿蔔泥里肌豬排 NT350，葱花和蘿蔔泥一起入口，才咬一口便有爆漿的錯覺。

地址：中山區南京西路 15 號新光三越南西店（三館）7 樓　**電話**：02 2521 1828
營業時間：11:00am-3:30pm，5:00pm-9:30pm，周六及日 11:00am-9:30pm　**網址**：http://www.saboten.com.tw/

淡水信義線

芝山／天母 士林／圓山 雙連 大稻埕 中山 東門

高顏值蔬食

Curious 16

🚌 捷運中山站 3 號出口，步行約 8 分鐘

Curious主打精緻的蔬食菜式，主菜連甜品共8道菜，強調保留原材料的精華，以最單純的刀工及烹調法打造具美感的菜餚，改變一般人對素食的印象。菜單以花為主題，例如「綠牡丹」是將清爽脆口的椰菜仔葉疊在千層酥皮上，驟眼看像極一朵綻放的花；另一道招牌菜「蓮花」則以娃娃菜雕成，上桌時再注入清湯讓蓮花逐漸綻放；清湯是以蔬菜烘烤後再熬湯，意外帶出猶如「大骨」的醇香，呈現味道豐富的無肉料理。

地址：中山區中山北路二段 39 巷 3 號麗晶精品 Regent Galleria B2　**電話**：02 2522 1920
營業時間：周三、四、日 5:00pm-12:00mn 周五及六營業至 1:00am；周一及二休息
網址：https://www.curioustable.com.tw/

MAP 12-1 C3　超夯鰻魚飯

肥前屋 17

🚌 捷運中山站 2 號出口步行約 5 分鐘

台灣人說「夯」，意指很紅、很流行。肥前屋在台北開業多年，一直超夯，每天開店前，門外已出現人龍。記者通常去日式料理店，都不會叫鰻魚飯，不過在肥前屋實在不可不點，因為店內的鰻魚飯選用台灣南部飼養的白鰻，並淋上鰻魚骨秘製成的醬汁，味道出眾。其他小吃如煎蛋捲和燒魷魚都是必食推介。但餐廳不設訂座，想一嘗滋味就要乖乖排隊了。

鰻魚厚肉肥美又鮮甜，難得的是完全不覺油膩，大受食客歡迎。

煎蛋捲蛋味濃郁香甜，口感軟滑，幾乎達火回即化的境界。

地址：中山北路一段 121 巷 13-2 號　**電話**：02 2561 7859
營業時間：11:00am-2:30pm，5:00pm-9:00pm；周一休息　**FB**：肥前屋

追求極致

Coffee Sweet ⑱

MAP 12-1 B4

🚌 台北車站地下街 Y1 出口步行 5 分鐘

Coffee Sweet 坐落於小公園旁，是一間非常有閒暇氣氛的小店。老闆高先生是咖啡達人，雖然為人低調，對咖啡藝術卻很執著，例如他堅持咖啡以極淺烘焙，入口帶酸偏淡，還勸告不能接受的客人到別處尋味。店內亦不提供糖和奶精，希望客人每一口咖啡都單純的是咖啡香。他亦會從世界各咖啡產地國進口生豆，所以在餐牌內會發現很多極罕見的品種，對咖啡迷簡直是天堂。據說連台灣國寶級麵包大師吳寶春也迷上這裡的咖啡，可見魅力非凡。

這裡的單品咖啡一律使用虹吸壺沖煮，每份製作前都要換上全新濾布，確保沖出原味咖啡。

巴拿馬翡翠藝妓單品咖啡，咖啡豆是連續兩、三年的冠軍品種。

COLOMBIA 哥倫比亞 極少豆 冠軍阿努佛 Microlot Washed	$140
KENYA 肯亞 極少豆 日曬吉西舍 Microlot Natural	$150
KENYA 肯亞 極少豆 水洗凱薩里 Microlot Washed	$150
JAMAICA 牙買加 RSW 第一級藍山 Blue Mountain Gr#1 Washed	$150
PANAMA 巴拿馬 翡翠藝妓 Esmeralda Geisha #3 Jaramillo San José Washed	$200
	$100

除了一般咖啡，這裡也會找到較罕見的品種。

地址：中山北路一段 33 巷 20 弄 3 號　**電話**：02 2521 0631
營業時間：9:30am-6:30pm，周六 3:30pm-6:30pm，
　　　　　　周日公休

---

⑲ 文化人集中地

MAP 12-1 B2

光點台北

🚌 捷運中山站 3 號出口步行約 3 分鐘，於晶華飯店正對面

前身是美國駐台領事館，現改作集合咖啡店和電影院於一身的文化消閒場所，就像油麻地的電影中心一樣，不過台北之家的外貌卻漂亮多了。店內專賣與電影相關的書籍和電影原聲大碟，光點電影院主要上映非主流電影，亦會舉辦文化講座活動。地下和一樓是餐廳，分別以侯孝賢的電影《咖啡時光》和《紅氣球》命名，供應輕食、甜品和餐點，吸引了不少文人雅聚。

建築過去曾因美台斷交而空置十多年，於 1997 年獲列入古蹟，見證了很多重要歷史。

1 樓的咖啡時光設計特別，天花板上綴有串串燈飾，脗合「光點台北」的名字。

地址：中山北路二段 18 號　**電話**：02 2511 7786
營業時間：
光點電影院　11:00am-10:00pm（視乎當日場次而定）
光點生活　1:00pm-7:00pm（周一至四及日）、
　　　　　 12:30nn-8:00pm（周五、六）
　　　　　 咖啡店 1:00pm-10:00pm
🖥 **網址**：www.spot.org.tw

美食伴咖啡 ⑳ ⊛ MAP 12-1 B2
咖啡瑪榭中山店

🚇 捷運中山站 3 號出口，步行約 2 分鐘

　　台北的咖啡店星羅棋布，咖啡瑪榭突出的地方就是出品夠專業。這裡的咖啡以東非的蒲隆地為主體，搭配日曬西達摩、坦桑尼亞克里曼加羅、哥倫比亞、瓜地馬拉花神，專業程度就算是咖啡迷 也未完全清楚。除了咖啡，這裡的食品都甚有水準，招牌法式油封鴨腿色香味俱全，吸引很多非咖啡迷專程來幫襯。

進入咖啡廳，首先見到的就是店主由世界各地嚴選的咖啡豆。

地址：中山區中山北路二段 16 巷 15 號
電話：02 2567 9077　**營業時間：**11:30am-9:00pm

⊛ MAP 12-1 A1　難以抗拒的麵包香
㉑ Peekaboo 麵包屋

🚇 中山地下街 R9 出口步行 5 分鐘

泡芙加上焦糖卡士達及南瓜香緹鮮奶油，是季節限定的口味。

舒芙蕾只有一層薄薄的皮，接著出現的是卡士達（中間）和底層的布丁。這小小的甜點裡居然塞了 5、6 種水果丁。

　　Peekaboo 的主廚吳師傅畢業於大阪 Tsuji 製果學校，通過日本製果衛生師檢定合格。這裡的麵包都以日本高級麵粉，超過十六小時的發酵製成。麵包走日式風格，除琳瑯滿目的包類外，還有很多精緻美味的甜品，包括超人氣的水果捲蛋，每日限量推出，手慢些便緣慳一面。

咖喱麵包，中間餡料相當的多，咖喱風味在咀嚼間、麵包香中散發。

地址：大同區承德路二段
　　　　53 巷 16 號
電話：02 2555 7100
營業時間：
周二至六 9:00am-6:30pm；
周日及一休息
FB：https://www.facebook.com/
peekaboo1616/

歐陸風豪宅
Galerie Bistro 22

MAP 12-1 A2

🚌 捷運中山站 4 號出口步行 2 分鐘

　　台灣流行私宅餐廳，但 Galerie Bistro 可不只是私宅，而是已有八十年歷史的豪宅！巴洛克建築盡顯殖民地建築風格，但內部裝潢已全面更新，以白色為主調，高雅優美。餐廳還有大型戶外花園，走向餐廳時，還以為自己誤進富豪的家園！這裡主打歐陸風情料理，色彩繽紛的甜品更是女士們最愛。

招牌前菜之一，義式塔塔醬酥炸花枝圈。

碳烤在地戰斧豬排。

Galerie 經典牛肉漢堡。

地址：中山區南京西路 25 巷 2 號　**營業時間**：11:00am-10:00pm
電話：02 2558 0096　**網址**：www.galeriebistro.com

---

23 平價日式食堂
MAP 12-1 A2
平成十九

🚌 捷運中山站 1 號出口走約 2 分鐘

　　拉開「平成十九」木製趟門，發現店內空間雖然不大，但裝潢超有東瀛風情。就連點餐也極似日本餐廳，門口旁設置了票券點餐機供客人自行點餐並付款。首次操作的朋友，可以看看貼在機身上的步驟說明，操作簡單又有噱頭。店內的人氣餐點是蔥花鮪魚丼和刺身丼，港幣百多元的價格能吃到新鮮的海產，初訪者必試呢！

地址：南京西路 18 巷 6 弄 8 號　**電話**：02 2559 6510
營業時間：11:45am-2:00pm，5:30pm-8:30pm　**FB**：平成十九 日式料理

藝文視窗 ㉔ ⊛MAP 12-1 A3
台北當代藝術館

🚌 捷運中山站 6 號出口步行 3 分鐘

　　台北當代藝術館始建於1921年，是台灣首座當代藝術專館。前身為日治時代的建成小學，後轉為市政廳舍。1996年被評定為市定古蹟，並於5年後轉型為藝術館。其建築融合日西風格，以紅磚與黑瓦屋頂呈現典雅外觀。展館聚焦於台灣及亞洲當代藝術的發展，館藏涵蓋畫作、雕塑、攝影、錄像及裝置等，展示了來自各地藝術家的作品，呈現當代藝術的多樣性。

地址：長安西路 39 號
電話：02 2552 3721　費用：NT100
營業時間：周二至日 10:00am-6:00pm
網址：http://www.mocataipei.org.tw/

⊛MAP 12-1 B3　正宗名古屋口味
三河中川屋

🚌 捷運中山站 2 號出口步行約 8 分鐘

　　三河中川屋是來自新加坡的米其林必比登鰻魚飯餐廳，由擁有20年資歷的日籍主廚中川浩希先生創立。餐廳主打正宗名古屋口味的鰻魚飯，選用來自台灣雲嘉南的活鰻，並以即劏、即烤的方式烹調，以確保鰻魚的新鮮度。而所謂的名古屋口味，就是一次過提供三種不同的鰻魚吃法，包括鰻白燒、鰻肝燒、鰻魚丼飯等選擇，是中山區的知名美食之一。

地址：中山區中山北路一段 53 巷 3 號 1 樓
電話：02 2562 0302
營業時間：11:30am-2:00pm；
　　　　　5:30pm-8:00pm；周一休息
網址：https://shop.ichefpos.com/store/u4-ycbHx

地中海式意大利料理
螺絲瑪莉 ㉖ ⭐ MAP 12-1 B2

🚌 捷運中山站 2 號出口步行 3 分鐘

螺絲瑪莉是捷運中山站一帶受歡迎的經濟意式餐廳。食肆空間不大，但客人坐得舒適，簡單的地中海裝潢，令餐廳充滿南歐悠閒自在的氛圍。意菜中以「粉紅醬起司鮮蝦雞肉麵」最具人氣，紅紅橙橙的賣相，既酸又甜，加上雞肉嫩、蝦肉爽，以及彈牙的粉麵軟硬度，令這菜長據銷量冠軍。其他的如龍蝦醬鮮蝦乾貝意大利麵、香辣海鮮墨魚麵，既清新又充滿海洋的鮮美，同樣廣受歡迎。

香辣海鮮墨魚麵 NT325，墨魚麵條是義大利進口的 Spigadoro，吃完嘴巴不會黑黑的。

龍蝦醬鮮蝦乾貝義大利麵 NT330，主廚精心熬製的蝦醬，不單只是蝦味濃郁，還搭配上頂級乾貝，同樣不可錯過。

地址：中山區南京西路 12 巷 13 弄 9 號
電話：02 2521 9822
營業時間：11:30am-2:30pm，5:30pm-8:30pm
網址：http://www.rosemary.com.tw/

台北超人氣 Cafe
米朗琪咖啡館 ⭐ MAP 12-1 B2
Melange Cafe ㉗

🚌 捷運中山站 3 號出口步行約 2 分鐘

開業逾廿年的米朗琪咖啡館從來是台北人氣 Cafe 之一，即使是平日上班時間，人龍依然不絕，可見米朗琪咖啡館的魅力非凡。在眾多食物中，三文治、夏日鮮果茶及冰滴咖啡更是招牌必食，其中冰滴咖啡每天限量約七十杯，錯過了便喝不到。而鮮果茶內更有橘子、蘋果、青檸、熱情果等多種水果，入口酸甜解渴，香氣濃郁，甚有口感，絕對是必喝之選。

地址：中山北路二段 16 巷 23 號
電話：02 2567 3787
營業時間：7:30am-6:30pm；
　　　　　　周末營業至 8:00pm
網址：www.melangecafe.com.tw

淡水信義線
【東門】

象山方向

芝山　士林　劍潭　圓山　民權西路　雙連　中山　　　　　台北車站　台大醫院　中正紀念堂　東門

淡水方向

中和新蘆線
蘆洲／迴龍方向

大橋頭

Map 13-1

東門站 信義路二段

Google Map 下載

北

東門

台版小京都
榕錦時光生活園區 01

MAP 13-1 A3

東門捷運站 3 號出口,步行約 8 分鐘

日式木屋、門簾、綠樹所串起的日式老街氣氛。

全台灣最具規模之日式宿舍群,園區過去是台北刑務所的官舍,經改造後延續傳統日式庭院風格,無需門票就可以走進庭院中漫步,榕樹下的街景與之共存,一景一物充滿東瀛風,置身其中有秒飛日本的感覺。園區設施包括有美食餐廳、遊客中心、台北監獄古城牆等,進駐的15間店鋪各具特色,包括好丘、臺虎居餃屋、京町 山本屋、The Coffee One 等等,更有提供和服租借服務的「花筏亭Hanaikada」,成為台北新興的文青打卡景點。

在樹蔭下漫步是如此愜意。

地址：大安區金華街 167 號
電話：02 2321 8896
營業時間：11:00am-8:00pm
網址：https://rongjintimes.com/
* 注意部分店鋪採網上預約制

自然與藝術的融合 02

MAP 13-1 B4

0km 山物所

捷運東門站 5 號出口步行約 11 分鐘

2024 年 3 月開幕

0km山物所是一個結合歷史與自然的文創景點,前身為日治時期的木造町屋宿舍群,經過改造轉型為複合式文創園區,不僅保留了百年老樹和日式建築風格,還規劃了四種不同海拔的森林景觀裝置,如「複森林」、「裏花園」、「次森林」和「蒔光巷」,展現台灣的自然生態。園區還引進了多家人氣品牌,提供超過2千件山系商品,館內有咖啡店和米其林蔬食餐廳,在感受到台灣山林魅力的同時也能享受美食。

與TERRA土然巧克力專門店攜手合作,以海拔高度為題,佐以烏龍、野薑及芭樂葉口味的朱古力禮盒。

園區不時舉辦與山林相關的展覽,如「療癒之島香氣再發現」特展,讓遊客了解台灣的自然與文化。

地址：大安區金山南路二段 203 巷 21 號
電話：02 7755 7526　網址：http://0km.com.tw/
營業時間：11:00am-8:00pm；周一休息

永康文創小店 ⑬ 品墨良行 🔍 MAP 13-1 A3

🚌 捷運東門站 3 號出口步行 10 分鐘

　　文具控一定對「品墨良行」這四個字不陌生，位於巷子裡的紙品文藝店。鑽進店裡傳來一室紙香，百種以上的各式設計手帳讓人目不暇給，櫃枱後方掛著店主的手作Tote Bag、手製布藝品，店內也有替客人訂製的零錢包；最經典的商品是「曬日子」，就是在紙上利用陽光曬出圖樣的一種手工筆記本。客人也可以DIY手帳，挑選好紙張及結帳後，就由店員帶著你一步一步自製專屬的筆記本，難怪小小的空間擠滿慕名前來的人。

地址：大安區潮州街 94 號 2 樓
電話：02 2396 8366
營業時間：9:00am-6:00pm；周六及日休息
網址：www.pinmo.com.tw

台大古蹟餐廳 ⑭ 青田七六 🔍 MAP 13-1 D4 必遊景點 📍

🚌 捷運東門站 5 號出口走約 10 分鐘

　　位於青田街的青田七六，已有逾八十多年的歷史，前身是已故台大教授馬延英的日式宿舍，是棟和洋混和式建築。老屋以日式建築為基底，嵌入許多雅致的西洋元素，室內兼有榻榻米與木地板，而菱形窗櫺的凸窗與層層的百葉窗也是典型歐式風格，巧妙地融合「就像一個日本人，穿著合身洋服的感覺」。經過活化後老房子蛻變成古蹟餐廳，更提供茶道體驗、和菓子手作體驗以及免費老屋導覽。

地址：青田街 7 巷 6 號　**電話**：02 2391 6676
營業時間：11:00am-9:00pm；周一 11:30am 開始
網址：www.qingtian76.tw

東門牛肉麵擂台

東門是台北著名的食街，牛肉麵更是兵家必爭之地。幾間老字號各有特色，做定功課就能試到真滋味！

東門牛肉麵元祖
永康牛肉麵 **05** MAP 13-1 B2

🚌 捷運東門站 3 號出口步行 3 分鐘即達

永康牛肉麵最早發跡於永康公園旁的小牛肉麵攤，開業於1963年。老闆鄭先生用家常調配的豆瓣醬搭配熬煮牛肉麵，成為大受歡迎的川味道地牛肉麵。牛肉燉煮長達4-5小時，令肉質軟嫩而有嚼勁，為永康牛肉麵獨有的口感。

牛肉麵，牛肉燜得香軟入味，配合獨特香草味，襯以果皮辣湯底作背景，層次豐富。

地址：金山南路二段 31 巷 17 號　電話：02 2351 1051
營業時間：11:00am-9:00pm
網址：http://www.beefnoodle-master.com/

牛肉麵節冠軍
06 川味老張牛肉麵店 MAP 13-1 B2 ☆

🚌 捷運東門站 5 號出口步行 5 分鐘

和永康牛肉麵一樣，都是牛肉麵界的龍頭大哥，兩店位置相近，明眼人都知道是死對頭。其後老張搬過幾條街，店面偌大，不像舊鋪那麼侷促。自從老張於牛肉麵節先後兩屆奪得第一、二名後，人氣更勝歷史悠久的永康牛肉麵。辣味牛肉麵是必食之選，微辣湯頭香濃溫醇，牛肉半筋半肉，入味軟身，令人回味無窮。

辣味牛肉麵，每塊牛肉都有均勻的牛筋，入口滑溜香甜，麵條細軟有彈性，湯底有中藥成分，味道辣但不刺激喉嚨。

地址：大安區愛國東路 105 號　電話：02 2396 0927　營業時間：11:00am-8:00pm　網址：www.lao-zhang.com.tw

地中海料理 **07**

TOASTERiA CAFE

MAP 13-1 C1

捷運東門站 5 號出口步行約 2 分鐘

TOASTERiA CAFE 的店名來自「Toast」一詞，餐廳以意大利麵包 Panini 起家，融合地中海各地的料理特色，堅持每日使用新鮮的食材和來自地中海的香料。所有餐點全天候供應，由早餐至宵夜都包辦。室內裝潢風格融合了地中海與現代元素，有大量採光及植栽，每一層樓都非常有設計感。屋頂還提供戶外座位，可以一邊小酌一邊聊天及欣賞台北市夜景。

風乾蕃茄雞肉奶油白醬義大利麵。

地址：大安區信義路二段 200 號
電話：02 2321 0073　**營業時間**：9:00am-12:00mn
網址：www.toasteriacafe.com/

頂級安格斯牛排麵

大師兄牛肉麵

08　MAP 13-1 A3

捷運東門站 3 號出口步行 10 分鐘

要數永康商圈著名的牛肉麵店，一定是永康牛肉麵及老張牛肉麵。離捷運東門站比較遠的，還有一間叫「大師兄」的牛肉麵店，英文更自稱為「Master's Beef Noodle」，非常有霸氣。不過食肆與前面提及的兩間麵店比較，裝潢比較簡陋而手作，幸而大師兄的招牌頂級安格斯牛排麵，由牛肉、湯頭到麵條都很有水準。而這裡的滷味小菜也非常可口，總算不是雷聲大而雨點小。

牛大腸的滷味小菜有豬也有牛，這款小吃在其他食肆比較少見。

安格斯牛排麵 NT280，有一點厚度的牛排片真材實料，很油很甜很香很好吃。

全手作的布置，某程度其實都幾可愛。

地址：大安區金山南路二段 151 號　**電話**：02 2351 5106　**FB**：https://www.facebook.com/divineNRM/
營業時間：11:30am-2:00pm，5:00pm-8:00pm；周日公休

六十年老店
高記

09 MAP 13-1 C1

捷運大安森林公園站 1 號出口步行 3 分鐘

　　經營逾六十年，擁有三代歷史的高記，新址由永康街搬至新生南路。小籠包是店內必吃的食物之一，水準極高，從薄薄的小籠包皮以及皮內濃濃的湯汁便可知道。此外，店家其餘的上海點心，皆做得既傳統又出色，推介高記的生煎包，皮脆肉鮮真的很好吃喔！

必吃生煎包。

地址：大安區新生南路一段 167 號　　**電話：**02 2325 7839　　**網址：** https://www.kao-chi.com
營業時間：周一至五 10:00am-8:00pm，周六及日提早 8:30am 營業

★ MAP 13-1 C1

必遊景點 📍 **10** 鼎泰豐信義店

原汁原味

捷運東門站 5 號出口出站即達

　　雖然在香港也有分店，但難得來台北一轉，當然要試試台式原味的小籠包。無論早與晚，店前總是大排長龍，號碼板上的數字跳個不停。鼎泰豐的小籠包皮薄餡靚眾所周知，每一個小籠包都藏有整整半湯匙的肉汁，味美鮮甜，的確有冠軍級水準。

地址：信義路二段 194 號 **電話：**02 2321 8928
營業時間：11:00am-8:30pm；周六、日 10:30am-8:30pm
網址： www.dintaifung.com.tw

經典招牌黃金十八摺小籠包，依然是每枱必點的項目。

辣味黃瓜，配上鼎泰豐特製醬油，脆中帶辣。

元盅雞湯，慢火熬煮黑羽土雞，不油不膩，入口滋味十足。

文青咖喱屋
台北月見ル君想フ ⑪

🚇 捷運東門站 3 號出口步行 9 分鐘

月見ル君想フ源自東京的青山，老闆是一位很熱愛台灣的日本音樂人，所以食肆的布置都非常文青，同場不但有店家精心挑選的文創產品出售，又會定時舉行 live 音樂會，是一個結合料理與藝術、音樂之複合式空間。這裡以日式料理作主打，但又加入了一些西班牙的菜式，而招牌名菜卻是咖喱飯。咖喱以純正印度香料，按獨家比例調配，味道與眾不同。

西班牙式蒜蓉蝦配麵包，蝦肉本身是脆甜的，帶著略油的滑口和恰到好處的蒜香。

香料咖喱盤的兩種不同風味的咖喱各佔一半，中間以白飯將之分開，非常有心思。

香烤台灣黑豬肉捲，除了油甜、肉香外還帶著淡淡的香草風。

地址：大安區潮州街 102 號
電話：02 2391 0299
營業時間：周二至五 5:30am-9:00pm，
　　　　　周六日 11:30am-3:00pm，
　　　　　5:30am-9:00pm；周一公休
網址：www.moonromantictw.com/

甜品千金 ⑫
珠寶盒法式點心烘焙

🚇 捷運東門站 5 號出口走約 10 分鐘

這家「珠寶盒」賣的不是珠寶首飾，而是甜絲絲的法式甜品。店子分設兩邊，左為甜品餐廳，而右邊則是手工烘焙室。各款精緻的蛋糕、手工麵包、輕食及飲品均有出售，數量款式更多得令人眼花繚亂，就連馬卡龍、生朱古力、法式軟糖及鹹批都有提供，簡直是甜品愛好者的天堂。

梅酒茉莉茶慕斯，將微醺藏在杏仁海綿蛋糕中。

庭園玫瑰，玫瑰杏仁餡配上荔枝慕斯及覆盆子醬，彷彿品嘗了一段浪漫。

地址：麗水街 33 巷 19 之 1 號　電話：02 3322 2461
營業時間：11:00am-8:30pm；每月最後的周一休息
網址：www.boitedebijou.com.tw

甜蜜歐式風情 ★ MAP 13-1 B2
Venchi 永康概念店 ⑬

🚇 捷運東門站 5 號出口步行約 5 分鐘

　　意大利百年朱古力品牌 Venchi 在台灣的首間概念店，於2020年底開幕。該店由意大利設計團隊打造，緊鄰永康公園，以意式街頭店形式吸引眼球。店內空間寬敞明亮，充滿歐式風情，設有繽紛夢幻的 Gelato 打卡牆。店內提供經典的 Pick & Mix 甜品自選區，客人可以自由挑選各式各樣的朱古力，還供應意式冰淇淋及咖啡等。無論是朱古力控還是冰淇淋愛好者，都能在此找到心頭好。

地址：大安區永康街 10-5 號 1 樓
電話：0911 656 169
營業時間：12:00nn-9:00pm
網址：www.venchi.com.tw/

餐廳分兩層，地下似酒吧，地庫則寬敞得多。

★ MAP 13-1 C2
漢堡不敗
⑭ Focus Kitchen 肯恩廚房

🚇 捷運東門站 5 號出口步行 3 分鐘

　　肯恩廚房是永康街受歡迎的美式餐廳，以美式漢堡及薯條聞名。不過食肆同時也提供墨西哥菜和意大利菜，甚至德國豬手，可算是美食無國界。既是美式風格，食物份量當然斤両十足。雖然環境與一般美式餐廳比較略欠寬敞，不過坐得仍然舒適，套餐的紅茶、咖啡更可以免費無限續杯，與友人吃飽還可以吹飽才離開。

墨西哥烤捲餅NT350，皮烤得酥中透Q，帶點焦香氣息的部位則多了一點微脆口感。

牛肉培根漢堡 NT350（單層），培根的香和漢堡肉的甜都嘗到底。

地址：大安區信義路二段 198 巷 6 號
電話：02 2395 7917
營業時間：周一、五及六 10:00am-10:00pm；
　　　　　　周二至四及日營業至 9:00pm
FB：https://www.facebook.com/focuskitchen2011/

型格茶莊
小茶栽堂

🚇 捷運東門站 5 號出口步行約 5 分鐘

台灣不乏歷史悠久的茶莊，但在2006年才創立的小茶栽堂，短短幾年間便打響名堂，全憑一個「型」字。茶莊對茶的質素固然堅持，但對產品的包裝也下過一番工夫，多年來更獲獎無數，包括日本的 Good Design Award 及德國 Red Dot Design 大獎等。

紅典禮盒，包括馬卡龍牛軋糖12入 x 手工餅乾6入 x 古典罐1入。

地址：大安區永康街 7-1 號　　**電話**：02-3393-2198
營業時間：周一至四 10:30am-8:30pm；周五至日 11:30am-9:30pm
網址：http://www.zenique.net/

蝦仁火腿蛋炒飯。

空軍伙食團
銀翼餐廳

🚇 捷運東門站 3 號出口步行 5 分鐘

餐廳在50年代成立，其前身是空軍伙食團，1949年國民黨抵台後改為民營餐廳，曾接待過蔣介石和蔣經國兩位總統，非常威水。餐廳以淮揚菜為主，菜式精巧而正宗，好像一味「文思豆腐」，把豆腐切絲再放湯，刀功拍得住鼎爺。其他菜式如肴肉風雞及香酥全鴨，都非常有古早風味。

三種不同風味的小籠包，一次過滿足你所有需求。

地址：大安區金山南路二段 18 號 2 樓
電話：02 2341 7799
營業時間：11:00am-2:00pm，5:00pm-9:00pm
FB：www.facebook.com/fanpage.yinyih/

台北滷肉飯之王
大來小館

🚇 捷運東門站 5 號出口走約 2 分鐘

到大來小館必點滷肉飯，那可是榮獲台北市政府第一屆滷肉飯料理大獎賽的冠軍。香軟的白飯，配上肥瘦得宜的滷肉粒與味道濃郁的醬汁，確實令人食過番尋味，絕對有保證。而且店家非常講究食材的新鮮度與原味，所以煮法一律採用少油少鹽的原則，迎合現代人的健康飲食需求。

地址：永康街 7 巷 2 號　　**電話**：02 2357 9678
營業時間：11:00am-2:00pm，4:30pm-9:00pm；周六及日無午休
網址：www.dalaifood.com.tw

五感滿足 **18** **MAP** 13-1 **C4**

Take Five 五方食藏

🚇 捷運東門站 5 號出口步行約 10 分鐘

　　Take Five由「珠寶盒法式點心坊」和「風流小館」兩大型格食肆攜手打造，堅持無添加的健康概念，提供地中海、法式美食及東南亞料理，無論賣相、味道及營養都一絲不苟，一次過滿足食客的五感（five sense）需要。

鮮蔬香草蛤蜊蒸蛋。

酪梨番茄鮮蝦沙拉。

松阪豬番茄鰻魚義大利麵。

地址：大安區青田街 6 巷 15 號
電話：02 2395 9388
營業時間：11:00am-9:00pm
FB：https://www.facebook.com/Take5delitw/

MAP 13-1 **B2**　半世紀老店

🍴 **19** **東門餃子館**

🚇 捷運東門站 4 號出口步行 2 分鐘

　　東門一帶歷史悠久的老字號食肆林立，除了鼎泰豐和度小月，有五十多年歷史的東門餃子館也非常有名。創辦人趙其昌先生由車仔檔開始，以餃子招徠食客，其後更創出酸菜白肉火鍋，成為受歡迎名菜。至今東門餃子館已成為佔地兩層共二百個座位的食肆，據說劉德華、張惠妹也曾光顧，可見魅力非凡。

地址：大安區金山南路二段 31 巷 37 號　　**電話**：02 2341 1685
營業時間：11:00am-2:30pm，5:00pm-9:00pm

芳香怡人
富山香堂

★ **MAP 13-1 C4**
20

🚇 捷運東門站 5 號出口步行約 10 分鐘

　　到東門永康街一帶除了尋找美食，也有很多富特色的傳統商店。富山香堂是台灣著名的薰香品牌，分店除了遍布台灣，產品更暢銷日韓。富山香堂進口世界頂級沉香木，結合特殊配方，研發高階薰香產品，就算買不起矜貴的沉香，這裡也有很多價錢親民的薰香產品可供選購。

地址：青田街 2 巷 24 號 1 樓　　**電話**：02 2397 0659
營業時間：11:00am-9:00pm　　**FB**：富山香堂 青田店

★ **MAP 13-1 C1**　醫人又醫肚
21　# 信遠齋滷味

🚇 捷運東門站 6 號出口步行 2 分鐘

　　信遠齋滷味創立超過半世紀，創始人竟然是中醫師。話說當時台北一位盧大夫醫術精湛，被醫好的病人紛紛向盧大夫送禮答謝。盧大夫為了回禮，便特別調製燻雞酬謝厚愛。盧大夫的燻雞配方獨特，竟然大受歡迎。他去世後，其員工周媽媽便以他的配方繼續製作燻雞及其他滷味小吃，並創辦了信遠齋，成為今天訪台必買的手信。

地址：中正區新生南路一段 170 巷 15 號
電話：02 2391 0020　　**FB**：信遠齋
營業時間：9:00am-7:00pm；周一公休

信遠齋的素雞比之一般素雞口感紮實，煙燻味也重上一點。

燻製後腿肉吃起來有一點像意大利的生火腿。

隱藏於街市中的美味 **22**
御牛殿　🍴　★ **MAP 13-1 B1**

🚇 捷運東門站 1 號出口

　　御牛殿的母公司是台灣著名牛肉生產商，自家牧場設於嘉義。鄰近東門市場的御牛殿既作零售牛肉，又提供料理。由牛刺身、牛肉麵至牛排都有供應，更保證質優而價錢老實。

地址：臨沂街 70 號（東門店）　　**電話**：02 2356 3468
營業時間：10:30am-3:00pm、4:00pm-8:00pm
FB：www.facebook.com/drbeefEastGate

健康養生之道
回留

23

★ MAP 13-1 C2

🚌 捷運東門站 5 號出口步行 5 分鐘即達

回留提倡創意健康的飲食概念，主打素菜、糕點和茶，素菜全用上本土有機食材，製作方法少油少調味料，以人類和大自然的健康環保為大前提，開業十多年一直堅守此原則。這裡主打中式餐點為基調，以清淡和創意菜式為主軸。

回留設室內和戶外座位，裝潢古樸素雅，與品茶嘗素食很配合。

回留的桂花糕以腐皮包著有機糯米混合桂花果醬和豆沙，香軟酥脆。

地址：永康街 31 巷 9 號　**電話**：02 2392 6707
營業時間：1:00pm-10:00pm

免費招待客人的茶都是店主珍藏的好貨色，客人可試喝多幾款茶，不買也不會收費。

★ MAP 13-1 C2

24

免費茗茶
冶堂

🚌 捷運東門站 5 號出口步行 5 分鐘即達

永康街上有一間專賣靚茶葉和好茶具的隱蔽老房子名為冶堂，就像私人茶藝文物館，每逢有客人進來，店主何老師都會奉上靚茶一杯。有心的客人可以慢慢品茗，還有茶點招待，沒有幫襯也不收分文，可見何老師一心只為以茶會友。

地址：永康街 31 巷 20 之 2 號 1 樓
電話：02 3393 8988
營業時間：1:00pm-5:00pm；周二及三、周五至日休息
FB：https://www.facebook.com/yehtang8988/

後花園休憩小店
永康階

25

🔍 ★ MAP 13-1 C2

🚌 捷運東門站 5 號出口步行 5 分鐘即達

餐廳庭園種滿花草樹木，樓高兩層，但客人多會選擇地下靠近花園的座位，好好於陽光下享受美食，而且餐廳採用油壓式玻璃窗，就算身處室內也彷彿置身於大自然之中。永康階以提供花果茶、咖啡和蛋糕為主，咖啡也用上著名品牌 illy 和 Lavazza 沖調。

薰衣草奶茶：細膩香濃的奶茶，配有淡淡的薰衣草香，喝入口令人精神一振。

陽明山櫻花茶：由春天時分從陽明山上採摘回來的櫻花製成，味道芳醇清甜。

地址：金華街 243 巷 27 號　**電話**：02 2392 3719　**營業時間**：12:00nn-6:30pm；周六及日營業至 7:00pm
FB：www.facebook.com/thegreensteps1997/

中法共融
小珍珠烘焙坊

⭐ **MAP** 13-1 **C3**

㉖

🚇 捷運東門站 5 號出口步行 6 分鐘

　　小珍珠烘焙由一對夫婦經營，老公擁有多年製作中式西點麵包經驗，老婆曾於巴黎修讀法式甜點課程。小店除了比較台式的傳統口味外，也有一些歐法、日式風的麵包，特別推介焦糖肉桂麵包，外形有點醜卻非常香非常溫柔，而布甸的奶香和蛋香也令人感動。

布甸烤得相當到位，非常的輕、非常的脆。

焦糖肉桂麵包肉桂味濃厚。

地址：大安區金華街 243 巷 25 號　　**電話**：02 2394 4222
營業時間：9:00am-10:30pm，周六休息
網址：www.shop1688.com.tw/aom20200730026/

搵食要趁早
東門市場

㉗

⭐ **MAP** 13-1 **A1**

🚇 捷運東門站 2 號出口步行約 5 分鐘

　　往東門市場覓食，必須要早上出發，因為這裡是最多台北人買菜的街市之一，下午一點左右便賣清光收檔，要買請趁早！大約十點左右到達，已經人頭湧湧，跟著師奶阿叔擠在濕漉漉的街市，前後左右都是賣魚賣肉或者熟食的檔子，檔主叫賣著不斷給你試食，好客非常，市井又熱鬧。

地址：信義路二段 81 號
營業時間：7:00am-2:00pm

【東門三大人氣攤販】

東門城滷肉飯
曾在2017年獲「台北傳統市場節」經典滷肉飯人氣王。特色是手工切丁的滷肉，滷得軟爛卻仍保有肉感，真材實料。

羅媽媽米粉湯
東門市場內的老店，招牌米粉湯的湯頭清香，米粉彈脆，可配搭各式台式小菜。

沅誠海鮮水餃
水餃餡料十分講究，包括使用溫體黑毛豬，魚肉的來源則是沙魚或旗魚等大型海魚。內餡飽滿，入口都有爆漿的感覺

和風居酒屋 吳留手串燒

★ MAP 13-1 B2 ㉘

捷運東門站 5 號出口走約 5 分鐘

台北市高人氣的日式串燒店，餐廳裝潢充滿了懷舊的昭和時代風格，到處都是日式小擺設。店內設有吧台和座位區，供應各種日式串燒和佐酒小吃。菜單選擇甚多，招牌菜有厚切牛舌、伊比利豬、鹽烤雞肉蔥串等，中高價位，但擺盤口味都算精緻，吃得暢快。

地址：大安區麗水街 5 之 9 號
電話：02 2396 0680
營業時間：6:00pm- 翌日 1:00am
FB：https://www.facebook.com/wuliushou2/

原味擔擔麵 NT80，其實麻辣味不大重，不嗜辣的朋友也能吃得下。

★ MAP 13-1 B3 ㉙

我愛重口味 麻醉坊

捷運東門站 5 號出口步行 5 分鐘

麻醉坊是永康商圈的人氣食肆，門口永遠排著人龍。食肆以小菜小吃為主，標榜「重口味的饕客們，來這就對了！」。麻醉坊最受歡迎的是擔擔麵，酸和辣之外，尚帶著花椒的輕麻，麵條煮得也是恰到好處，拼起來後花生碎粉讓味覺的層次更豐富。

地址：大安區永康街 37-2 號　**電話**：09 8946 4152
營業時間：12:00nn-2:30pm、5:30pm-10:30pm；周一公休
FB：https://www.facebook.com/mazuifang321/

創新刨冰 金雞母

★ MAP 13-1 B2 ㉚

捷運東門站 5 號出口步行約 5 分鐘

創意十足的刨冰店，刨冰口味多元化，造型新穎，讓人耳目一新。店內裝潢簡約雅致，充滿日式的氛圍。店家採用台灣本土的食材，如萬丹紅豆、阿里山愛玉、鐵觀音茶及有機玫瑰，在口味和外形上花盡心思，製作出受歡迎的冰品。

草莓玫瑰巧克力。

夏雪芒果，原材料來自台東，具有土芒果的濃厚香氣。

地址：大安區麗水街 7 巷 11 號
電話：0908 232 108（周一休息）　**營業時間**：12:30nn-8:30pm
FB：www.facebook.com/jingimoo

松山新店線
【松山】
【南京三民】

Google Map 下載

文湖線
往南港展覽館

松山機場
中山國中

中山
北門
西門
小南門

松江南京　南京復興　台北小巨蛋　南京三民　松山

中正紀念堂　古亭　台電大樓　公館　新店方向

饒河街夜市
(F2-1)
阿國滷味
(F2-6)

A　B　C　D

1

民生公園
延壽街
延壽街
健康路325巷
挑悠街
塔悠路
麥帥一橋
行善路
新明路

健康路300巷
三民路
健康路

麥帥二橋
環東大道

01

03
松山站
05
06
04
07

08　出1 出4
南京三民站　南京路五段
出2 出3

10

09

南京東路四段
松河街

八德路四段
八德路三段

市民大道五段

松隆路

北

松山站、南京三民

Map 14-1

松山新店線

松山

民生社區　台北小巨蛋　松江南京　中正紀念堂　台電大樓

夜景勝地
松山彩虹橋

 MAP 14-1 D1 01 📷

🚐 捷運松山站 2 號出口步行 5 分鐘即達

水面上映出了如彩虹般色彩的燈光。

　　松山最著名的景點，除了饒河夜市外，最多人觀賞的一定是彩虹橋。彩虹橋位於饒河夜市的盡頭，非常易去。橋樑全長167公尺，連接內湖區新明路及松山區饒河街。橋的造型特殊，結構為S型的曲線橋體，鮮紅色鋼肋拱形樑，配以木質欄杆、粉紅及淡藍色地磚。入夜後，彩虹橋上燈影投射，非常漂亮，是台北龍友拍夜景的勝地。

地址：松山區松河街 180 號

MAP 14-1 D2 02

廉價成衣街
五分埔商圈

🚐 捷運松山站 4 號出口步行 7 分鐘即達

　　五分埔商圈近似香港尖沙咀及灣仔一帶的成衣店，專售價廉物美的出口成衣。不過五分埔的規模比香港大，規劃亦比香港的完善。五分埔由松隆路、松山路、永吉路及中坡北路等四條道路合圍而成，各街巷都有不同的主題，有日韓潮服、飾品、鞋店，亦有走歐美型格路線，甚至連童裝也有，而且價錢相宜，只要花點耐性逛一逛，保證能滿載而歸。

地址：松山區五分埔　**營業時間**：2:00pm-11:00pm
網址：www.wufenpu.tw

享受專屬的咖啡 ⭐ MAP 14-1 D1

珈琲や台北松山工房 ❸

🚇 捷運松山站 4 號出口往右行約 1 分鐘

來自東京的珈琲や，在松山車站附近插旗海外第一間分店。推開木質大門，映入眼簾的是溫暖的原木裝潢與咖啡豆陳列架。店內過半的客人都是日本人，不時傳來熟悉的日語交談聲，讓人有種一秒飛東京的錯覺。珈琲や主打客製化咖啡，客人可以現場挑選喜愛的咖啡豆，由日本職人親自烘豆，從生豆開始製作，完整呈現咖啡豆的原汁原味。過程大約20分鐘，等待期間再捧上一杯手沖咖啡，感受日本職人的細膩手藝。

店內提供無線網路和插座，可以在這裡度過半天。

享受一杯由日本職人手工烘烤的咖啡。

地址：松山區八德路四段 758 號　**電話**：02 2747 0051
營業時間：周一 11:00am-7:00pm；周二至日營業至 8:30pm
網址：https://linktr.ee/coffeeyataiwan2019

⭐ MAP 14-1 C2 ❹ 中東菜吃到飽

1001 Nights Kitchen 一千零一夜廚房

🚇 捷運松山站 2 號出口步行約 3 分鐘

室內裝潢與擺設都帶有中東情調。

店內餐具、擺設及裝飾都很有中東色彩。

全台唯一的中東料理自助餐，供應地道的伊朗菜式，店方取得清真認證Halal Certification對衛生及烹調手法有一定的準則。餐廳空間寬敞、環境乾淨，老闆和大廚都是伊朗人，桌上的銅器餐具也是來自伊朗工匠打造。中東料理的飯粒粒分明且帶有香料氣味，很多菜式都會使用藏紅花、番紅花等香料醃漬提味。香煎智利鮭魚、石榴醬核桃燉牛肉、小麥餅Kadayif等都是餐廳的特色小菜。餐廳一隅有獨立包廂，提供中東水煙，晚上更會有肚皮舞表演。

鷹嘴豆餅是中東的經典小吃。

招牌甜品『果仁蜜餅』Baklava，層層酥皮包覆著果仁碎。

地址：松山區八德路四段 618 號 2 樓　**電話**：02 2767 1661　**自助餐價**：NT$699
營業時間：11:30am-2:30pm；5:30pm-9:30pm

米芝蓮推介
陳董藥燉排骨 05

🚇 捷運松山站 1 號出口步行 2 分鐘

　　陳董藥燉排骨在饒河夜市可謂無人不識，厲害的程度連《台北米芝蓮》都列為「必比登推介」美食，簡直是為夜市的庶民美食增光。藥燉湯有排骨和羊肉兩種口味，湯頭的藥味不濃，羊肉的鮮度頗佳，也沒有甚麼羶味，算是清爽型的湯頭。排骨和羊肉肉質都鮮嫩，而且有不錯的咬勁，隨湯的腐乳辣椒醬鹹香中帶點豆乳香，為藥燉湯生色不少。

羊肉藥燉湯羊肉新鮮沒有甚麼羶味。

排骨藥燉湯。不吃羊的朋友可喝排骨湯。

地址：松山區饒河街 160 號　**電話**：09 1090 1933
營業時間：4:30pm-12:30mn

MAP 14-1 C1　變種大阪燒
06 福島圓圓燒

🚇 捷運松山站 2 號出口步行 2 分鐘

　　福島圓圓燒是近年饒河夜市的人氣攤販，人龍的長度與福州胡椒餅不相伯仲。所謂圓圓燒，做法很像大阪燒，師傅在圓形的模具上倒入麵糊，再放上雞蛋、蝦仁及煙肉等配料。它的口感和味道都像大阪燒，比較不同是麵粉加入了大量的蛋，所以咀嚼的過程中多了蛋的綿細和紮實，微微的焦香讓人讚不絕口。完成後再在面層撒上柴魚片及美乃滋，讓圓圓燒色香味都異常誘人。

福島圓圓燒 NT90，師傅細心地加入一小抹「哇沙米」，讓吃膩了的朋友可以藉此轉換味覺。

地址：松山區饒河街夜市 134 號

歎足4個半鐘 07
Que 原木燒烤餐廳

🚇 捷運松山站 4A 號出口，步行約 3 分鐘

MAP 14-1 D2

　　主打各式原木燒烤的食材，採用台灣本地的荔枝樹或龍眼樹原木放在爐上柴燒，令肉類及海鮮增添煙燻香氣。用餐環境寬敞舒適，大片玻璃窗引進自然光，同時可欣賞基隆河畔景色，更可以遠觀松山機場的飛機降落；平日午餐採半自助餐形式，點一份主菜就能同時享用自助餐，有各類海鮮冷盆、沙律、甜品及飲品，周末早午餐可以食足4個半小時，慢慢歎吃到飽。

餐廳空間寬廣開揚，抬頭可見竹編的燈飾。

遠眺台北101大樓及基隆河畔美景。

地址：南港區市民大道七段 8 號 17 樓
電話：02 2653 2899
營業時間：11:30am-2:30pm、5:30pm-9:30pm；
　　　　　　周末早午餐 11:30am-4:00pm
費用：平日午餐 NT680-1,080、周末早午餐 NT880-2,280
網址：https://www.amba-hotels.com/

包餃掂！
亓家蒸餃 08

MAP 14-1 B1

🚇 捷運南京三民站 1 號出口步行 5 分鐘

　　亓家蒸餃的「亓」普通話唸作「齊」，很多人不懂便唸「元」。不過無論你會不會讀店名，一定要品嘗這裡的蒸餃。它們可以用晶瑩剔透來形容，餡肉以豬後腿肉為主，既鮮嫩口感又紮實有咬勁，最厲害是吃時會有肉汁噴出，質素勝過坊間不少又貴又不好吃的名店。另外店家的酸梅湯也是人氣飲品，加入了烏梅、紫蘇和山楂，既解渴又養生。

養生酸梅湯NT35，用料十足，生津解渴。

鮮肉蒸餃NT90，餡肉紮實又會噴汁，加入香蔥讓肉的香甜層次提升。

地址：松山區南京東路五段 123 巷 4 弄 3 號
電話：02 2760 1935
營業時間：10:30am-3:00pm、4:30pm-9:00pm；
　　　　　　周六、日休息
FB：https://www.facebook.com/qisteameddumplings/

麻辣的誘惑
麻神麻辣火鍋

⭐ MAP 14-1 A1　09

🚌 捷運南京三民站 2 號出口步行約 6 分鐘

　　到台灣吃火鍋，麻辣始終是王道。麻神是近年台北麻辣火鍋食肆中的後起之秀，其中以果凍鴨血而大出風頭。鴨血經由沖、浸、泡、滷製超過四十八小時的繁瑣步驟，體積和口感都與坊間的大有分別。其他上等食材包括台灣黑毛豬、櫻桃鴨及Prime 等級牛小排等。

地址：松山區南京東路五段 8 號 3 樓　**電話**：02 2749 2508
營業時間：11:30am-3:00pm，5:00pm-11:00pm；
　　　　　　周六、日 11:30am-11:00pm
FB：https://www.facebook.com/spicy8166/

雞肉混滷肉
建弘雞肉飯

⭐ MAP 14-1 B1　10

🚌 捷運南京三民站 1 號出口步行 5 分鐘

招牌飯 NT65，雞肉和豬肉，加上一片古早味的醃黃瓜和少許酸菜，酸菜的香與甜和飯、豬油拌在一起好吃得厲害。

　　一般滷肉飯都是以豬肉為主，但建弘雞肉飯既然以雞聞名，其招牌飯就是混合雞肉和豬肉，更曾獲「台北滷肉飯大獎賽」的冠軍。滷肉看起來油油亮亮但吃在嘴裡卻不覺得油膩、化口度相當不錯。雞肉絲淡淡、緩緩卻很纏舌的雞肉甜，完美的搭配不愧是招牌。豬和雞以外，這裡的鵝肉亦非常有名。除了鵝肉、鵝心、鵝肝及鵝腸也不要錯過。

土鴨心 NT70，它的口感和豬心大致上相同都帶著微Q微脆的口感，甜度也極為接近。

嘴邊肉湯 NT60，帶著薑絲的香和微辣的湯頭，混合鮮嫩清甜的鵝肉，上品。

地址：松山區南京東路五段 123 巷 23 號　**電話**：02 2762 7203
營業時間：10:00am-8:30pm；周六休息

松山新店線【民生社區】（南京三民／松山機場）

文湖線
往南港展覽館

松山機場

中山國中

中山　北門　西門　小南門

松江南京　南京復興　台北小巨蛋　南京三民　松山

中正紀念堂　古亭　台電大樓　公館　新店方向

松山機場站

民權東路四段

12、13、15　　01、04

民權公園

富錦街　　　川民路

07　　　　新東街

北

14

富錦街

捕逃街

11

光復北路　　新中街

民生東路五段

06　05　　02

民生　08　　09

延壽街

10　延壽街

03

生東路四段

Map 15-1

松山機場站、民生社區

幽雅法國風 ⭐MAP 15-1

小普羅旺斯 ❶

🚌 捷運松山機場站 3 號出口步行約 15 分鐘

　　小普羅旺斯是一家販售歐洲鄉村風的飾品店家。店內空間寬敞明亮，採用原木裝潢配合溫暖的燈光。店內商品皆來自歐洲，包括法國、義大利、比利時等地，種類涵蓋家具、餐具、飾品等，更有來自法國的亞麻蕾絲織品、草編包、草編帽等季節新品，深受鄉村風愛好者的青睞。

地址：松山區富錦街 447 號　電話：02 2768 1618　營業時間：10:30am-7:00pm；周日休息
網址：www.petiteprovence.fr/h/index?key=jspiz

❷ 超可愛拉花

⭐MAP 15-1 六丁目 Cafe

🚌 捷運松山機場站 3 號出口步行 15 分鐘

　　女孩子除了喜愛收真花，同樣著迷咖啡可愛的拉花。六丁目 Cafe 以多款可愛的拉花咖啡，加上美味漂亮的甜品蛋糕，成功俘虜一眾女士的芳心。餐廳空間寬敞、裝飾夠文青，用餐不限時，加上大方地提供任何飲品續杯減 NT50 的優惠，令食肆成為民生社區一帶姊妹們聚會的首選。

特大的窗戶是成功咖啡廳必備元素。

店內不乏一些文青飾品展銷。

店內也有輕食提供，像這款咖喱蛙蛙，一整個超可愛的青蛙造型。

抹茶拿鐵(左)NT180、沖繩黑糖拿鐵(右)NT170，不但賣相愛，奶泡也很細很滑帶著微苦的咖啡香。

地址：松山區新中街 6 巷 7 號　電話：02 2761 5510
營業時間：12:00nn-9:00pm，周五及六 10:00pm
FB：https://www.facebook.com/rokucyoumecafe/

華麗轉身 03 ★ MAP 15-1

富錦樹台菜香檳

🚇 捷運小巨蛋站 1 號出口步行約 15 分鐘

鹹蛋苦瓜。

　　雄踞民生社區的富錦樹集團，繼服飾、家具、咖啡之後又一新搞作，實行以台菜配香檳——以西式帶點華麗的格調，炮製出傳統的台菜。除了手法傳統、食材新鮮外，食肆布置亦保持富錦樹一貫風格，大量的植物裝飾加上燈光照射，呈現出樹蔭下寧靜用餐的氣氛。

藥燉豬腳。

地址：敦化北路 199 巷 17 號 1 樓　**電話**：02 8712 8770
營業時間：周一至五 12:00nn-3:00pm、5:00pm-10:00pm
網址：http://www.fujintreegroup.com/

森林系質感 ★ MAP 15-1 04

松果院子

🚇 捷運松山機場站乘的士約 5 分鐘

　　位於台北松山區的松果院子，一直都是台北必吃早午餐的熱門餐廳之一，用餐高峰時段，座無虛席。店門口綠意盎然，滿載各式盆栽。綠色窗框讓光影若隱若現，為用餐增添浪漫情調，也為拍照提供光線。餐廳主打意式料理，食材選用了每日新鮮從產地直送，具有 SGS 認證的有機生菜。菜單上提供多樣選，從沙律到燉飯、手工寬麵，再到慢食餐和自家烘培的麵包，每一道美食都是現點現做，迎合了現代人對天然健康飲食的偏好。

地址：松山區富錦街 449 號
電話：02 2765 0386
營業時間：11:30am-9:00pm
網址：www.r-pinecone.com/

北歐風家品 05 ★ MAP 15-1

集品文創 Design Butik

🚇 捷運南京三民站 4 號出口步行 15 分鐘即達

　　「Butik」是丹麥文中「商店」的意思，而集品文創就是一間集北歐設計良品於一身的商店。集品文創代理 Normann Copenhagen、HAY、muuto 等十餘個北歐居家品牌，包含家飾、燈飾、家具與生活用品，將北歐生活形態、文化脈絡、設計創意、品味生活以平易近人的方式進入每個人的生活。

地址：松山區民生東路五段 38 號
電話：02 2763 7388　**營業時間**：10:30am-8:00pm
網址：http://designbutik.com.tw/

貴族鳳梨酥
微熱山丘 06

🚇 捷運南京三民站 4 號出口步行 15 分鐘即達

近年最多香港人熟悉的台灣手信品牌，一定非微熱山丘莫屬。品牌定價不便宜，但強調真材實料。招牌的鳳梨酥鳳梨肉產自南投八封山紅土丘陵之上，配上新西蘭牛油和土雞蛋精製的餅皮，口味甜中帶酸，很有層次。民生東路的分店和其他店一樣，每位客人進來都奉上香茶及鳳梨酥一份，讓你品嘗清楚才決定是否購買。

地址：民生東路五段 36 巷 4 弄 1 號
電話：08 2760 0508 **營業時間：**10:00am-6:00pm
網址：www.sunnyhills.com.tw

另類手袋
de'A 07

🚇 捷運松山機場站 3 號出口步行約 15 分鐘

在台語中「de'A」這兩個音可組合成「袋子」的意思，而這家店正正就是主打手袋產品，兼售賣咖啡甜點的複式式 Café，開店已有十年之久。在 de'A 內可以找到全台獨家的德國頂級帆布包品牌 dothebag，和法國手工真皮包品牌 bleu de chauffe 的商品，款式也相當齊全。除了手袋外，de'A 也有提供各種意式咖啡、單品咖啡、茶品和特色飲料。輕食方面也有沙律、雪糕鬆餅和布朗尼等可醫醫肚。

地址：松山區富錦街 344 號
電話：02 2747 7276 **營業時間：**12:00nn-6:00pm；周六及日營業至 7:00pm
FB：https://www.facebook.com/dea.taiwan/

貓狗伴餐
小春日和 08

🚇 捷運南京三民站 1 號出口步行
15 分鐘即達

台灣人喜愛寵物的程度更甚於香港，所以各地都有寵物餐廳，讓客人在可愛的貓貓狗狗陪伴下進餐。小春日和除了有幾隻可愛的「小侍應」伴食外，更設有寵物美容服務，主人可以一面歎著 tea，一面等寵物扮靚靚，服務非常貼心。

地址：延壽街 361 號 **電話：**02 8787 6920 **營業時間：**11:00am-9:00pm
FB：https://www.facebook.com/TaiYuanHouse/

溫暖的重金屬 ✦ MAP 15-1
All Day Roasting Company ❾

🚇 捷運南京三民站 4 號出口步行 15 分鐘即達

　　重金屬未必一定冷冰冰，All Day Roasting Company 室內裝潢就強調金屬、工業的格調，物料以金屬及口水泥為主，粗獷中卻帶著溫柔，獨特而型格的裝修，令餐廳開業不久即大受歡迎。

地址：松山區延壽街 329 號
電話：02 8787 4468　**營業時間：**9:00am-9:00pm
FB：www.facebook.com/alldayroastingcompany

✦ MAP 15-1 ❿

小心燙嘴
有時候紅豆餅

🚇 捷運南京三民站 1 號出口步行 15 分鐘即達

紅豆餅 NT24、
奶油餅 NT26

　　有時候紅豆餅是民生社區近來非常有人氣的小店，就在微熱山丘附近，非常易找。店家只賣三種餅食，分別是紅豆餅、奶油餅及起司馬鈴薯餅。必試的一定是紅豆餅——紅豆餡料飽滿綿密，配上鬆脆的餅皮，令人難以抗拒，冒著高溫燙嘴也要一試而後快。

地址：延壽街 399 號　**營業時間：**12:00nn-6:30pm；周一休息
電話：02 2760 0810　**FB：**https://www.facebook.com/sometimesbeans/

養生美味火鍋 ✦ MAP 15-1
牧軒 涮鍋物 ⓫

🚇 捷運松山機場站乘的士約 5 分鐘

　　牧軒坐落在民生社區的富錦街，店內空間寬敞舒適，光線柔和明亮，主打健康養生的火鍋湯底和新鮮食材。單點肉類或海鮮價錢由 NT180 起，另付 NT220 可以 90 分鐘內享用野菜自助吧，免費送上蔬菜雞骨湯。招牌湯底使用新鮮蔬果及雞骨熬煮超過 8 小時，不添加任何調味料，真材實料，深受不少火鍋控的喜愛。

地址：松山區富錦街 546 號　**電話：**02 2748 6885
營業時間：周一至三及五 5:00pm-10:30pm；周四 11:30am-10:30pm；
　　　　　　周六 11:30am-2:30pm、5:00pm-10:30pm；
　　　　　　周日 11:30am-9:30pm
FB：https://www.facebook.com/muxuanshabu

咖啡冠軍名牌店

Fujin Tree Cafe ⑫
By Simple Kaffa

卡門貝爾佐蜂蜜、吐司鋪上乳酪和切片小番茄。

🚇 捷運松山機場站 3 號出口步行約 15 分鐘

　　Fujin Tree Cafe 店內的咖啡餐點全由 The Lobby of Simple Kaffa 負責。Simple Kaffa 的本店在東區，老闆Berg 之前更在2015 WCE 世界盃咖啡大賽台灣選拔賽中取得冠軍，至今已是三連冠了。本店內售賣的咖啡單品與甜品，在富錦街分店內都有提供，最近老闆Berg 研製出的日式抹茶蛋捲也可在店內點選，人氣相當旺盛。

地址：松山區富錦街 353 號
電話：02 2749 5225　**營業時間**：9:00am-6:00pm
FB：https://www.facebook.com/fujintree353cafe

正牌日本城

⑬ Fujin Tree 355

🚇 捷運松山機場站 3 號出口步行約 15 分鐘

　　在 Fujin Tree Cafe 隔籬有一家日系風味的家品店，名叫 Fujin Tree 355。這家店是以 Journal standard 概念型行生活的家具品牌為主，並融合原創商品與國內外流行雜貨品牌而成的特色家品店。店內有大、小型家具、裝潢用品、家品廚具及植物可供選購，而且有些更是當地的創作品牌，造型有趣新奇，喜歡設計的朋友肯定會愛上這裡。

地址：松山區富錦街 355 號　**電話**：02 2765 2705　**營業時間**：12:00nn-7:30pm
FB：https://www.facebook.com/FujinTree355/

澳洲風早午餐 ★ MAP 15-1

The Antipodean Fujin ⑭

🚇 捷運松山機場站步行約 13 分鐘

The Antipodean Fujin 以其美味的澳式早午餐、優質的咖啡和舒適的用餐環境，迅速成為台北美食圈的熱門店家。特別推薦皇后大早餐，由挪威燻鮭魚、太陽蛋、炒洋菇、帶皮火腿、亞麻籽麵包、芝麻葉沙拉招牌薯餅、以及水果，份量十足，豐富的食材和精緻的擺盤，讓人激發食慾。

用餐環境寬敞明亮，搭配木質桌椅和綠色植栽。

招牌薯絲餅。

地址：松山區民生東路五段 27 巷 10 號
電話：02 2756 57278　**IG**：theantipodean
營業時間：8:00am-6:00pm，周六及日 7:00am 開始營業

★ MAP 15-1 ⑮

放放堂

質感小店

🚇 捷運松山機場站步行約 12 分鐘

很有個性的生活雜貨店，從世界各地收集各類燈飾、雜誌、居家用品及創意小物。除了有倉敷帆布、Oui Design 微一設計、高橋工藝等商品外，還出售 Chen Karlsson 的燈飾，該品牌是由一班台灣與瑞典的設計師於瑞典成立的工作室，其產品融合當地與亞洲的傳統元素，不失北歐設計一貫的簡潔風格，又帶有小趣味的物品，是喜歡收集與別不同東西的人必逛的好店。

地址：富錦街 359 巷 1 弄 2 號
電話：02 2766 5916
營業時間：周四至日 1:00pm-7:00pm
網址：www.funfuntown.com

松山新店線
【台北小巨蛋】
【南京復興】

文湖線
往南港展覽館

松山機場

中山國中

中山
北門
西門
小南門

松江南京　南京復興　台北小巨蛋　南京三民　松山

中正紀念堂　古亭　台電大樓　公館

新店方向

民生東路三段

民生東路四段

北

09

興安街
量子酒店
(F5-1)

08
07
01

長春路

06

12
04

出1
11
出7
13
健康路
出5
出1

健康路

北

出6
南京東路三段
台北小巨蛋
南京東路四段
南京三民

朱崙街
出2　出3
出5
02
出2出3
出4

遼寧夜市
10
敦化北路4巷
05

安東路二段
14
八德路二段
03
八德路三段
八德路四段

台北小巨蛋、南京復興　　Map 16-0

私人會所吃豪華涮涮鍋　必遊景點

海峽會 01　⭐ MAP 16-0

🚌 捷運台北小巨蛋站 1 號出口步行 7 分鐘

海峽會這個名字聽起來很像某個公家機關，但其實它是一家隱藏在商業大廈地下室的私人招待所，主要賣的是「豪華涮涮鍋」。既然以豪華為賣點，華麗的布置必不可少，連服務都超級貼心。這裡的火鍋都是一人一鍋，每樣食材都有一個牌子寫著食材的建議「涮涮」時間，旁邊還有一個沙漏提醒你。雖然是高級食肆，入門套餐只售 NT2,188，要食得出色食得招積，花多少也是值得的。

每個位都提供沙漏提醒你最佳的「涮涮」時間。

既是高檔的私人招待所，當然設有酒窖提供佳釀。

鮮甜加拿大乾貝，涮20秒即可。

進入食肆就可見到這電話亭魚缸，非常吸睛。

一人一鍋，方便衛生。

地址：松山區敦化北路 167 號 B1
電話：02 7707 6789　網址：http://www.csclub.com.tw/
營業時間：11:30am-2:30pm，5:30pm-11:00pm

⭐ MAP 16-0　台北紅人館

📷 02 台北小巨蛋

🚌 捷運台北小巨蛋站 2 號出口出站即達

小巨蛋樓高七層，耗資 47.67億 台幣建成，其中最大的主館可容納一萬五千名觀眾。與香港的紅館不同，來小巨蛋除了睇 Show，館內亦設有不同的食肆、商店及巨蛋冰宮溜冰場。就算沒有節目的日子，也可當這裡是商場流連。

地址：南京東路四段 2 號　電話：02 2181 2345
網址：https://www.arena.taipei

意式家庭料理

好食 03 ★ MAP 16-0
Mangia Bene

🚇 捷運台北小巨蛋站 2 號出口步行 7 分鐘

好食Mangia Bene主要賣的是意式料理，從前菜、主食（肉排海鮮等）到甜點，菜單只有簡單的兩頁紙，選擇真的不多，但卻其門如市，一枱難求。這裡的人手短絀，很多員工要身兼數職，所以點菜上菜或要稍等。不過廚師的廚藝了得，不單燒菜可口，更會定時推出新口味，加上食肆充滿家庭式溫暖氛圍，食客亦不介意花多一點時間等候美食。

地址：八德路三段 12 巷 4 弄 5 之 1 號
電話：02 8773 5846
營業時間：12:00nn-2:00pm，
　　　　　　5:30pm-9:30pm；周一休息
FB：好食 Mangia Bene

松阪豬切得相當厚實，吃起來很有霸氣，帶迷人酸味的巴沙米可酒醋超搭好吃。

★ MAP 16-0　揚威海外
04　京鼎小館

🚇 捷運台北小巨蛋站 1 號出口步行 5 分鐘即達

老闆曾在鼎泰豐任職二十年，繼而自立門戶創業，他將烹調手法稍為變更，以健康為主導，招牌菜「烏龍茶小籠包」，將烏龍茶葉磨成粉放入餡內，入口清爽不油膩。近年京鼎小館更積極開拓海外市場，在日本全國開設十多間分店，甚至比老大哥鼎泰豐更進取。

烏龍茶小籠包，小籠包雖然沒有茶香，卻減少了油膩感，趁熱吃最能品嘗到精髓。

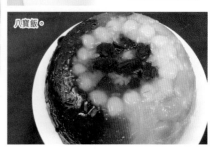

八寶飯。

地址：新敦化北路 155 巷 13 號　**電話**：02 2546 7711
營業時間：10:30am-2:00pm，5:00pm-9:00pm，
　　　　　　周六及日 9:30am-2:30pm，5:00pm-9:00pm
FB：京鼎小館

獴趣味食堂 **05** 🍴 ⭐ MAP 16-0
Meerkat75 Café

🚐 捷運台北小巨蛋站 2 號出口步行 7 分鐘

店內分為狐獴互動區和觀賞區，互動體驗每位限時10分鐘。

　　全台第一間以狐獴為主題的餐廳，目前共有兩家分店，分別位於松山區和信義區。顧客可以近距離觀察狐獴，甚至與他們合照。店中的餐點以輕食為主，包括早午餐、意粉、燉飯、沙律等選擇，口味中規中矩。餐廳最大的特色就是提供狐獴互動體驗，但活動名額有限，建議事先在官網查詢時間及預約。

顧客可以近距離觀察狐獴們的可愛模樣。

地址：松山區八德路三段 155 巷 10 號　**電話**：02 2579 8038
營業時間：11:30am-9:00pm；周一休息　**網址**：reurl.cc/Zrg97A

⭐ MAP 16-0　　馬鈴薯混蛋專門店
06 Tortiya PAPA

🚐 捷運南京復興站 1 號出口步行 5 分鐘

　　Tortiya PAPA 是販售馬鈴薯烘蛋（Tortilla Española）的專門店。馬鈴薯烘蛋是西班牙的一道傳統料理，在西班牙有小蛋糕之稱，Tortilla 由馬鈴薯、洋蔥、雞蛋等食材製成，口感鬆軟綿密，風味濃郁。店內提供多種口味的馬鈴薯烘蛋，包括經典原味、蒜香、青櫛瓜、巧克酥、泡菜豬等。餐廳的裝潢以鮮紅色為主，配合俏皮的公仔logo，打造成熱鬧繽紛的用餐環境。

青櫛瓜混蛋 NT75。

玉米片混蛋NT75，面層鋪滿莎莎醬及芝士粟米片。

地址：中山區龍江路 100 巷 10 號
電話：02 2507 0582　**IG**：tortiya_papa
營業時間：10:30am-5:30pm；周日休息

頂級泰式料理 07 ☆ MAP 16-0
Thai & Thai 泰式餐廳

🚇 捷運南京復興站 7 號出口步行 10 分鐘

　　台灣人不像香港人般對泰菜狂熱，不過當泰菜在台灣流行之初，中泰賓館的Thai & Thai 曾是泰式料理的龍頭。休業了一段時間，Thai & Thai落戶文華酒店，更來了一個華麗變身，比以前更寬敞豪華。食肆不但聘請泰籍名廚坐鎮，食材更由泰國直接進口，連細節也盡善盡美，例如透過日本原裝進口技術所提供的電解還原水，洗滌蔬果與製作湯品，能有效去除殘留物及中和酸鹼值，令出品更健康。

香辣檸檬魚，魚肉鮮嫩度不錯，但更愛的是那迷人的檸檬汁。

炒咖喱紅蟳，泰式咖喱的香與紅蟳的鮮美成為絕配。

泰式冬蔭功酸辣蝦湯，以新鮮蝦膏熬煮，不管是辣還是酸，總之非常帶勁，前辣、中酸、後甜，味覺層次分明。

地址：松山區敦化北路 158 號文華酒店 5 樓
電話：02 2719 6689　**網址**：http://www.thaiandthai.com.tw/
營業時間：11:30am-2:30pm，5:30pm-10:00pm

🍴 08 朱古力大師坐鎮
☆ MAP 16-0 　　文華餅房

🚇 捷運南京復興站 7 號出口步行 10 分鐘即達

　　文華東方酒店是國際名牌，而在酒店內的文華餅房亦走華麗高雅的路線。餅房更邀得世界朱古力大師 Frank Haasnoot 坐鎮，親手製作朱古力。除了外帶，餅房也設戶外雅座。顧客可以在鬧市的庭園內，享用五花八門的美麗糕點。

上至下：葡萄捲、抹茶朱古力、太陽撻及榛果馬卡龍。

地址：敦化北路 158 號　**電話**：02 2715 6789
營業時間：周一至六 10:00am-9:00pm，周日及假日至 7:00pm
FB：www.facebook.com/motpecakeshop/

品出好生活
開門茶堂

🔍 MAP 16-0 **09**

🚍 捷運台北小巨蛋站 5 號出口步行約 10 分鐘

開門茶堂老闆本身從事室內設計，所以賣茶同時，也講究品味的裝修擺設。店內所售的茶葉，都是老闆在台灣各地精挑細選。如招牌的「開門綠」，選自新北三峽的有機碧螺春、「日光金萱」是來自南投民間的金萱烏龍、「丹鳳烏龍」則來自台東鹿野的機紅烏龍。茶具方面，店家特別推介來自日本靜岡出品的鐵茶壺，與台灣茶葉特別配合。店內同時提供多樣茶點，如綠豆糕、杏仁果及法式小點，讓品茶的初哥也不會覺得口味太單調。

地址：民生東路四段 80 巷 1 弄 3 號　**電話**：02 2719 9519
營業時間：11:00am-8:30pm，周六及日 11:00am-6:30pm；周二休息
FB：www.facebook.com/CIDESIGNTEA/

🔍 MAP 16-0 **10** 低調過江龍
🥄 Haritts 甜甜圈

🚍 捷運南京復興站 5 號出口步行 3 分鐘

特別口味．薄荷水蜜桃。

Haritts 甜甜圈源自東京涉谷，台北店隱匿在台北松山區復興北路的巷內。Haritts 甜甜圈口味眾多，有原味、朱古力、肉桂葡萄、奶油起司、柑橘、抹茶紅豆、芝麻紅豆、小紅莓、南瓜、伯爵茶、烘焙茶、花生、咖喱、覆盆子白朱古力、香蕉朱古力、焦糖核桃，每日大約提供六至七種口味。

地址：松山區復興北路 81 巷 33 號
電話：02 8771 0645　**FB**：Haritts Taipei
營業時間：12:00nn-6:00pm；周日營業至 5:00pm

松山新店線 松山 民生社區 台北小巨蛋 松江南京 中正紀念堂 台電大樓

黑得美味
丹麥之屋

⑪

🚌 捷運南京復興站 1 號出口步行 4 分鐘

　　丹麥之屋於1999年由烘焙大師高志忠所創立。雖然店名有丹麥二字，其實是銷售法式西點麵包為主。丹麥之屋最受歡迎的麵包是丹麥菠蘿系列，其中的丹麥墨魚堡菠蘿更獲2007年國際烘焙麵包王「最佳口味第一名」。而女士最喜愛的馬卡龍，更分為柳橙、鳳梨、藍莓、玫瑰蔓越莓、芒果、水蜜桃、青蘋果等八種口味，加上色彩繽紛的賣相，絕對是萬人迷。

丹麥菠蘿（原味）NT33，外形有點似香港的菠蘿包，不過更酥更脆，內藏紅豆餡料。

地址：中山區龍江路 98 號
電話：02 2518 9036#7
營業時間：7:30am-9:30pm，周六及日 8:30am 開始營業
FB：https://www.facebook.com/houseofdenmarkbakery/

獨沽一味

⑫ 慶城海南雞飯

🚌 捷運南京復興站 7 號出口步行 2 分鐘

　　在香港要吃海南雞飯的地方多的是，但來到台北要吃一客優質的海南雞飯選擇卻不多。慶城海南雞飯最特別之處是對自家出品超有信心，所以只提供兩款套餐，包括海南雞飯（1號餐）及海南雞飯＋配菜（2號餐）除了雞肉出色，自家調配的蔥油辣醬也令雞肉錦上添花。至於另一要素飯底也是精心炮製，混合台灣米的黏和泰國米的香，再以雞湯煮熟，所以香氣四溢。

地址：松山區慶城街 16 巷 8 號
電話：02 8712 1200
營業時間：11:00am-3:00pm，4:00pm-9:00pm；周六日公休

型格意式料理 🍴 🔍 MAP 16-0

Cin Cin Osteria
請請義大利餐廳 ⑬

🚐 捷運南京復興站 7 號出口步行 2 分鐘

雞翅炸得油酥帶點濕潤口感，雞肉軟嫩有油質，非常好吃。

　　請請義大利餐廳位於慶城公園對面，由室內望出去就是綠油油的小天地。食肆的裝潢甚有格調，南歐的地磚、粗獷的石磚牆及半戶外的用餐區，令人仿如置身歐洲古宅之中。餐廳主打手工薄餅，以窯烤及柴火現做現烤，極有風味。其他意菜如燉飯及意大利粉都很有水準。招牌辣雞翅甜辣適中，更是必吃的名物。

地址：松山區慶城街 16 巷 16 號　**電話**：02 2712 2050
營業時間：11:30am-3:30pm，5:30pm-9:30pm
FB：https://www.facebook.com/cincinosteria/

地道南洋料理
妞呀小廚 ⑭ ⭐ MAP 16-0

🚐 捷運南京復興站 5 號出口步行 3 分鐘

　　妞呀 Nyonya 其實即是香港人認識的娘惹，是一種融會中國及馬來西亞料理的菜系。妞呀老闆娘是馬六甲的華僑，到台後便開店把這種充滿南洋風味的菜式介紹給台灣人。除了娘惹菜，這裡的泰菜，甚至印度咖喱都很出色。雖然餐廳的裝潢非常簡樸，但CP值爆燈，所以廣受傳媒推介。

咖喱不算濃卻很是迷人，搭配大量的九層塔，配菜和魚肉，非常好下飯。

泰式酥香檸檬雞飯，雞肉外表炸得酥酥香香帶點辣，肉質也很軟嫩。

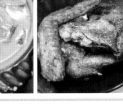

泰式香爆肉片飯有點像台式炒牛肉的風味，但加上泰式檸檬的微酸調味，蔥、九層塔油爆過的香味很夠，滋味十足。

地址：南京東路三段 256 巷 20 弄 2 號
電話：02 8771 5305　**FB**：妞呀小廚
營業時間：11:00am-2:00pm，5:00pm-8:00pm；
　　　　　　周六日公休

松山新店線
【松江南京】

Google Map
下載

松山機場

文湖線
往南港展覽館

中山國中

中山
松江南京　南京復興　台北小巨蛋　南京三民　松山

北門
西門

中正紀念堂　古亭　台電大樓　公館　新店方向

小南門

北

01. 93巷人文空間	17-1	06. 麵屋輝	17-3
02. 辛殿麻辣鍋	17-1	07. 袖珍博物館	17-4
03. 景庭虱目魚	17-2	08. 樹火紀念紙博物館	17-4
04. 川郎	17-2	09. 老四川	17-5
05. 柒息地	17-3	10. 富霸王豬腳	17-5

Map 17-0

書香伴佳餚 〇MAP 17-0 必遊景點
93巷人文空間 01

🚇 捷運松江南京站 4 號出口步行 3 分鐘

天下文化是台灣著名的媒體集團，主要提供人文及商管資訊，而93巷人文空間則是集團一個集書店、餐飲、展覽及研習的空間。客人在這裡除了可品嘗咖啡輕食，也有提供中西式料理，在滿室書香中感受生活閒情，隨心所欲的把書拿到餐桌上閱讀。地下室還不時會有各類有關書的展覽或特賣會，用餐之餘說不定撿個便宜，幸運地連餐費都省回來呢！

季節性推出不同口味甜品，包括蛋糕、蘋果派或鹹派。

假日早午餐的精品咖啡，有來自尼加拉瓜、洪都拉斯及哥斯達黎加等地的優質精品咖啡。

地址：中山區松江路 93 巷 2 號　**電話**：02 2509 5085
營業時間：　8:00am-8:00pm；
　　　　　　　周六及日 10:00am-6:00pm
FB：https://www.facebook.com/cafebookzone/

必遊景點 〇 ★MAP 17-0
正宗川味
02 辛殿麻辣火鍋

🚇 捷運松江南京站 7 號出口步行 5 分鐘

辛殿老闆早年在內地從商，嘗過大江南北的美味，對辣味濃郁的四川麻辣火鍋念念不忘。回台後經營食肆，決定把這熟悉的口味重現。這裡的麻辣湯底以四川的純種川辣乾、大紅袍花椒和郫縣豆瓣，搭配上四十餘種的中藥食材熬煮而成。雖然是吃到飽的形式，仍堅持提供上等食材，包括新西蘭頂級小莎朗、美國Choice頂級後腹牛五花、黑毛梅花豬及北海扇貝等，連雪糕也是 Häagen-Dazs 及 MOVENPICK，要吃回 NT500 左右的餐費應該冇難度！

鴛鴦鍋，紅鍋以川辣乾等香料熬煮，白鍋以蔬菜及豬大骨熬成，讓味覺在熱情與圓潤間激盪。

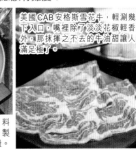
美國CAB安格斯雪花牛，輕涮幾下入口，嘴裡除了淡淡花椒輕香外，那抹揮之不去的牛油甜讓人滿足極了。

地址：中山區松江路 129-4 號　**電話**：02 2503 7667
營業時間：11:30am-1:30am
費用：平日午餐 NT538，平日晚餐及假日全天 NT638
網址：http://www.xindianpot.com.tw/
註：用餐時間限定 2 小時，兒童身高 110-140cm 半價

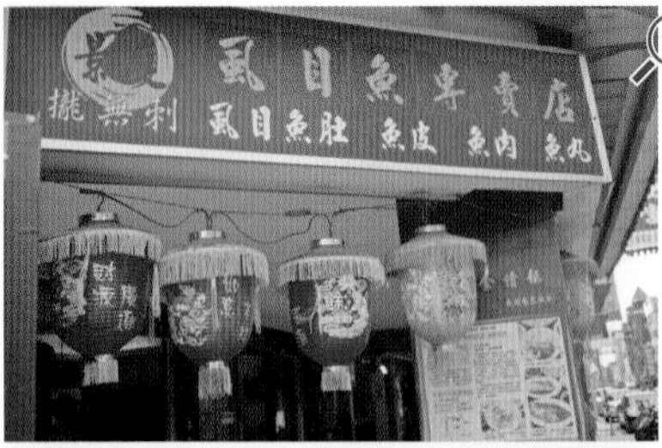

MAP 17-0 台南故鄉小吃

03 景庭虱目魚專賣店

捷運松江南京站 8 號出口步行 8 分鐘

虱目魚在台南非常風行，到處都有專吃虱目魚的食肆，但在台北要找虱目魚專賣店，景庭可能是最馳名的一間，很多名人食客如飲食作家胡天蘭、藝人伍佰及周杰倫都曾幫襯。這裡最熱賣的綜合湯，包含了虱目魚魚皮、魚肉及魚丸，可謂由外吃到內。另一味滷虱目魚肚，滷汁相當的甘甜，肉質軟嫩，油脂味又不腥，難怪會迷倒眾多魚痴光顧。

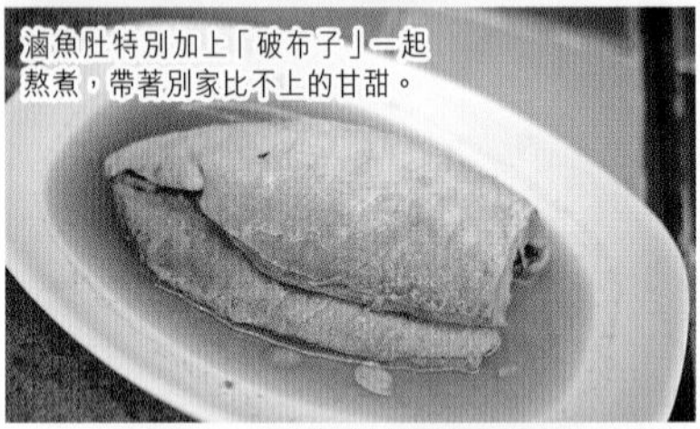
滷魚肚特別加上「破布子」一起熬煮，帶著別家比不上的甘甜。

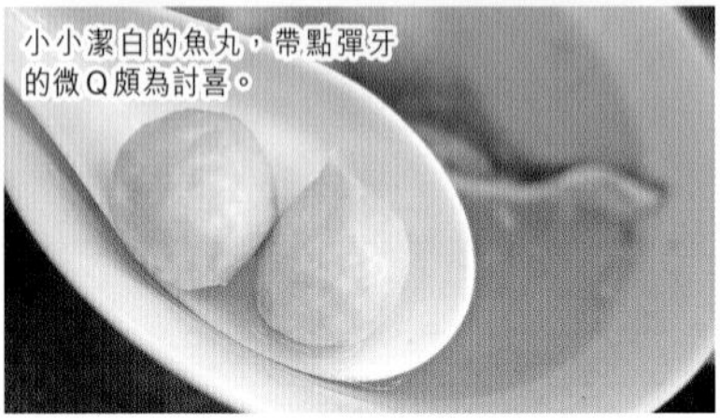
小小潔白的魚丸，帶點彈牙的微Q頗為討喜。

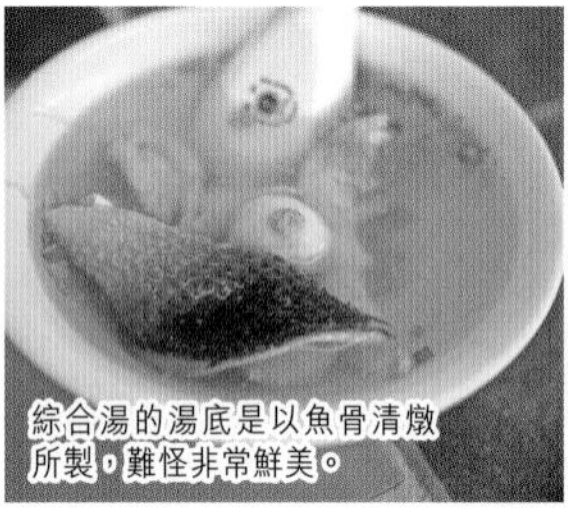
綜合湯的湯底是以魚骨清燉所製，難怪非常鮮美。

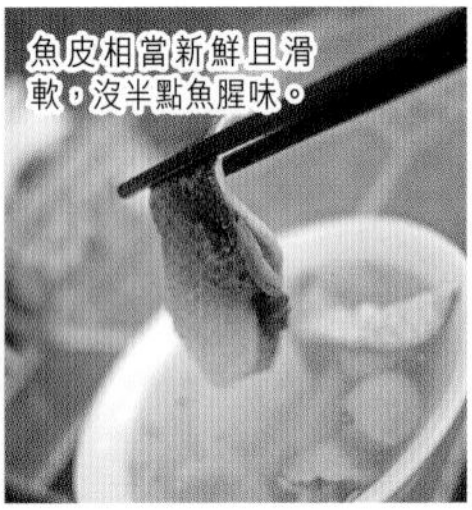
魚皮相當新鮮且滑軟，沒半點魚腥味。

地址：中山區吉林路 122 號 **電話**：02 2541 0513
營業時間：11:00am-8:30pm ; 周六休息

豪吃蟹膏土司 MAP 17-0

川郎活蟹海鮮料理 04

捷運松江南京站 8 號出口步行 15 分鐘

朋友中總有幾位是蟹痴，一定要到川郎擦一番。川郎的活蟹主要分為毛蟹、松葉蟹及鱈場蟹，另有所謂的常勝軍包括波士頓龍蝦、七星斑及生蠔等。食蟹的方式也有很多選擇，如炭燒、火鍋，甚至用奶油高湯清燉。不過最特別是黃金蟹膏佐哈士麵包，把蟹膏塗在麵包上，既鮮美又豪華，齋post相出來已羨煞旁人。

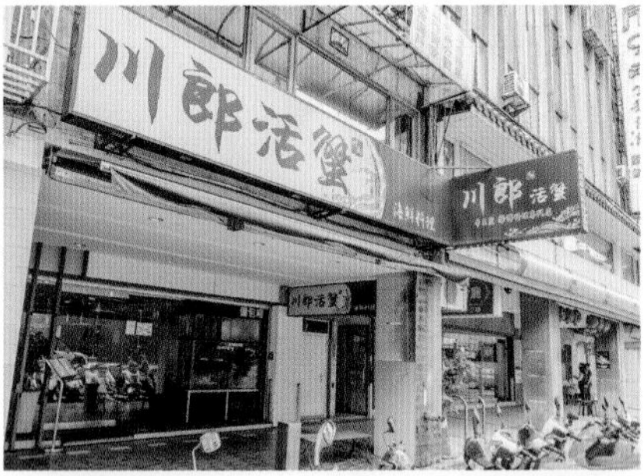

蟹腳用烤的，吃的是蟹肉的新鮮原味和蟹殼烤過的微微香氣。

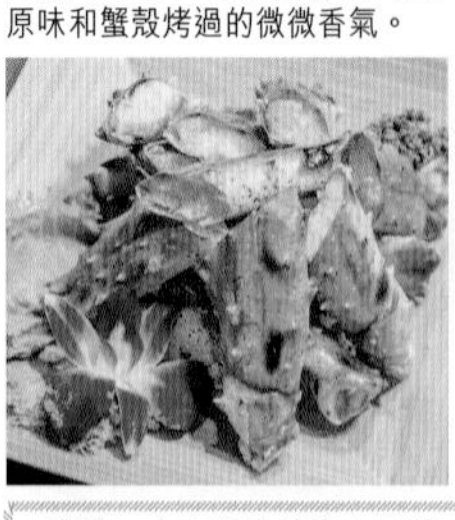

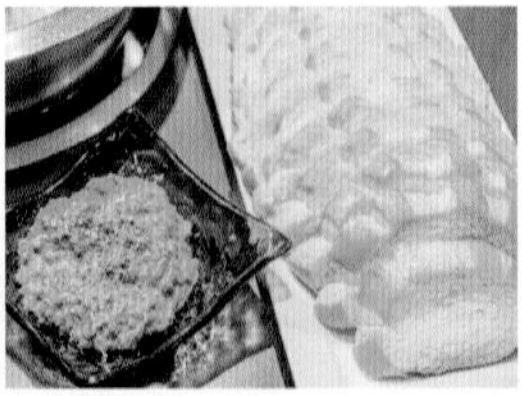
黃金蟹膏佐哈士麵包，蟹膏味道很濃厚，鮮味帶點咖喱香和微辣，沾在鬆軟的麵包上相當不錯。

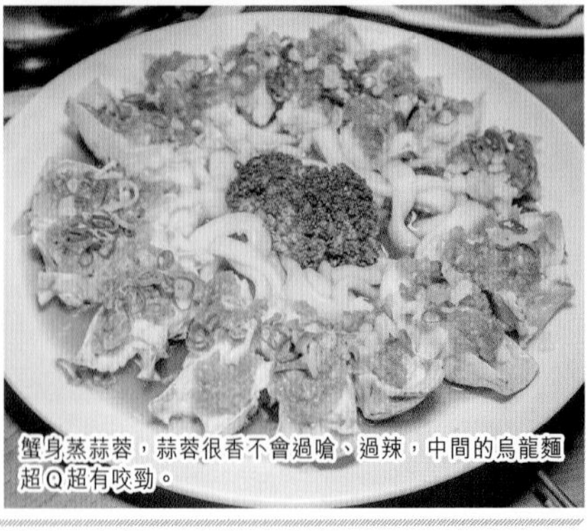
蟹身蒸蒜蓉，蒜蓉很香不會過嗆、過辣，中間的烏龍麵超Q超有咬勁。

地址：中山區吉林路 142 號 **電話**：02 2537 2677 **營業時間**：11:00am-2:00pm，5:00pm-10:00pm
FB：https://www.facebook.com/ChuanLanghotpot/

平價居酒屋
柒息地

05 MAP 17-0

🚇 捷運松江南京站 8 號出口步行約 6 分鐘

　　柒息地長春店是一家主打串燒、烤物和日式小吃的居酒屋。串燒以19元起的價格作招徠，每一串都刷上了厚厚的秘製醬汁，讓人一試成癮。從梅花豬肉串到秘醬燒去骨雞腿，每一種串燒都有其獨特的風味。尤以飛魚卵香腸和豬五花包番茄特別受歡迎，豬五花包番茄一口咬下番茄會噴汁，十分清爽解膩。雞腿串、烤魚、鮮蝦等也烤製得恰到好處，外焦裡嫩，絕對是佐酒神器。

每一串的外層都刷上了厚厚的醬汁，吃起來香氣十足。

地址：中山區長春路 128-1 號 1 樓　**電話：**02 2567 1770
營業時間：5:30pm-2:00am
FB：https://www.facebook.com/qixidi3

源自大阪的魚介豚骨拉麵
麵屋輝

MAP 17-0　**06**

🚇 捷運松江南京站 4 號出口步行 10 分鐘

擔擔麵 NT240，將底下的醬料拌開來，一抹花椒香氣立時襲來。

　　來自大阪的麵屋輝和現下很多日本拉麵屋一樣採完全開放的廚房，坐在枱前可以清楚的看見師傅煮麵時每一個動作，不過最特別連製作麵條的過程也公諸於世，透過廚房的製麵機，食客能見證Q彈麵條的誕生。這裡的麵食分成拉麵、沾麵、乾擔擔麵三類，又可選擇麻辣或是多叉燒。魚介加上豚骨的高湯滿滿柴魚的香氣卻不太鹹，比大部分拉麵店的湯頭相對清爽，感覺更加健康。

拉麵 NT240，有肥瘦叉燒兩片，再加半顆溏心蛋。

地址：中山區伊通街 8-1 號　**電話：**02 2504 1800
營業時間：11:30am-2:00pm，5:30pm-9:00pm；周日休息
FB：www.facebook.com/teru.taipei/

全球最大袖珍藝術館
袖珍博物館 07 🔍 MAP 17-0

捷運松江南京站 4 號出口
步行 6 分鐘

在台証金融大樓內的袖珍博物館，是全亞洲首家袖珍藝術主題博物館，就連收藏量及規模也號稱是當代全球最多。館內擁有很多娃娃屋，皆縮至1:12的大小比例，更有小至1:120的微型比例，作品全都巧奪天工且唯美精緻。當中以Reginald Twigg 製作的玫瑰豪宅Rose Mansion最為經典，曾入選國際袖珍藝術雜誌的「25年來十大傑出作品」，堪稱為鎮館之寶。

地址：中山區建國北路一段 96 號 B1 樓　**網址**：http://www.mmot.com.tw
電話：02 2515 0583　**營業時間**：10:00am-6:00pm；逢周一休館
費用：成人票 NT 250、6-12 歲 NT150、65 歲以上長者 NT125

🔍 MAP 17-0 08 沉醉「紙」世界
樹火紀念紙博物館

捷運松江南京站 4 號出口步行 5 分鐘

在袖珍博物館附近的樹火紀念紙博物館，是台灣第一家以紙作主題的博物館。館內以靜態的實品及模型展覽為多，也有製紙的體驗活動提供，讓遊客透過互動遊戲從而了解紙的故事。館內最高層還設有特展室，展出每季的特別企劃或相關的個人展覽，全都離不開紙這個主題。

地址：中山區長安東路二段 68 號　**電話**：02 2507 5535
營業時間：周二至六 9:30am-4:30pm；逢周日一休息
網址：www.suhopaper.org.tw

辣得有學問 ⑨

老四川巴蜀麻辣燙

捷運松江南京站 1 號出口步行約 5 分鐘

★ MAP 17-0

老四川火鍋的湯底遵循四川傳統古法炮製，其精妙之處在於它的麻辣辛香、變化無窮。在熬製紅湯湯底的過程，師傅一刻不離鍋爐，隨時要掌控火候和時間。除了麻辣，店內亦有提供養生白味鍋，湯底由雞架、豬骨及新鮮蔬菜熬製，味道清甜可口。

地址：中山區南京東路二段 45 號
電話：02 2522 3333　**營業時間**：11:30am- 翌日 5:00am
網址：http://www.oldsichuan.com.tw/

★ MAP 17-0

猪腳王者

⑩ 富霸王豬腳

捷運松江南京站 7 號出口步行 3 分鐘

富霸王豬腳位於捷運松江南京站附近之四平商圈中，就算不清楚地址，只要見最多人排隊的食肆就是富霸王。這裡的豬腳分為腿扣、腿節和腿蹄，即是豬腳的上中下三部分，不同部位的皮肉分布略有不同。所有豬腳都以古法細燉三至四小時，確保入口即化，回味無窮。

豬腳外皮相當的Q彈，皮下的豬肉肥美鮮嫩，滷汁則是鹹中帶些微的甜味。

魯肉飯不但有肉粒還有QQ的豬皮，吃起來香滑而不膩。

地址：中山區南京東路二段 115 巷 20 號
電話：02 2507 1918　**FB**：富霸王極品豬腳
營業時間：11:00am-8:00pm；周日公休

松山新店線
【中正紀念堂】
【古亭】

Google Map 下載

文湖線 往南港展覽館　松山機場

中山國中

中山　松江南京　南京復興　台北小巨蛋　南京三民　松山
北門
西門　中正紀念堂　古亭　台電大樓　公館　新店方向
小南門

Map 18-0A

愛國西路
中正紀念堂
03 中正紀念堂
02、10
04 05
06-09
11
12
13

Map 18-0B

14
出7　出6
和平東路一段
出9　出4　15
出1　出3
出2
16　17
台灣師範大
01

昭和風建築 MAP 18-0B
紀州庵文學森林 ①

🚌 捷運古亭站乘的士約 5 分鐘

　　建於1917年的紀州庵，距今已有百年歷史，昔日是平松家族經營的高級料理店，經歷過兩場大火後，現在重生成文學森林，化身推廣文藝古蹟的場所。由於生於日據時期，日式建築風格的老房子外貌，讓紀州庵更添昭和風味，備受旅客龍友喜愛，不少旅客都特意來此拍景留念，也是婚紗攝影、台劇拍攝的熱門場景呢！

地址：中正區同安街 107 號　**電話**：02 2368 7577
營業時間：10:00am-6:00pm，
　　　　　　周五至六 10:00am-9:00pm；逢周一休館
收費：免費參觀　**網址**：https://kishuan.org.tw/

必遊景點 ⭐ MAP 18-0A ② 古色古香
🎥 台灣藝術教育館

🚌 捷運小南門站 3 號出口步行 7 分鐘

　　國立台灣藝術教育館設立於1957年，是台灣首座公立藝術館，主力推廣藝術及美感教育。館舍屬50年代建築，為戰後中國古典樣式新建築風格，包含南海劇場、南海書院兩大建築體。2006年，教育館被評定為「歷史建築」，與鄰近之教育廣播電台、歷史博物館共同為「南海學園」內獨特建築群落，具都市景觀及歷史價值。

地址：南海路 47 號　**電話**：02 2311 0574
營業時間：周二至日 9:00am-5:00pm；周一休息
網址：www.arte.gov.tw

台北最大廣場 ⭐ **MAP** 18-0A

中正紀念堂 03 📷

🚈 捷運中正紀念堂站 5 號出口出站即達

中正紀念堂絕對是台灣最具代表性的建築之一。於1980年為紀念蔣介石而興建，在2007至2008年期間一度改名為國立民主紀念館。紀念堂周邊還有其他建築群，如自由廣場牌坊、國立戲劇院、國立音樂廳及藝文廣場，空間偌大，足以消磨半天。

地址：中山南路 21 號　**網址**：www.cksmh.gov.tw
營業時間：中正紀念堂 9:00am-6:00pm；
　　　　　　紀念公園 5:00am-12:00mn

馳名絲瓜小籠湯包

⭐ **MAP** 18-0A　　04 **盛園**

🚈 捷運中正紀念堂站 3 號出口步行 10 分鐘即達

盛園雖然有很多菜式選擇，但單靠一道絲瓜小籠湯包足以打響名堂。絲瓜小籠包比一般的小籠包更難處理，師傅撳皮力度要恰當才會厚薄適中，餡料比例拿捏得好口感才會細膩，蒸的時間不可過長或過短，不然絲瓜就會出水太多。

地址：杭州南路二段 25 巷 1 號 1 樓
電話：02 2358 2253
營業時間：11:00am-2:30pm、
　　　　　　4:30pm-9:30pm；周三休息
網址：www.shengyuan.com.tw

鼎泰豐的實力 路邊攤的價格

MAP 18-0A

杭州小籠湯包 05 🥢

🚈 捷運中正紀念堂站 3 號出口步行 10 分鐘即達

杭州小籠湯包向來甚得台北人歡心，口號是「鼎泰豐的實力、三六九的口味、路邊攤的價格」。味道方面，湯包皮薄餡多汁，勝在價錢也平，每到放學、放工時間，總能吸引不少忠實客戶幫襯。

地址：杭州南路二段 17 號
電話：02 2393 1757
營業時間：11:00am-2:30pm、
　　　　　　4:30pm-10:00pm；周二休息
FB：杭州小籠湯包

把台北味道帶回家
南門市場 06 🔍 MAP 18-0A

🚇 捷運中正紀念堂站 2 號出口即達

　　「南門市場」是一個歷史非常悠久的菜市場，日治時期已經存在，當時名為「千歲市場」，一直是蔬果的集散中心。南門市場歷經數年搬遷重建，終於在2023年底回到原址。全新市場共三層，設有254個攤位，匯集在地美食與老店，許多老字號店家也都從中繼市場搬回新市場。2樓更設有美食廣場，遊客可往一樓專賣南北雜貨及熟食的樓層，不但能吃到台灣最地道的熟食，也可以買到原材料乾貨，把整個台北的味道帶回香港。

地址：中正區羅斯福路一段 8 號
電話：02 2321 8069　**營業時間**：7:00am-7:00pm；周一休息
網址：https://www.tpnanmen.org.tw

🍴 MAP 18-0A 風味手工麵條
07 合歡刀削麵館

🚇 南門市場內

　　開業超過30年的老字號刀削麵店，以手工現削的刀削麵聞名，麵條口感厚實有嚼勁。店中主要供應紅燒牛肉麵、蕃茄煮牛肉麵、酸白菜煮牛肉麵等、大滷麵、牛肉醬拌麵及麻辣牛肉麵等。最受歡迎的紅燒牛肉麵，湯頭以牛大骨、牛小排、牛腩等熬煮而成，香氣濃郁，牛肉軟嫩入味，深受許多食客喜愛。

地址：中正區羅斯福路一段 8 號 2 樓
營業時間：10:30am-6:30pm；周一休息

酥軟綿密 08 🍴 🔍 MAP 18-0A
J・Sweetie

🚇 南門市場內

圓可頌是 J Sweetie 的招牌甜點，價格在 NT50-60 之間。

　　J・Sweetie 是市場內罕有的西式甜品店，位於B1樓手扶梯旁，專門販售圓形可頌 (Croissant)。店中供應的可頌共有16種口味，包括經典的朱古力、抹茶、芋頭、草莓等。可頌外皮酥脆，內餡軟綿，招牌口味為草莓卡士達和抹茶。除了圓可頌之外，J Sweetie 還販售如泡芙、馬卡龍等其他甜點。

地址：中正區羅斯福路一段 8 號 B1F-14&15
營業時間：9:00am-5:00pm；周一休息　**IG**：jsweetie_cakenbread

肥肉的誘惑 ⊛ MAP 18-0A

金峰滷肉飯 09

🚌 捷運中正紀念堂站 2 號出口

該店滷肉只採用豬後頸的半肥瘦肉，經過反覆的醃蒸滷，再特別加入十多種獨門中藥及切粒的香菇，一起放在鍋中熬煮超過廿四小時，由於滷汁完全滲進滷肉內，讓豬的肥肉化成濃厚膠質，入口又嫩又柔。

地址：羅斯福路一段 10 號　電話：02 2396 0808
營業時間：8:00am- 翌日 1:00am

全台首座植物園
⊛ 10　⊛ MAP 18-0A

台北植物園

🚌 捷運小南門站 3 號出口，步行約 5 分鐘

台北植物園前身是日本人於1896年建立的「台北苗圃」，於1921年正式命名為「台北植物園」，是台灣第一座植物公園。這座有過百年歷史的園林佔地8.2公頃，劃分成裸子植物、蕨類植物、植物分類園、民族植物、水生植物、荷花池等各式主題展示區，收集植物種類超過二千種。此外，根據近年的考究，發現植物園一帶早在四千五百年前已有人類聚居，所以植物園亦成為台灣重要的考古遺址。

地址：中正區南海路 53 號　電話：02 2303 997
營業時間：5:30am-8:00pm
網址：tpbg.tfri.gov.tw

小巷內的豬油
11　⊛ MAP 18-0A

林家乾麵

🚌 捷運中正紀念堂站 2 號出口，往建中方向走約 10 分鐘

老闆煮麵甚有技巧，煮麵和甩麵的時間把握得剛剛好，麵條乾爽彈牙，以清醬油、豬油及蝦油吊味後，灑上大量爽口青蔥，最好再加少許烏醋，一碗完美的乾麵便遞到食客面前。

乾麵能夠做得到如此美味，全靠豬油、蝦油和醬油調成的秘汁。

地址：泉州街 11 號　電話：02 2339 7387　FB: 老麵湘手工碳烤燒餅
營業時間：6:00am-2:00pm；4:30pm-7:30pm；周六及日營業至 2:00pm；周一休息

馳名冰店 ★ MAP 18-0A
建中黑砂糖刨冰 ⑫

創始於1941年
正宗 建中黑砂糖刨冰

🚐 捷運中正紀念堂站 2 號出口，往建中方向
步行約 10 分鐘

　　這家開業超過半世紀的冰店，任何時段都見人龍。招牌貨黑砂糖刨冰黑糖水香氣濃郁而獨特，配料也很講究，而且選擇多多，在別處吃不到這種滋味。因為選擇太多，老闆索性分為八大組合，節省客人挑選的時間。

地址：泉州街 35 號
電話：02 2305 4750
營業時間：11:00am-6:00pm
FB：建中黑砂糖刨冰

紅豆花生牛奶冰，大大碗消暑妙品。

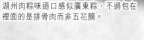

★ MAP 18-0A 半世紀寧波菜
⑬ 蔡萬興老店

🚐 捷運古亭站 8 號出口步行 10 分鐘

　　蔡萬興創於1953年，至今已超過半世紀，以五種招牌寧波小點聞名，包括湖州肉粽、菜肉餛飩、芝麻湯圓、桂花酒釀與寧波年糕。這裡由門面到食物賣相，相比一些老品牌都要平凡，但平實中卻顯功力。就以最簡單的芝麻湯圓為例，湯圓皮細滑軟糯，拌過豬油的芝麻餡散發出油香，試過便知其與別不同之處。

湖州肉粽味道口感似廣東粽，不過包在裡面的是排骨肉而非五花腩。

蘇杭東坡肉的賣相非常耀眼，肥瘦比例適中，夾著刈包一起吃正好化解油膩。

油爆蝦第一口的印象是甜，軟到幾乎沒有蝦殼扎口的口感也讓人印象深刻。

地址：中正區和平西路一段 118 號　　**電話**：02 2351 0848　　**FB**：蔡萬興老店
營業時間：11:30am-2:00pm，5:00pm-8:30pm；周一公休

台北老饕私房食肆 ⑭ ⊛ MAP 18-0B

台電勵進餐廳

🚐 捷運古亭站6號出口步行5分鐘

每個城市都會隱藏一些只有本地人才知門路的私房食肆，偏偏當遊客的卻會以發掘這些「秘藏」為最大樂趣。台電勵進餐廳原本為台電員工而設，但也開放予公眾，不過前提是先要找到隱蔽的門口，以及不介意排長長的人龍。這裡基本上是吃到飽火鍋，成人收費NT460。除了價錢超平，餐廳供應的酸菜白肉湯頭魅力四射，差不多是每位食客必試。雖然有眾多食材任選，但除了五花白肉及蔥油餅是必吃，其餘錯過了也不會太可惜。而餐廳使用的阿公級火鍋爐，更是呃Like的重要道具。

火鍋爐老歸老火力可是超強的來。

門面隱蔽，不要懷疑，放膽走進去就能找到美食。

食肆採自助形式，除了第一轉有專人服侍，餘下時間都是自己招呼自己。

五花白肉是店家特別經心挑選的，保證吃起來一點也不油膩。

酸菜白肉湯集鮮、甜、甘、清爽、香於一身。

地址：大安區和平東路一段75巷　電話：02 2393 4780
營業時間：11:00am-1:00pm，5:00pm-8:00pm；周日公休
收費：成人NT460，小童NT280

☺ MAP 18-0B

⑮ 涼了更好吃

古亭市場水煎包

🚐 捷運古亭站4號出口出站即達

古亭市場水煎包位於古亭市場背面入口（近羅斯福路那邊），因為水煎包和蔥油餅而聲名大噪，令小攤長期排著人龍。這裡的水煎包共兩款，包括「高麗菜」和「韭菜」，煎包的麵糰清香，煎得也脆，包裡的配菜煎得熟度剛好，十分清脆又多汁。至於蔥油餅屬於那種越咬越香型的，而且還不斷在嘴裡飄著少許的芝麻香。這裡的包點尚有一大特色，就是它們不會有一般油炸物品冷卻之後產生的油膩味，反而多了一股麵糰香和咬勁，比熱吃更可口。

韭菜水煎包內有韭菜及冬粉，夠香又飽肚。

蔥油餅麵糰香、Q勁足，更有與別不同的層次和膨鬆感。

高麗菜水煎包的高麗菜煎得熟度剛好，十分清脆又多汁。

地址：大安區羅斯福路二段77巷1號
電話：09 3215 1683　營業時間：3:00pm-7:30pm；周六日公休

夜貓 Cafe 早秋咖啡

MAP 18-0B ⑯

捷運古亭站 9 號出口步行 3 分鐘

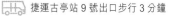

　　台灣的咖啡廳主要走兩大路線，一是由裝潢到食物都女性化到底，以招徠女性客源，另一類走文青型格的中性路線，吸引真正愛泡咖啡的顧客。早秋咖啡絕對是後者，店家把 Cafe 與 Pub 合而為一，既賣咖啡也賣酒類飲品。因為食肆是由古宅改裝，所以保留了原有間隔，變成幾個大小不一的個室，非常有趣。

店內有大量圖書、雜誌及漫畫借閱。一個人靜靜地 Hea 半天 so easy！

麵包配上番茄與新鮮莫札瑞拉起司，表面撒上些許鹽巴、羅勒、黑胡椒。

卡布奇諾 NT150

店內有不同包廂，包括這間刻意露出紅磚的小房間，應該是原來房子的間隔沒有打掉加以利用。

地址：中正區晉江街 10 號　**電話**：02 2368 5029
營業時間：12:00nn-12:00mn
FB：https://www.facebook.com/CafeMacho/

MAP 18-0B 經濟日式家庭料理

⑰ 日式愛好燒 紅葉

捷運古亭站 9 號出口步行 3 分鐘

　　紅葉據說是由一位日本爺爺處理，店面雖然不大，卻甚有家庭氣氛。食物主要有三類，包括大阪燒、炒麵及燒物，價錢由 NT80 起，算是相當抵食。這裡的大阪燒比其他日式料理店厚度略為遜色，不過用料依然十足。麵條方面有嚼勁，不會有鹹、油膩的負壓，吃來很清爽，更可按喜好加添配料，豐儉由人。

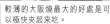

較薄的大阪燒最大的好處是可以極快夾起來吃。

明太子大阪燒的底部煎得火候略重了一點，但卻意外吃起來帶著微焦香。

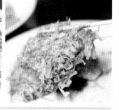

綜合日式炒麵配料有高麗菜、青椒、紅蘿蔔絲、木耳、五花肉片、花枝、蝦仁，還有一小撮薑絲，相當豐盛多元化。

地址：中正區晉江街 18 巷 18 弄 4 號　**電話**：02 2368 8223
營業時間：11:30am-2:00pm，5:00pm-9:00pm；周三公休
FB：https://www.facebook.com/momiji01/

松山新店線
【台電大樓】
【公館】

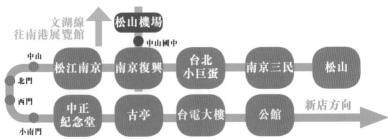

文湖線
往南港展覽館

松山機場

中山國中

中山

松江南京　南京復興　台北
小巨蛋　　南京三民　松山

北門

西門

中正
紀念堂　　古亭　　台電大樓　　公館　　新店方向

小南門

Map 19-1

台電大樓、公館

京都風抹茶店 ★MAP 19-1 A3

平安京茶事 01

必遊景點

捷運台電大樓站 5 號出口出站即達

「平安京」指的就是日本古都「京都」，平安京茶事就是抹茶甜品的專賣店。老闆曾在京都抹茶老店中習藝，學成後便開了這家滿溢濃濃日本風情的甜品店，店內還放了很多來自日本不同地方的茶品，有些甚至可供選購。說到最受歡迎的甜品，首推招牌抹茶蛋糕捲，用上了有名的丸久小山園的抹茶粉研製，味道幽香清甜，深得女生歡心。

各式精緻抹茶甜品。

若竹京都人最愛的冰品。NT300。

抹茶紅豆蛋糕捲 NT680。

地址：中正區師大路 165 號　**電話**：02 2368 2277
營業時間：12:30pm-7:30pm；周二休息
FB：https://www.facebook.com/heiankyo.fans

必遊景點

02 Indie 迷天堂
★MAP 19-8

The Wall

捷運公館站 1 號出口沿羅斯福路走約 10 分鐘，在羅斯福路與基隆路圓環附近

The Wall 於2003年成立，至今已成為台灣最重要的音樂演出重鎮，是獨立音樂愛好者必去的地方，因為這裡有最齊的 Indie 唱片。The Wall 是台灣少數符合演唱會規格的密閉空間，除了持續提供本土樂團最佳演出場所，每個月也邀請安排兩三組國外藝人演出。

地址：羅斯福路四段 200 號 B1　**電話**：02 2930 0162　**FB**：www.facebook.com/thewall.tw
營業時間：周五及六 7:00am-3:00am；周日營業至 12:00mn；周一至四休息

平民版「鼎泰豐」 **03**
金雞園 MAP 19-1 C4

捷運公館站 1 號出口
步行 5 分鐘

在許多遊客心目中，小籠包就等同於「鼎泰豐」又或是「明月湯包」，不過前兩者的價格都不夠親民，金雞園便成了很多美食節目追逐的標的物，特別是此店擁有多樣化的上海小點心，價格也平民，2018年更上了必比登推薦名單，令食肆長期一位難求，雖然要花點時間排隊，不過一定不會後悔。

蟹黃小包是金雞園必吃，撕開薄薄的小籠包皮，看見裡面流出金黃色的肉汁，有誰會不食指大動、口水直流？

地址：中正區羅斯福路三段 316 巷 8 弄 3 之 1 號
電話：02 2368 0698　**營業時間**：11:00am-10:00pm

MAP 19-1 B4　文具選物店
04 直物生活文具

捷運台電大樓站 1 號出口步行約 4 分鐘

集文具、生活選品及咖啡店於一身的特色小店，主攻來自歐美及日本的質感文具，平實不花俏，每一款商品都由店家親自使用過後才推出市場。店內也有配件飾品、手提袋和家居雜貨，還有座位可以點杯飲品來歇腳，絕對是文具控流連忘返的小空間。

地址：中正區羅斯福路三段 210 巷 8 弄 10 號　　**電話**：0975 875 120　　**網址**：https://plain.tw
營業時間：2:00pm-9:00pm，周六及日 1:00pm-7:00pm，周二休息

人氣Q彈芋泥捲 **05**
香帥蛋糕 ⭐ MAP 19-1 **A2**

🚇 捷運台電大樓站4號出口步行約2分鐘

香帥蛋糕相信大家都不陌生，而位於古亭的門市就是其創始店。一向廣受旅客和當地人歡迎的香帥，人氣的秘密就在於其招牌芋泥捲，用上台中大甲的芋頭，滿滿的芋頭餡搭配Q軟彈牙的蛋糕，香甜又綿密的口感，讓人一吃便愛上。

經典芋泥捲 NT420/條，曾獲台灣蘋果日報評選為2015捲類第一名。

地址：中正區羅斯福路三段96號
電話：02 2362 1438　營業時間：9:00am-10:00pm
網址：https://www.scake.com.tw/

⭐ MAP 19-1 **C4** 　消暑妙品

06 30年老店酒釀湯圓

🚇 捷運公館站4號出口步行2分鐘

三十年老店酒釀湯圓是一間位於公館站附近非常簡陋的食肆，走入店內感覺像是臨時搭起來的棚子，不過店家出品的湯圓卻是出人意料的精彩，芝麻香、湯圓糯、糖水清甜，更可選擇凍食，消暑一流，令人覺得忍受一下不太理想的環境也是值得。

桂圓芝麻湯圓(凍吃) NT100，咬開湯圓後發現裡面的芝麻餡是整團的，有點像在吃包芝麻餡的糕點。

鹹小湯圓 NT80，湯圓包著肉餡，相當的飽滿，皮吃起來帶著一點略纏的Q度。

地址：中正區羅斯福路四段12巷2號
電話：02 2365 6718　營業時間：3:00pm-8:00pm

美食小木屋
大盛豬排專門店 **07** ⭐ MAP 19-1 **C4**

🚇 捷運公館站1號出口步行2分鐘

大盛豬排位於台一牛乳大王右邊的巷子裡，全店裡外都以木材建成，似是鬧市中的小木屋，非常醒目，未吃東西已予人溫暖的感覺。這裡的豬排都來自原條豬背里肌肉，豬排全用人手厚切，保證每塊厚度最少有10mm。店家選的里肌都是偏瘦，卻不會因此較乾，一口咬下，噴出的肉汁超乎想像，而且還頗鮮甜，有一股恰到好處的「豬肉香」，水準比坊間的炸豬排名店都要高，價錢卻平宜三分一，CP值爆燈。

大盛里肌豬排 NT200，豬排份量十足，肉質細膩厚實。

地址：中正區羅斯福路四段52巷16弄15-1號　電話：02 2369 3017　FB：大盛豬排專門店
營業時間：11:30am-2:30pm，5:00pm-8:15pm；周一公休

品味咖啡

MAP 19-1 **B2** **08**

🚇 捷運台電大樓站 3 號出口步行 5 分鐘

小南風

　　小南風的老闆林禎慶本身是攝影師，所以店內掛滿了他的大作。而他的妻子則是插畫師，兩位藝術工作者打造的咖啡店，當然充滿文創氣息。所以餐飲以外，這裡也銷售二人精選的生活雜貨。除了各式咖啡，必試這裡的手作蛋糕，有香蕉、胡蘿蔔、南瓜甚至芋頭等不同口味，雖然口感細緻度比不上西式或日式糕點，不過勝在無添加，入口溫軟自然。老闆除了賣咖啡，也會定時開設咖啡班，與顧客分享品嘗及沖泡一杯好咖啡之道，實行與眾同樂。

地址：大安區師大路 68 巷 9 號
電話：02 2363 3138　**營業時間**：1:00pm7:30pm
FB：www.facebook.com/minamizephyr

MAP 19-1 **B1** **09**

🚇 捷運台電大樓站 3 號出口步行約 10 分鐘

人氣 No.1

阿諾可麗餅

　　阿諾可麗餅的口味選擇超多元化，單是鹹味就有十多種，甜味更接近二十款。當中，鹹味的以地中海蟹肉、大阪照燒豬肉及阿諾碟子總匯人氣最高，而且所有鹹味的可麗餅都會附有起司、生菜、粟米、千島醬及黑胡椒，餡料豐富。甜味方面，則以水果和聖代系列最受女士歡迎，尤其聖代系列可麗餅上的雪糕球，更是選用日本頂級明治櫻系列的。

在酥脆的餅皮上鋪滿新鮮香蕉片，香蕉的獨特香味與軟綿口感完美結合。

阿諾碟子總匯有蟹肉、鮪魚及火腿、燻雞等海陸雙拼，一次滿足多重享受。

地址：師大路 39 巷 1 號
電話：02 2369 5151
營業時間：12:30mn-11:00pm
FB：https://www.facebook.com/arnorcrepestaiwan/

台北
★★☆

松山新店線　松山　民生社區　台北小巨蛋　松江南京　中正紀念堂

台電大樓

福有攸歸
極簡咖啡

 ⊛MAP 19-1 **B1** ⑩

🚌 捷運台電大樓站 3 號出口步行約 10 分鐘

　　據說極簡咖啡的老闆原本是怕貓之人，因為收員工暫托貓貓於餐廳，竟然日久生情，由懼貓變成愛貓。高峰期老闆同時養了十六隻貓貓，歡迎有心人收養。雖然店內的貓隻近年已減少，但老闆不遺餘力，做生意之餘仍會闢一角義賣貓貓精品。如此善心，你又怎能不支持？

地址：大安區泰順街 2 巷 42 號　電話：02 2362 9734
營業時間：12:00nn-9:00pm｜周一休息
FB：貓孩在極簡（極簡咖啡館）

---

⑪ ⊛MAP 19-1 **C2**

糊塗有食神
糊塗麵

🚌 捷運台電大樓站 2 號出口步行 7 分鐘

　　糊塗麵位於「師大商圈」的末端，至於為甚麼會叫糊塗麵，據說某天老闆不小心糊裡糊塗把要做成水餃皮的麵糰擀成麵條下去煮，沒想到員工吃了覺得好吃於是取笑這麵是「糊塗麵」。糊塗麵的麵條因為是現擀所以咬勁不俗，加上這麵條呈略捲曲更能沾、吸上較多湯汁，是以吃起來特別的順滑痛快，是一碗很有特色的麵食。

糊塗麵因為麵身寬闊，能吸收更多湯汁，吃起來特別的滑順痛快。

紅油抄手的皮和餡非常的緊貼、紮實，應該是後腿肉所製，肉香肉甜也屬水準之作。

地址：大安區溫州街 22 巷 11 號　電話：02 2366 1288
營業時間：11:00am-8:00pm　FB：糊塗麵

19-6

親子教學勝地 **12** ⭐ MAP 19-8
自來水園區 📷

🚐 捷運公館站乘的士約 5 分鐘

　　這是台灣第一座自來水的博物館，建築上仿照古希臘神殿的設計，並糅合羅馬及巴洛克的建築元素，讓整個園區出充滿浪漫的異國風情，難怪成為婚紗攝影的熱門地。園區內設有多個不同的主題區，例如水源地苗圃、管材雕塑區、公館淨水場、水鄉庭園、生態景觀步道、公館水岸樂活廣場和親水體驗教育區等，提供各類與自來水相關的古蹟文物和互動體驗，讓大家寓學習於娛樂。

地址：中正區思源街 1 號　　**電話**：02-8369-5104
營業時間：7-8 月 9:00am-6:00pm；
　　　　　　9 月至翌年 6 月營業至 5:00pm，逢周一休息
收費：7-8 月成人 NT80；9 月至翌年 6 月成人 NT50；
　　　　12 歲以下小童半票
網址：https://waterpark.water.gov.taipei

⭐ MAP 19-1 **C3** 中瘋滷肉飯
🍴 **13** # 阿英滷肉飯

🚐 捷運台電大樓站 2 號出口步行 5 分鐘

　　滷肉飯在台灣屬於國民小吃，食客對此特別有高要求。阿英除了一般的滷肉飯，更設有中瘋滷肉飯，深信客人會對自家的滷肉飯瘋狂喜愛，可見店家對實力非常有自信。除了滷肉飯，店內出品的滷味也有極高水準，無論是腸頭、血糕到豆皮，夠味又不會太鹹，滷物質感軟滑卻有嚼勁，同樣令人瘋狂。

米血糕帶點微微的黏牙、沾舌討喜的咬勁。比坊間很多米血糕來得有口感。

中瘋滷肉飯吃起來不油不膩，特別是很順口帶點回甘的甜。真正令人瘋狂的，是飯底下的半熟荷包蛋。

滷味拼盤。豆皮（NT15/片）、大腸頭（NT100）及米血糕（NT25/片）。

地址：大安區溫州街 74 巷 5 弄 1 號
電話：02 2368 9927　**FB**：阿英台灣料理
營業時間：11:30am-2:00pm，5:00pm-8:30pm；
　　　　　　周六公休

巨星的起步點 ⑭
女巫店
★ MAP 19-1 C3

🚌 捷運台電大樓站2號出口步行約7分鐘

　　女巫店對比起其他Live House已是老字號，滿店都是女性主義的布置，餐點的名稱亦多與女性有關。女巫店以 soft rock、jazz、acoustic 等音樂演出比較多，如陳綺貞、陳珊妮、張懸等人都曾在此演出。女巫店雖然店面小小，也依然吸引不少當紅歌手去演唱。

地址：新生南路三段 56 巷 7 號　　電話：02 2362 5494
營業時間：周三至日 11:00am-10:00pm；周一及二休息
網址：www.witchhouse.org

⑮ 台北國際藝術村
寶藏巖
★ MAP 19-8

🚌 捷運公館站乘的士約5分鐘

　　寶藏巖自1997年起成為法定古蹟，並更名為寶藏巖歷史聚落。從2010年起便成為藝文創作者的集結地，開放給藝術家駐地創作。在入口處附近擺放很多駐村藝術家的展覽資訊，所有的藝術展覽均分佈在村內不同位置，遊客大可在此選定參觀方向及次序，然後開展藝術尋寶之旅。

02.THE WALL 公館	19-2
12.自來水區	19-7
15.寶藏巖	19-8

地址：汀州路三段 230 巷 14 弄 2 號　網址：www.artistvillage.org
電話：02 2364 5313　營業時間：11:00am-10:00pm，逢周一休館

長龍名店
台一牛奶大王 ⑯

⭐ **MAP** 19-1 **C3**

🚍 捷運台電大樓站 3 號出口沿羅斯福路往新生南路方向步行約 8 分鐘

　　台一開業超過半世紀，賣的都是傳統牛奶冰和湯圓，古早味十足卻吸引大批年輕人光顧，夏天排隊買牛奶冰，冬天則以熱騰騰的湯圓較受歡迎。牛奶冰奶味香濃，鋪上的鮮果超多，雖然較夜市內的刨冰貴一點，不過吃後自然覺得物有所值。人龍雖然很長，但店員效率高，加上佔地兩層，座位多，即使等位也不會太久。

鹹肉湯圓。

地址：新生南路三段 82 號
電話：02 2363 4341
營業時間：11:00am-11:00pm
FB：臺一牛奶大王

草莓芒果牛奶冰，草莓和芒果香甜多汁，牛奶濃稠，是最佳的消暑甜品。

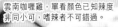
雲南咖哩雞，單看顏色已知辣度非同小可，嗜辣者不可錯過。

⑰ 住家式無菜單料理
巫雲

⭐ **MAP** 19-1 **B4**

🚍 捷運台電大樓站 1 號出口步行 6 分鐘

　　巫雲賣的是雲南菜，不過吃的都是一般家常料理。這家是無菜單料理，訂位時只要跟老闆說幾位，當天就會幫消費者配餐。它的裝潢與其說是食肆，不如說更像朋友的家，有一種熟悉的溫馨。這裡最馳名的雲南菜有皮蛋豆腐，雖然皮蛋不重，豆腐的豆香則相對明顯，混合辣椒油的香和辣，口感相當纏繞。至於雲南風味的咖哩雞，則是非常的辣，辣中更帶著辣油和花椒的香，非常好下飯。

皮蛋豆腐。巫雲的招牌菜，幾乎是每餐必上。

雲南大薄片。五花肉肥瘦得宜口感極好，酸和辣帶有解膩的作用。

地址：中正區羅斯福路三段 244 巷 9 弄 7 號　　**電話**：02 2369 3906
營業時間：5:00pm-10:00pm；周六及日 11:30am-10:00pm，周一公休
FB：巫雲

丼飯首選 MAP 19-1 C4

牛洞食堂 18

捷運台電大樓站 2 號出口步行約 4 分鐘

牛洞食堂主打平價丼飯，使用的食材都非常新鮮，牛肉選用安格司牛五花，米飯則是香Q的池上米，即使是價格平實，食材品質卻不馬虎。店中丼飯有多款不同系列，包括牛丼、豬丼、雞丼、海鮮丼、蔬食丼等。蔥花鹽味丼是店內的人氣選擇，青蔥、牛五花肉片和洋蔥絲鋪滿了整個碗面，配搭溫泉蛋和味噌湯，香濃滿足。店家還會隨餐附上小卡，指導食客如何享用丼飯，十分貼心。

地址：大安區羅斯福路三段 277 號之 1　**電話**： 02 2365 0222
營業時間：11:00am-2:30pm、5:00pm-9:00pm
FB：https://www.facebook.com/NeoDome/

19 沖煮咖啡專家 MAP 19-1 C3

聞山咖啡

捷運台電大樓站 2 號出口步行約 8 分鐘

三十年老字號的聞山自家焙煎咖啡店，販售多款來自不同產區咖啡豆、掛耳式咖啡包，及沖咖啡相關用品。店內主要供應「虹吸式沖煮」咖啡，多年來始終如一，讓每杯咖啡都維持穩定的味道，也讓室內的咖啡香味飄散每個角落。店內堅持使用高品質的精品咖啡生豆，全部經過店內咖啡職人細心烘焙，確保每一杯咖啡都能展現細膩和豐富多變的口感。

地址：大安區新生南路三段 56 巷 11-1 號
電話： 02 2365 3239　**營業時間**：12:00nn-8:00pm
網址：www.wenshanroasting.com/

隱藏版舒適空間 ⑳
城市草倉 ★ MAP 19-1 C3

🚇 捷運台電大樓站 2 號出口步行約 5 分鐘

　　城市草倉是隱藏在巷弄裡的安靜小茶館，店內擺放著各式茶葉與植栽，還有貓咪在旁邊自由漫步，增添了幾分趣味。店中的飲品從經典的阿薩姆紅茶到麝香葡萄紅茶都有，麝香葡萄紅茶以其獨特的香氣和甘甜，茶香撲鼻，成為了許多顧客的最愛。這裡的茶葉可以不限次數回沖，讓你可以在這裡慢慢享受寧靜時光。

這裡不僅是一家茶館，更是一個充滿綠意和生活藝術的空間。

有可愛的貓咪在旁邊走來走去。

地址：大安區羅斯福路三段 283 巷 19 弄 4 號
電話：02 2366 0381　**營業時間**：12:00nn-10:00pm
FB: https://www.facebook.com/ctealoft/

★ MAP 19-1 C4 ㉑
虎咬豬
藍家割包

🚇 捷運公館站 4 號出口步行 2 分鐘

割包 NT55。

　　割包又叫「虎咬豬」，原因是外面的麵皮很像是虎口，而中間包著豬肉，所以得名。藍家割包據說一開始只有分兩種口味，就是肥和瘦，後來徇眾要求增加了綜合（半肥瘦）、綜合偏肥及偏瘦五種選擇。割包餡料除了五花肉，就是酸菜和香菜。藍家割包的酸菜比別家的脆、香，且不會死鹹，適當的酸正好化解了五花肉過油的問題，而香菜及花生粉的味道則有畫龍點睛的效果，所以能夠一包風行，大受歡迎。

割包內與別不同的酸菜，是藍家致勝之關鍵。

五花肉及酸菜，結合成完美的味道。

地址：中正區羅斯福路三段 316 巷 8 弄 3 號　**電話**：02 2368 2060
營業時間：11:00am-11:00pm；周一公休　**FB**：藍家割包

【新北投】

交通

台北車站 ••••••••••••••••• 北投站 ••••••••••••••••• 新北投站

捷運淡水信義線
往淡水站方向

北投溫泉列車

Map 20-1

大自然的碧玉
地熱谷 01 必遊景點

MAP 20-1 **C1**

捷運新北投站 1 號出口
步行 12 分鐘

　　地熱谷名稱是來自日文「じねつこく」zi ne thu ko ku 的發音，從前更有人把這裡稱為「磺水頭」或「鬼湖」。不要被名稱嚇怕，地熱谷其實是位於北投親水公園內一個天然的溫泉湧池，由於泉水屬酸性，俗稱「青磺」且帶有偏綠色，故地熱谷日間看起來，有著翠綠碧玉般的外觀，十分吸引。由於這裡的溫度高達攝氏90-100℃，所以不會開放給遊人浸泡。而且地熱谷內充斥著類似臭蛋的硫磺味，未必每個人受得來。

地址：北投區中山路
營業時間：周二至日 9:00am-5:00pm；
　　　　　　周一休息
費用：免費參觀

20-1

莊嚴神社氣勢 ★ MAP 20-1 B2

必遊景點

北投溫泉博物館 ②

🚌 捷運新北投站 1 號出口步行 5 分鐘

溫泉博物館原址建於1913年，是參照日本靜岡縣伊豆山溫泉浴場而興建，在日治時代為「北投溫泉公共浴場」。由於主要建築結構仍完好保存，所以後來順理成章地改建為溫泉博物館。博物館佔地約七百坪，採用仿英式磚造建築，館內以北投溫泉發展史為主題，從溫泉的原理、北投石、火山到後期北投溫泉鄉發展史等，都有一一記述。

地址：北投區中山路 2 號　**電話**：02 2893 9981
營業時間：周二至日 10:00am-6:00pm；周一及假日休館
費用：免費參觀
網址：https://hotspringmuseum.taipei/Default.aspx

★ MAP 20-1 B1

大眾浴場

♨ ③ 千禧湯

🚌 捷運新北投站步行 7 分鐘

在北投浸溫泉不一定要在溫泉旅館留宿，北投區設有公共溫泉，千禧湯是其中一個。千禧湯和公共游泳池類似，客人只需在收費處付費便可進場使用。千禧湯為露天溫泉，設有六個主池，包括四座溫泉池及兩座冷水池，泉溫介乎於攝氏38-42℃之間，更有一個按摩池可供使用。

地址：北投區中山路 6 號
電話：02 2896 6939
門票：成人 NT60、
　　　　小童及 65 歲以上長者半價
營業時間：
早上：5:30am-7:30am、8:00am-10:00am、
　　　 10:30am-1:00pm
下午：1:30pm-4:00pm、4:30-7:00pm；
晚上：7:30pm-10:00pm

向溫泉鄉出發 🔍 MAP 20-1 A1

北投溫泉列車 04 🚌

新北投是最接近台北市區的溫泉鄉。為了強化新北投的形象，台北捷運公司特地花了六百萬台幣，改造其中一列三卡式列車，成為溫泉列車，往來北投與新北投之間。列車不單外觀有彩繪，就連內部也布置得非常有心思，主要介紹北投地區的人文歷史、自然環境與發展等等。

地址：捷運北投至新北投站

🔍 MAP 20-1 A2　眾志成城

🚐 05 新北投車站

🚐 新北投捷運站旁七星公園內

新北投從前也有台鐵通行，新北投火車站建於1916年，全站採全木造榫接結構建成。可惜1988年台鐵北淡線停駛，車站也遷往彰化台灣民俗村作展覽。經過當地居民的一番努力，新北投車站終於在2017年4月以原貌搬回舊址。車站不但開放予公眾參觀，也會定時舉行不同的文化活動。

地址：北投區七星街1號
營業時間：10:00am-6:00pm；周一休息
網址：http://www.xbths.taipei/

空中花園 🔍 MAP 20-1 D1

北投文物館 06

🚐 捷運新北投站轉乘230、小25公車，至北投文物館站下車

北投文物館是一座典雅的日式木造建築，建於1921年，前身是北投地區最高級的溫泉旅館。歷經歲月變遷，於1984年對外開放為私立博物館。館內典藏文物近5千件，以清末、日治以至70年代期間的台灣民俗工藝為主，涵蓋了戲曲、樂器等文物展覽，展現了台灣民俗文化的獨特魅力。

地址：北投區幽雅路32號　**電話**：02 2891 2318
營業時間：周二至日 10:00am-6:00pm；
　　　　　　周一休息、逢假日照常開放
費用：NT120　**網址**：www.beitoumuseum.org.tw

味覺與視覺的盛宴 MAP20-1 C1

The Restaurant 07

捷運新北投站步行 12 分鐘

　　三二行館是新北投的高級溫泉酒店，到這裡除了泡溫泉，記得還要幫襯酒店內的意大利料理 The Restaurant 品嘗美食。餐廳由名廚陳溫仁（Jimmy）主理，以獨特的烹調方式極致發揮食材的原味之美，更講究菜式的造型及色調，務使食客在味覺與視覺都得到大滿足。餐廳每季都會更換菜單，好像2018年3月便推出「法國路易十四的餐桌」，結合三個國家的國寶（法國白蘆筍、西班牙伊比利火腿及日本宮崎和牛），炮製出令人難忘的盛宴。

The Restaurant 主廚陳溫仁（Jimmy）。

「宮崎牛」牛肉麵。

以枯木擺放食物，非常有心思。

地址：北投區中山路 32 號　　**電話：** 02 6611 8888
營業時間： 12:00nn-2:00pm、6:00pm-10:00pm
網址： http://www.villa32.com/

MAP20-1 D1 08 張學良府第

少帥禪園

捷運新北投站轉乘 230、小 25 公車，至北投文物館站下車

　　隱身於北投半山腰的少帥禪園，前身為「新高旅社」，東北少帥張學良與其夫人曾被幽禁於此。經過重新翻修後，園區集合美景、美食及溫泉於一身，同時保留了純日式禪風的建築風格。少帥禪園提供當年張學良夫婦喜愛的經典菜譜，嚴選在地食材，呈現了東北家鄉菜的傳統風味。

除了蝦外，少帥最愛的就是魚。這個已炸到連骨頭都可以吃的午仔魚，還結合了日式的擺盤非常漂亮。

地址：北投區幽雅路 34 號
電話： 02 2893 5336
營業時間：
少帥展館 11:00am-9:00pm；
餐廳及湯屋約 12:00nn-9:00pm 左右
網址： www.sgarden.com.tw

自家農場出產 ⊙ MAP20-1 A1
PURE 歐式餐廳 ❾

捷運新北投站步行 5 分鐘

　　台灣的老爺酒店集團一向來都是走高級路線，而北投的老爺酒店，更是集住宿、餐飲及健檢於一身，很適合找個兩天來這放空泡溫泉吃美食加健檢，一次把身體需求通通滿足。酒店內的 Pure Cuisine 餐廳，不但菜式精緻，連食材產地都非常講究，所以餐廳的蔬果，大部分來自陽明山專屬的栽培區，保證新鮮兼無農藥，讓客人食得安心兼放心。

松露燴北投鮮，原來松露和蔬菜是這麼搭配的夥伴！

炙燒赤甘甜蝦佐鮮芒油醋汁。芒果醬非常濃郁，搭配鮮跳的甜蝦，美味至極。

爐烤香草春雞配芥末燉蔬菜，以黃芥末作為醬汁，與爐烤的香氣搭配合宜。

地址：北投區中和街 2 號　　**電話**：02 2896 9777
營業時間：早餐 7:00am-10:30pm
網址：http://www.hotelroyal.com.tw/beitou/

⊙ MAP20-1 A1　原住民藝術
❿ 凱達格蘭文化館

捷運新北投站步行 5 分鐘

　　凱達格蘭文化館把北部原住民族——凱達格蘭族人的原始生活、文化和人物等都詳盡展示出來。原來約四百多年前，台灣北投地區正是當時的原住民族凱達格蘭族的活動和居住地之一，故凱達格蘭族無論對北投的歷史和建設等，有著不可分割的關係。

地址：北投區中山路 3-1 號　　**電話**：02 2898 6500
營業時間：9:00am-5:00pm；周一休息
網址：https://www.ketagalan.gov.taipei/

綠樹林蔭
南豐天玥泉會館 ⑪

  MAP 20-1 A1

捷運新北投站步行 5 分鐘

這家酒店位於北投公園的對面，可以欣賞到翠綠的公園和北投圖書館的美景，交通方便，同時又能享受寧靜的環境。酒店提供二十七間客房，每間客房都設有可供兩人浸浴的溫泉池。如果您希望獨自享受寧靜的溫泉浸浴，酒店還提供十四間個人禪式湯屋，充滿自然氛圍，以洗石子的布置營造出舒適的環境。

地址：北投區中山路 3 號　電話：02 2898 8661
費用：NT6,000/ 晚起，大眾風呂收費 NT700-1,000
網址：www.tyq.com.tw

位處半山
麗禧溫泉酒店 ⑫

 MAP 20-1 D1

酒店專車由 10:00am-10:00pm 每 30 分鐘至 1 小時一班從捷運北投站開出

麗禧酒店位於幽雅路上的制高點，是北投頂級酒店之一。酒店費時六年、耗資近二十億台幣興建，房間布置寬敞豪華，連免費的飲品及小吃，也是雀巢的膠囊咖啡及馬卡龍；加上每間房附設開揚露台及冷熱水溫泉浴池，享受的確高人一等。

地址：北投區幽雅路 30 號
電話：02 2898 8888
費用：雙人房由 NT16,100/ 晚起
網址：www.gvrb.com.tw

廿三億打造 ⑬
日勝生加賀屋

MAP 20-1 B2

捷運新北投站步行約 10 分鐘即達

位於日本能登半島的日勝生加賀屋，開業至今已超逾一世紀，而耗資廿三億台幣興建的北投加賀屋，則是集團首個在海外的華麗據點。全館空間以日本建築技法精細雕琢，綴以日本能登三大工藝品——九谷燒、輪島塗、金箔，完美呈現日式典雅之美，讓所有旅客感受前所未有的和風體驗。

地址：北投區光明路 236 號　電話：02 2891 1238
費用：雙人房由 NT23,000/ 晚起
網址：www.kagaya.com.tw

【淡水】

交通

台北車站 .... **淡水站**

捷運淡水信義線 (往淡水站方向)

Map 21-2A

A B C D

淡江中學

往三芝

馬偕墓園
08

英國領事館
(紅毛城)

朝日夫婦
（F3-2）

15

12

13

浪花丸かき氷
（F3-3）

1

北

2

淡水河

14

04、06、09

07

05

11

10

淡水站

往淡水碼頭
巴士站

捷運公園

淡水

3

Map 21-2B

18

03

漁人碼頭

17

19

16

Google Map
下載

4

北

淡江高中

淡江大學

淡水站

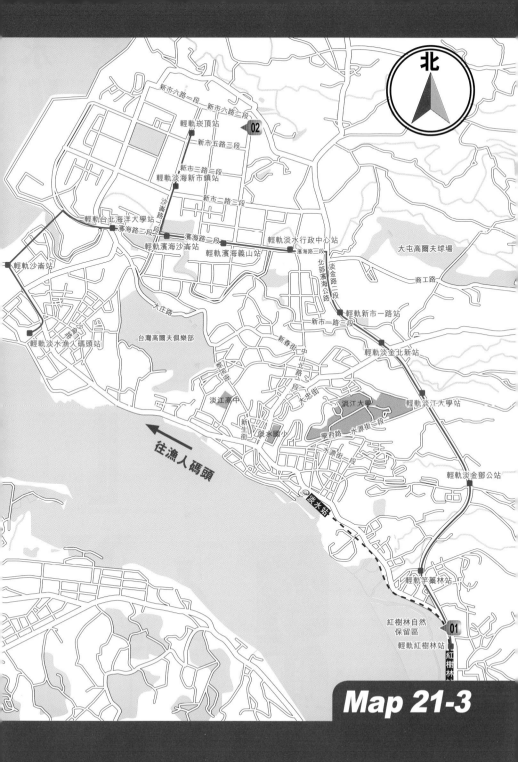

北

輕軌崁頂站
02
新市六路二段—新市六路三段
新市五路三段
新市三路三段
輕軌淡海新市鎮站
沙崙路二段
新市二路三段
濱海路三段
輕軌台北海洋大學站
二二澤路二段
濱海路三段
輕軌淡水行政中心站
輕軌濱海沙崙站
輕軌濱海義山站
濱海路三段
輕軌沙崙站
北部濱海公路
淡金路一段
大屯高爾夫球場
商工路
大庄路
北部濱海公路
輕軌新市一路站
新市一路二段
輕軌淡水漁人碼頭站
台灣高爾夫俱樂部
新春街
輕軌淡金北新站
台灣高爾夫俱樂部
中正路
淡江高中
新生街
淡水國小
中正路
淡江大學
輕軌淡江大學站
學府路
水源街二段
往漁人碼頭
中正路
中山路
水碓街二段
輕軌淡金鄧公站
淡水站
輕軌竿蓁林站
紅樹林自然
保留區
輕軌紅樹林站
01
紅樹林

Map 21-3

搭輕軌漫遊淡水

2018年台北最矚目的建設，一定非淡海輕軌莫熟。淡海輕軌是新北捷運的一部分，分有綠山線、藍海線、八里線及三芝線等4條路線，行經淡水、三芝區及八里等地區。綠山線率先於2018年尾開通，其餘路線則尚在規劃及興建當中。

由捷運紅樹林站步行3分鐘即到達淡海輕軌紅樹林站。

留意列車車門無論內外都要先按鈕才開門，上下車記得動手。

淡海輕軌路線圖
資料來源：新北捷運

特色打卡位

淡海輕軌的列車名為「行武者號」，每列車由5節車廂組成，外觀是水藍色彩繪，與淡水地區的藍天海景相呼應。而淡海輕軌最大的賣點，一定是幾米。由紅樹林至崁頂共11個站，都放置了幾米繪本的雕塑，成為乘客的打卡熱點。在漁人碼頭(V26)附近，甚至設有幾米主題的溜溜帽遊樂場，令幾米Fans難以抗拒。

崁頂站。

V6新市一路站。

V7淡水行政中心。

【探索淡水之旅】

由於淡海輕軌綠山線以行經淡水區的民居為主,玩樂的景點並不多,不過下列景點仍值得一遊。

面積廣達76公頃的紅樹林。

01【紅樹林站 (V01)】
紅樹林自然保留區

 MAP 21-3

捷運紅樹林站出站即達

鄰近台北最大的濕地公園,設有紅樹林生態教室,亦可在生態小徑步行或騎單車欣賞紅樹林的風光。

【崁頂站 (V11)】 02
淡海美麗新廣場

崁頂站步行 10 分鐘

淡海美麗新廣場可算是淡水區最新最大型的商場,其中最大的賣點是商場的影城,擁有25米長、13.5米寬的超大銀幕,在這種香港已絕跡的超級影院欣賞荷里活大片,感受截然不同。

MAP 21-3

採訪時商場剛開幕,很多商店尚未開業,不過仍有幾間食肆可以選擇。

淡海輕軌
營運時間:6:00am-12:00mn　　**收費**:NT20-30
網址:http://www.ntmetro.com.tw/

MAP 21-2B B4 03【淡水漁人碼頭站 (V26)】
星巴克雲門門市

漁人碼頭站轉乘紅 26 公車直達

星巴克雲門門市鄰近雲門劇場,結合了當地的藝術感和人文風情,讓喝咖啡也變得很文藝。該門市以玻璃屋打造,三面環繞大落地窗,讓戶外綠蔭自然透入,門口有一座名為「旋的冥想」的雕塑,是為了紀念已故雲門舞者羅曼菲女士而塑造的。門市內也擺設了許多藝術作品,營造出雅緻的氛圍。

地址:淡水區中正路一段 6 巷 32-1 號　**電話**:02 2805 5247
營運時間:平日 10:00am-5:30pm;
　　　　　　星期六及日 9:30am-6:30pm

淡水魚丸老牌
可口魚丸

04

🔍 **MAP** 21-2A **B2**

🚐 捷運淡水站 1 號出口沿淡水老街走約 8 分鐘即達

獲當地人推薦的可口魚丸，賣的魚丸是以鯊魚肉並摻入少許的太白粉所製成，爽脆彈牙。清而鮮的豬骨湯配上少許芹菜碎，內餡是香氣十足的肉燥，咬下去還有爆漿的感覺，非常可口！除了招牌的魚丸湯外，古早味手工包子和餛飩湯也是店家的人氣商品。

地址：淡水區中正路 232 號
電話： 02 2623 3579
營業時間： 7:00am-4:00pm

港人必買手信
阿婆鐵蛋

05

🔍 **MAP** 21-2A **B2**

🚐 捷運淡水站 1 號出口沿淡水老街走約 7 分鐘即達

淡水的「阿婆鐵蛋」硬身卻富有彈性，非常好嚼，也是必買手信之一。她的鐵蛋是用豉油與五香配方滷製而成，滷了數個小時後風乾，然後重複所有程序，持續了整整一周才做出現在的 QQ 鐵蛋。由於不含任何防腐劑，所以只能保存一個月左右。

地址：淡水區中正路 135 之 1 號
電話： 02 2625 1625　**營業時間：** 9:00am-9:30pm
網址： www.apoironegg.com

至 Hit 淡水小吃
源味古早味現烤蛋糕

06

🔍 **MAP** 21-2A **B2**

🚐 捷運淡水站 1 號出口沿淡水老街步行 8 分鐘

近年在淡水老街最多人排隊的店舖，一定非緣味及源味兩間烤蛋糕店莫屬。兩間店由店名、產品至價錢都非常相近，不過源味的發展似乎較快，幾年間分店已由台北開到星馬。源味的蛋糕口感綿密，雞奶味道濃郁，當中以原味、黃金起司及爆漿朱古力最受歡迎，花十五分鐘排隊輪購是「最低消費」。

地址：淡水區中正路 230 號之 1　**電話：** 02 2620 0856
營業時間： 平日 10:00am-7:00pm、
　　　　　　 周六及日 9:00am-9:00pm
網址： https://www.originalcake.com.tw/

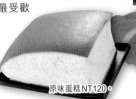

原味蛋糕 NT120。

黃金起司 NT160。

古早零食老字號

登峰魚酥

07 MAP21-2A B2

捷運淡水站 1 號出口沿淡水老街步行約 6 分鐘

　　登峰魚酥的歷史可以追溯到1950年，至今已有70多年的歷史。最初由許再興先生創立，當時只是一家小作坊，專門生產魚丸和魚酥。後來，隨著淡水老街的發展，登峰魚酥的知名度也逐漸被打響起來。登峰魚酥的產品種類繁多，包括原味魚酥、蝦酥、旗魚鬆等。店內設有用餐區，遊客可以品嚐到各種風味魚酥小吃。

地址：淡水區中正路 117 號
電話：02 2629 3312 　**營業時間**：11:00am-8:00pm；周末營業至 8:30pm
網址：www.fish-ball.com.tw/

MAP 21-2A B1

周杰倫母校

淡江中學

08

捷運淡水站沿淡水老街走並轉入真理街後即達，需時約 20 分鐘

　　透過周杰倫主演的《不能說的秘密》，我們認識了建築復古優雅的淡江中學，也見識了周董的母校。校園只在學生上學的時間開放，除了課室及活動室外，遊客可隨意在校園內參觀，在種滿椰子樹的舊校舍大樓朝聖一番，順便感受校園的青春氣息。

地址：新北市淡水區真理街 26 號
電話：02 2620 3850 　**營業時間**：9:00am-4:00pm

一串接一串地吃

阿香蝦捲

09 MAP21-2A B2

捷運淡水站 1 號出口沿淡水老街走約 8 分鐘即達

　　蝦捲採用鮮蝦和豬肉作餡料，先把內餡放在薄麵皮上再捲成條狀，然後直接入鍋酥炸至金黃色。大部分是即叫即製，待店家在蝦捲淋上特製的甜辣醬後便可食用。因為它的大小屬於「一口」類型，而一串只有三條，所以很容易就會一串接著一串地繼續買來吃呢！

地址：新北市淡水區中正路 230 號
電話：02 2623 3042
營業時間：10:30am-8:30pm

創意花粉酥
滬尾餅舖 ⑩

🔍 **MAP** 21-2A **B2**

🚌 捷運淡水站 1 號出口沿淡水老街走約 6 分鐘即達

　　滬尾餅舖擁有百年製餅的技術，更獨特地以花粉入餡，研製出鎮店之寶的花粉酥。店家不單把古早的小食重新詮釋，還融入現代的健康概念，其生產的食品堅持絕不添加任何防腐劑及色素等化學元素。

地址：淡水區中正路 85 號
電話：02 2620 0848　**FB**：滬尾餅舖
營業時間：9:00am-9:00pm

四色嫩滑豆花 ⑪
淡水滬尾豆花

🔍 **MAP** 21-2A **C2**

🚌 捷運淡水站 1 號出口沿中正東路走並轉入英專路，需時約 3 分鐘即達

　　純手工並由老闆娘每日親手製作的滬尾豆花，曾經創下一天賣出二千碗的紀錄。滬尾的豆花因為選用秘方的番薯粉製作，所以口感比街外的更嫩滑綿密。招牌豆花配四款特製口味：原味豆花、甜甜的布丁豆花、濃郁的朱古力味豆花，以及芳香的杏仁味豆花，再配上花生、綠豆及粉圓作配料。

地址：淡水區英專路 21 巷 9 號　電話：02 2622 7936
營業時間：11:00am-11:00pm
網址：http://26227936.blogspot.com

古早味取勝
淡水老牌阿給

🔍 **MAP** 21-2A **B1** ⑫

🚌 捷運淡水站沿淡水老街和真理街走約 15 分鐘即達

　　若想吃到老牌阿給的話，建議一定要在早上時段去才有機會吃到，否則隨時與它緣慳一面。阿給，其實就是一種油豆腐包冬粉，並用少量魚漿封口的淡水小食。老牌阿給用的醬和平時所見的紅色醬汁截然不同，反而是啡黑色的醬汁，味道也較濃郁且鹹一些。不過，它家的冬粉卻比任何一家的還要煮得更入味。

地址：淡水鎮真理街 6-1 號　電話：02 2621 1785
營業時間：5:00am-2:00pm；周一休息

辣度任選　🔍 **MAP** 21-2A **B1**
三姐妹阿給 ⑬

🚌 捷運淡水站沿淡水老街和真理街走約 15 分鐘即達

　　三姐妹阿給有五種口味：綜合、甜辣、輕辣、辣和重辣。若非嗜辣的朋友，建議可選傳統的甜辣味。包裹在油豆腐內的冬粉，吸收了店家特製的甜辣醬汁精髓，令阿給更加惹味加分。跟老牌阿給比較之下，三姐妹的油豆腐皮較薄，而且醬汁口味也明顯不同，還有三種辣度可以調整，口味選擇更多。

地址：淡水鎮真理街 2 巷 1 號　電話：02 2621 8072
營業時間：9:00am-5:00pm；周三休息

前文人雅士聚集地

淡水紅樓⓮

`MAP 21-2A B2`

🚌 捷運淡水站 1 號出口步行 13 分鐘

　　紅樓原是船商李貽和的宅第，曾是文人雅士的重要聚會場所，現在卻變成了一複合式的餐廳與藝文館 Red Castle 1899。店內主要提供中式料理及古早炭火銅鍋，到了晚上還有歌手現場演唱，饒富情調。紅樓位處山腰之上，旅客還能邊用餐，邊飽覽淡水的繁華市景與海岸景色。

地址：淡水區三民街 2 巷 6 號 1 樓
電話：02 8631 1168
營業時間：11:00am-9:00pm
FB：https://www.facebook.com/redcastle1899/

因修復工程 3/30 起全區暫停開放。

`MAP 21-2A A1` 清朝建築

🎦 ⓯ 淡水小白宮

🚌 捷運淡水站沿淡水老街走轉入真理街後即達，需時約 18 分鐘

　　位於淡水半山上的小白宮，前身為清代淡水關稅務司的官邸。小白宮有別墅風的瓦屋頂和白色牆壁，還有幾道對稱的拱圈迴廊，予人一種置身於歐洲國度的美好錯覺。白宮前還有一片繁花盛放的花園，而園內鋪設了木板地的空曠地段更是遠眺淡水夕照的最佳觀景台。

地址：淡水區真理街 15 號　電話：02 2628 2865　費用：NT80（兼遊紅毛城及滬尾礮臺）
營業時間：周二至五 9:30am-5:00pm，周六及日 9:30am-6:00pm；每月第一個周一休館

觀光散步熱點 `MAP 21-2B A4`

漁人碼頭⓰ 🎦

🚌 淡海輕軌淡水漁人碼頭站步行約 5 分鐘

　　原只是一個傳統小漁港的漁人碼頭，在加入了三多公尺的木棧道、堤岸咖啡和港區公園後，現在已蛻變成一個著名的旅遊景點。而且在此還可搭乘觀光遊艇，暢遊淡水名城、八里海岸、關渡等地，欣賞沿途的河岸與市鎮風光。

地址：淡水區觀海路 199 號

珍愛一生
情人塔

📷 17
⊛ MAP 21-2B A4

🚐 漁人碼頭

　　情人塔是淡水漁人碼頭的著名地標之一。乘客進塔艙後，會緩慢上升至108公尺高處，並開始360度旋轉。在塔上以欣賞淡水的自然風景，包括淡水河、觀音山、台灣海峽等，是許多情侶約會的打卡熱點。

地址：淡水區觀海路 83 號　**電話**：02 2805 9958#8270
營業時間：周六、日及假日 10:30am-12:00nn、
　　　　　　2:00pm-6:30pm（每半小時一班）
收費：平日 NT200/ 人、周末 NT250/ 人

台灣八景之一
情人橋 18

⊛ MAP 21-2B A4

🚐 漁人碼頭　📷

　　連接淡水老街和淡水漁人碼頭的情人橋，於1984年落成，橋身採拱型設計，橋頭兩側各有一座觀景台。在橋上可以欣賞到淡水河的風光，包括觀音山、台灣海峽等，是許多情侶約會的打卡熱點。

地址：淡水區觀海路 201 號

幾米藝術裝置
19 溜溜帽遊樂場

⊛ MAP 21-2B A4

🚐 捷運淡水線至紅樹林站轉乘淡海輕軌到 V26 漁人碼頭站

　　情人橋旁5個巨大的帽子層層疊在一起，由丹麥遊樂場設計公司MONSTRUM負責製作，取名《溜溜帽遊樂場》。由帽子和禮物盒兩種元素組成，兩邊都有瀡滑梯，中間由吊橋相連，小朋友可以鑽入帽子和禮物盒裡盡情嬉戲。沿著河岸的木棧道一路向前走，會發現幾米另一個裝置，一個享受獨自看海的女孩，造型源自《閉上眼睛一下下》繪本的角色，成為漁人碼頭的小地標。

地址：新北市淡水區觀海路　**營業時間**：9:00am-8:00pm

【九份】

往返九份交通

從台北出發

台鐵 瑞芳站是必經之路

　　無論你是前往九份抑或金瓜石，從台北出發，乘搭火車都需要在瑞芳站轉車，車程約35至50分鐘。台鐵火車主要分為兩大類：第一類是自強、莒光、普悠瑪等特快車種，即提供指定席的列車；第二類為自由席的「區間車」。區間車座位不多且停靠較多車站，建議選擇指定座列車。

台北往返瑞芳時刻表

台北車站→瑞芳 (早上時段)

車種	班次	周一至五		周六/周日	
		台北(出發)	瑞芳(抵達)	台北(出發)	瑞芳(抵達)
區間快	4006	06:28	07:03	06:28	07:03
自強	272	07:24	08:08	07:24	08:08
區間快	4022	08:35	09:22	-	-
自強	212	08:52	09:28	08:52	09:28
區間快	4026	10:06	10:45	10:06	10:45
自強	422	10:40	11:14	10:40	11:14
區間快	4028	11:55	12:31	11:55	12:31
自強	228	13:08	13:41	13:08	13:41

瑞芳→台北車站
(下午時段)

車種	班次	周一至五		周六/周日	
		瑞芳(出發)	台北(抵達)	瑞芳(出發)	台北(抵達)
普悠瑪	219	14:12	14:47	14:12	14:47
自強	175	14:15	15:56	14:15	15:56
自強	177	16:55	17:37	16:55	17:37
莒光	653	18:23	19:12	18:23	19:12
自強	229	18:29	19:05	18:29	19:05
自強	181	18:45	19:25	18:45	19:25

以上時刻表只記錄**指定座**列車及部分行車時間，要查閱完整時刻表請瀏覽：
https://tip.railway.gov.tw/tra-tip-web/tip

瑞芳火車站→九份老街/金瓜石

　　離開瑞芳火車站後，只需步行至對面即可乘搭基隆客運，選擇前往金瓜石方向的車輛即可抵達九份。車程約15分鐘，在舊道7-11門口下車，即可步行進入九份老街。結束九份之旅後，你亦可在便利店對面的巴士站搭返回瑞芳火車站或台北市的公車。

上車點已改為捷運2號出口前

不要上錯1061線，否則去不到九份和金瓜石。

巴士

　　前往九份最簡單的方法是搭基隆客運1062線公車，此路線可直接從台北市出發，車程約兩小時，單程車費為NT113。上車地點位於捷運忠孝復興站2號出口旁，沿途會經過瑞芳火車站、九份老街、金瓜石黃金博物館等景點，最後以金瓜石勸濟堂為終站。

A B C D

北

1

Google Map 下載

九份老街
入口

05

2

九份

03
01
04
11
08
09
10
07
12
13

01. 昇平戲院	22-4
02. 黃金博物園區	22-4
03. 水心月茶坊	22-5
04. 阿妹茶樓	22-5
05. 魚丸伯仔	22-5
06. 野事草店Wild Herbs	22-6
07. 阿柑姨芋圓店	22-6
08. 賴阿婆芋圓	22-6
09. 九份茶坊	22-7
10. 護理長的店	22-7
11. 阿蘭草仔粿	22-7
12. 阿牧包子	22-8
13. 金礦博物館	22-8
14. 黃金瀑布	22-8

3

Map 22-3A

14

4

九份老街

北

02

5

06

Map 22-3B

百年懷舊戲台 01
昇平戲院 📍 **MAP** 22-3A **B3**

🚌 沿九份老街（基山街）步行約 10 分鐘

　　昇平戲院始建於1916年，曾是歌仔戲的舞台。這座戲院不僅是當地人的娛樂聚點，也曾是多部台灣電影的拍攝場地，如《悲情城市》。隨著九份人口外流，戲院在1986年關閉。2011年，昇平戲院經過修復，重新對外開放，讓遊客能夠一窺其歷史魅力。現今的戲院保留了昔日的面貌，包括復古售票亭和內部裝潢，並可欣賞到舊時的電影海報和道具，感受九份昔日的風華。

每日免費播放4至6場電影，繼續服務大眾。

地址：新北市瑞芳區輕便路 137 號　**電話**：02 2496 2800
營業時間：9:30am-5:00pm
　　　　　　（周六及日至 6:00pm；每月第一個周一休館）
網址：https://www.gep.ntpc.gov.tw/

動靜皆宜的博物館
02
⭐ **MAP** 22-3B **D5** 黃金博物園區

🚌 搭乘火車至瑞芳火車站，轉乘基隆客運濱海線（往金瓜石方向）至黃金博物館站下車即達

　　有沒有見過淨重220公斤的999純金大金磚呢？在放滿各種金礦資訊的黃金博物館內便有，這個鎮館之寶還能讓人摸個夠本。此外，偌大的園區亦設有本礦坑體驗區及煉金樓，模擬出礦工的工作環境、坑道爆破的場景等，使遊客更容易從中理解礦業活動。喜歡靜態、日本文化及歷史的朋友則可繞道至太子賓館、四連棟宿舍等區域，慢慢細心觀賞日系的建築與生活美學。

地址：瑞芳區金瓜石金光路 8 號　**電話**：02 2496 2800
營業時間：9:30am-5:00pm，假日 9:30am-6:00pm；每月首個周一休館
費用：門票 NT80　**網址**：www.gep.ntpc.gov.tw

天空之城 ⭐ **MAP**22-3A **A3**

水心月茶坊 ❸

🚌 沿九份老街（基山街）走約 15 分鐘即達

水心月茶坊又稱為天空之城，是九份茶坊的姐妹店，原來當雲霧瀰漫磚紅的茶坊時，自霧中浮現的景象有如置身於天際的城堡，故得此美譽。店內掛滿典藏的油畫、琳瑯滿目的陶器與茶具，活像走進一精緻的茶具博物館。據店員透露，最暢銷的茶葉是傳統炭焙烏龍茶，由於用了龍眼木燒成的炭火烘上九天，小酌一口，也能「喉嚨」留香。

地址：瑞芳區輕便路 308 號
電話：02 2496 7767
營業時間：1:30pm-7:00pm
網址：www.jioufen-teahouse.com.tw/

⭐ **MAP**22-3A **B3** 日客必訪聚腳地

❹ 阿妹茶樓

🚌 沿九份老街（基山街）走約 10 分鐘即達

話説電影《悲情城市》在日本大熱，連帶電影中曾出現的阿妹茶樓也深得日本遊客所愛。茶樓現址原來是店主祖父所開設的打鐵舖，有寬闊空間，是九份地區代表性建築物與最早的茶藝館之一。茶樓地理位置適中，視野極佳，每一桌皆可欣賞到山海美景。若時間許可，可將茶樓排至晚間行程，因為景致比日間更為美艷！

地址：瑞芳區市下巷 20 號　**電話**：02 2496 0833
營業時間：11:00am-9:00pm；周六及日營業至 10:00pm

尋訪古早味 ⭐ **MAP**22-3A **C2**

魚丸伯仔 ❺

🚌 沿九份老街（基山街）走約 2 分鐘即達

已有六十多年歷史的魚丸伯仔，店內的招牌魚丸混入小鯊魚肉及紅葱頭與太白粉打成的魚漿，人手捏製，讓魚丸變得鬆軟彈牙，即台灣人常説的「很Q」。另一受歡迎的豆乾包，也是店家從福州「菜刀」料理中演變而來的自創食品。它的外形有點像縮水版的淡水阿給，油豆腐內包鮮甜肉餡和少量高湯，配上特製甜辣醬，口感豐富。

地址：瑞芳區基山街 17 號　**電話**：02 2496 0896
營業時間：10:00am-7:00pm，
　　　　　　周六、日 10:00am-9:00pm；周一休息

藥草風味 06 ⊘ MAP22-3B A5
野事草店 Wild Herbs

🚌 沿九份老街入口左側的「輕便街」步行約 10 分鐘

隱藏於山城小徑中的野事草店，是一間結合藥草與茶飲的咖啡店，提供了一個遠離塵囂、沉浸於自然與藝術的獨特空間。野事草店的餐點以藥草茶飲為主，並提供多款特色草茶、康普茶、咖啡及特調飲品。店內裝潢以純白色調為主，搭配大量綠植，創造出一種清新而寧靜的氛圍。

地址：瑞芳區輕便路 147 號
營業時間：周三至六 11:00am-6:00pm；周日至二休息
FB：https://www.facebook.com/wildherbs2018

啖啖芋頭肉 ⊘ MAP22-3A B3 07
阿柑姨芋圓店

🚌 沿九份老街（基山街）走約 10 分鐘

阿柑姨芋圓的芋圓是店家的招牌，口感Q彈有嚼勁，香氣濃郁。店內提供多種口味的芋圓，包括芋頭、地瓜、抹茶等，遊客可以自由配搭。

地址：瑞芳區豎崎路 5 號　**電話**：02 2497 6505
營業時間：9:00am-8:00pm，周六至 10:00pm
FB：九份阿柑姨芋圓

最多味揀 ⊘ MAP22-3A B3
賴阿婆芋圓 08

🚌 沿九份老街（基山街）走約 7 分鐘即達

賴阿婆的芋圓出名口感夠Q，而且口味選擇較多，除了基本的芋頭味與地瓜（番薯）味，還有綠茶圓、山藥圓和芝麻圓，味道淡而清香，尤其適合喜歡較淡口味及花樣多多的食客。

地址：瑞芳區基山街 143 號　**電話**：02 2497 5245　**營業時間**：8:00am-8:00p

百年山城老厝 09
九份茶坊 ⊛ MAP 22-3A B3

必遊景點

沿九份老街（基山街）走約 10 分鐘即達

　　店主洪先生把有百多年歷史的翁山英故居重新包裝，蛻變成文藝風茶坊，繼續屹立於山城之上。點了一壺凍頂烏龍茶後，店員隨即帶來老闆自行設計的瓣形茶具及茶葉，親身教授客人沏茶及品茶的程序，實行「手把手教育」的方式。在這裡既可學識一招半式的茶道技巧，也能在此感受點點的詩情畫意，確實不失為一個自在舒適的偽文青行程呢！

地址： 瑞芳區基山街 142 號　**電話：** 02 2496 9056
營業時間： 11:00am-8:00pm
網址： www.jioufen-teahouse.com.tw

★ MAP 22-3A B3 健康蜂蜜滷味
護理長的店 10

沿九份老街（基山街）走約 10 分鐘即達

　　原來傳說中的護理長便是老闆娘，曾是醫護人員的她十分注重食物的品質安全，還為此研發出不添加防腐劑、塑化劑及豬油的「健康滷味」。店內的滷味款式多到眼花繚亂，從素的豆乾、青瓜、菇類、甜不辣及百頁豆腐，乃至葷的鴨翅、豬血糕、雞爪、鴨舌、大腸及雞心等，樣樣惹味香甜。

地址： 瑞芳區基山街 167 號　**電話：** 02 2406 2446
營業時間： 11:00am-7:00pm；
　　　　　　　周六及日營業至 8:00pm；周二休息

礦工點心
阿蘭草仔粿 ★ MAP 22-3A B3 11

沿九份老街（基山街）走約 5 分鐘即達

　　九份以前是採礦重鎮，而草仔粿就是當時礦工們最愛的點心之一。繼承了祖傳手藝的店主林先生，考慮到糯米吃了容易脹氣，所以店主特以艾草取代之，做出軟滑黏韌的草綠粿皮，再包入各式餡料。不過，相比起甜食的紅豆及綠豆味，鹹食的菜脯粿及酸菜粿味道更加出色，靈感取自割包，讓草粿在口感上更添豐腴。

地址： 瑞芳區基山街 90 號
電話： 02 2496 7795
營業時間： 9:00am-8:00pm，
　　　　　　　周六、日至 8:30pm

麵皮彈鮮肉餡

阿牧包子 ⑫

MAP22-3A B3

🚌 沿九份老街（基山街）走約 10 分鐘

　　阿牧包子的包子皮薄餡多，口感軟嫩。店內的肉包和梅干肉包是食客的最愛，肉包內餡飽滿，而梅干肉包則帶有微辣，梅干的脆口與肉包的鮮香形成完美的對比。店面不大，但人氣卻很旺，經常需要排隊。

地址： 瑞芳區豎崎路 5 之 1 號
電話： 0985 402 101
營業時間：
周三至五 11:00am-7:00pm；
周六及日 11:30am-20:00pm；
周一及二休息

MAP22-3A A3 ⑬ 煉金術士修練場

九份金礦博物館

🚌 沿九份老街（基山街）走約 10 分鐘

　　金礦博物館沒有簇新的外表，只有陳舊的玻璃展品櫃與示範工具。雖然布置有點 old school，但勝在有股古老當時興的新奇味道。年紀輕輕的館主繼承了祖母的意志，堅決留守在九份並傳承古老的煉金手藝，為每位遊客與新一代的鄉民介紹金礦與煉金術的奧秘。

地址： 瑞芳區頌德里石碑巷 66 號
電話： 02 2496 6379　**費用：** 入場 NT120
營業時間： 4:00pm-12:00mn
網址： http://jioufen-goldore-museum.strikingly.com/

浪漫攝影勝地

黃金瀑布 ⑭ 📷

MAP22-3B D4

🚌 乘台鐵火車至瑞芳站下車，搭乘基隆客運台灣好行 856（瑞芳 - 福隆）至黃金瀑布站下車即達

　　黃金瀑布並非因發現黃金而命名，而是因為河床在長年累月之下，受到重金屬類礦砂的沉積，以致水質氧化成獨特的金黃色調，因而得名。每逢日落時分，在夕陽餘暉映照之下，瀑布會染上三層漸變的金黃色彩，閃閃生輝猶如一座輝煌的金庫，非常令人注目。

地址： 瑞芳區黃金瀑布

【烏來】

Google Map 下載

北

西羅岸路
環E-環山路
北烏公路
北烏公路

08
04 ▶ ◀ 01 孝義產業道路
10 ◀ ◀ 07
烏來街
06
05 ◀
溫泉街
環山路
溫泉街86巷
03
溫泉街
11
岔卡路
孝義產業

Map 23-2A

烏來

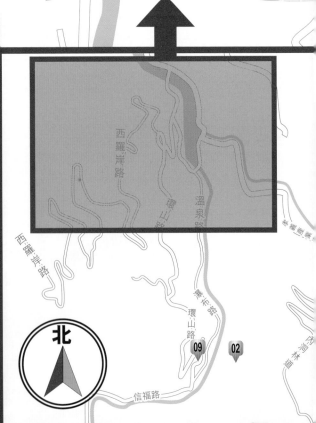

西羅岸路
環E-環山路
溫泉路
西羅岸路
岔卡路
環山路
北
09
02
信福路

Map 23-2B

往返烏來交通

從台北出發

遊客可乘搭「新店客運」849號公車前往烏來，車程約80-90分鐘，每隔15-20分鐘一班車，首班車為早上5:30，末班車為晚上9:40。公車途經多個捷運站，包括中正紀念堂站、台電大樓站、捷運新店站（北新路）等。全程為三段票收費NT45元，捷運新店站上車則為一段票，收費NT15。

捷運新店站

由新店至烏來的巴士站就在捷運站外。

清楚列明乘的士往烏來的收費，防止司機濫收。

烏來台車和登山纜車

到達烏來巴士總站後，可先在附近遊覽，然後橫過南勢溪徒步至台車烏來站，乘坐台車到瀑布站觀賞瀑布。台車10-15分鐘一班，全程約7分鐘，成人及身高120cm以上之小童車費為NT50，長者NT30。纜車是連接山腳至雲仙樂園的主要交通工具，成人車票連入場費為NT300，學生及70歲長者NT230。

烏來食買玩核心

烏來老街 ❶

⭐ **MAP 23-2A**

🚌 捷運新店站乘 849 公車或的士至烏來總站下車即達

熱鬧的烏來老街是旅客覓食的好去處。除了經典的山豬肉料理外，還有一大堆當地特有的土產名菜。當你越過塗滿泰雅族專屬花紋的大橋時，各種溫泉旅館瞬間呈現眼前，浸泡的類型多不勝數。在嘗盡美食過後，到會館或公共浴池浸個熱騰騰的溫泉，一解整日的疲倦很不錯呢！

📍 **地址**：烏來區烏來老街

山之巔、雲之端 02
雲仙樂園　 MAP 23-2B

🚐 從烏來老街搭乘台車至瀑布站，沿瀑布廣場走約7分鐘便能到達纜車站前，轉乘纜車便可直達

　　雲仙樂園是烏來最大型的主題樂園，要前往這山中樂土，就必須坐接駁纜車。園內設有多個植物生態園境、遊樂設施，以及兒童樂園。最受歡迎的莫過於租借小艇的活動，與子女、情人泛舟湖上，好不溫馨浪漫。樂園另設於雲仙大飯店提供住宿服務，想玩盡一天或留宿的旅客可另行預約。

地址：烏來區瀑布路 1-1 號　**電話**：02 2661 6510
營業時間：9:00am-5:00pm；假日營業至 5:30pm；
　　　　　　纜車每隔 10 至 15 分鐘對開一班
費用：成人 NT300、小童 NT230
網址：www.yun-hsien.com.tw

穿梭山野間 03
烏來台車　 MAP 23-2A

🚐 烏來老街走約 15 分鐘即達

烏來台車新列車

　　烏來台車最初用於運輸木才，後轉為觀光用途。台車路線全長約1.6公里，車程約10分鐘。乘烏來台車可欣賞到烏來風景區的壯麗景色，包括烏來瀑布、烏來老街、烏來溫泉等。

地址：烏來區溫泉街 86 巷 2 號　**電話**：02 2661 7826
營業時間：9:00am-5:00pm；7 至 8 月 9:00am-6:00pm
費用：單程 NT50

烏來老街美食

必食民族小店 ⭐ MAP 23-2A
泰雅巴萊美食店 04 🍴

　　單看店內外的裝潢，就已經滿滿地感受到一股自然與民族風情。時令的當地小菜中，水中蓮勇士是必叫菜式，其真身實際是烏來的時令蔬菜水蓮根，與山豬肉一起炒熟，味道清新又爽口。再配上特色的竹筒飯，甘香軟熟的糯米，口感異常煙韌。

地址：烏來區烏來街 14 號　**電話**：02 2661 6371
營業時間：平日 10:00am-9:00pm　**網址**：https://www.taiyapopo.com

⭐ MAP 23-2A

🍴 05 停不了的好滋味
雅各原住民山豬肉香腸

　　每次經過這攤檔，總看見不少人在排隊等候新鮮炭火燒製的山豬肉腸，可見它有多人氣。除了山豬肉腸，另一推薦小食是山豬後腿腱子肉，肉質鮮美，當地人會預先把豬肉燒烤好，如果只點它的話便不用跟吃香腸的朋友擠在一起了！想一嘗當地傳統食法的朋友，還可自行在店前拿取新鮮的蒜頭一起食用，吃起來會更鮮、更惹味。

地址：烏來區烏來街 84 號
電話：0955 167 796
營業時間：10:00am-8:00pm

就是愛滑溜  MAP 23-2A

高家冰溫泉蛋 06

　　曾經上過多家台灣電視頻道的高家，賣的就是招牌的自創冰溫泉蛋。他們取用南勢溪的水和秘製滷水汁煮浸過的雞蛋，蛋黃部分被煮至半熟狀態，又經冰鎮過，比起全熟的口感更為滑溜和富彈性。

地址：烏來區烏來街 135 號
電話：02 2661 7458　**營業時間**：9:00am-8:00pm
FB：烏來「高家」冰溫泉蛋

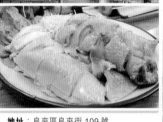 MAP 23-2A

老家風味

阿春美食小吃 07

　　因台灣電視節目《食尚玩家》而聞名的阿春美食小吃，最大的賣點就是地道小菜。當造的漁獲、新鮮的蔬菜，經過店家的巧手便成了一道道的家鄉小炒，例如生炒放山豬、炒山香菇、福山放山雞、水蓮根、馬告雞湯等等，無一不是充滿山澗風味的料理。

地址：烏來區烏來街 109 號
電話：02 2661 7718
營業時間：11:00am-8:00pm
FB：www.facebook.com/bestinwulai

 MAP 23-2A

手信熱賣點

麗芳特產店 08

　　比起各種工藝手信，烏來最知名的莫過於酒品與甜食。在麗芳特產店便備有百多款酒類供遊客選購，如小米酒、梅子酒、水果酒等，單是小米酒的牌子就已經多到令人眼花繚亂了！此外，傳統口味與新款水果味的麻糬，還有當地自製的蜂蜜及各式醃菜也是手信的良選呢！

地址：烏來區烏來街 93 號　**電話**：02 2661 6583
營業時間：8:30am-8:00pm

探索烏來的過去
林業生活館

🚌 從烏來老街搭乘台車至瀑布站，沿瀑布廣場走約 7 分鐘即達

09 ⭐ MAP 23-2B

烏來林業生活館前身是烏來台車博物館，所以館內也有一經改裝的彩色台車模型，非常搶眼奪目。館內還設有多個林業模擬情境，好讓旅客更容易了解當地的林業發展歷史。在頂樓的兒童展覽區，有不少 DIY 手作可供孩子玩樂；而大人們則可靜靜地透過玻璃窗遠眺烏來瀑布，或悠閒地與小孩作樂或休憩。

地址：烏來區瀑布路 1-2 號　**電話**：02 2661 6780
營業時間：9:00am-5:00pm；周二休館　**費用**：免費入場
FB：https://www.facebook.com/wulai.localvoice/

⭐ MAP 23-2A ♨ **10**

百分百純天然溫泉
小川源溫泉會館

🚌 烏來老街內

去烏來，就一定要去浸溫泉。假如不習慣在公共場所泡湯的話，大可在烏來有名的溫泉街，隨意挑間喜歡的溫泉會館浸個舒適的溫泉湯。比如在老街轉角就到的小川源溫泉會館，其供應的溫泉水可是100% 純自然的，保證讓大家試到「原汁原味」的正統溫泉水，絕不會使用普通的山泉水和自來水來濫竽充數。

地址：烏來區烏來街 32 號　**電話**：02 2661 6222　**營業時間**：8:00am-10:00pm
費用：NT300　**網址**：www.protospring.com.tw

無敵靚河景
51溫泉會館

⭐ MAP 23-2A **11** ♨

🚌 烏來老街經過攬勝大橋步行約 5 分鐘即達

為了讓旅客能更舒適自在地浸泡溫泉，店主不惜花錢花心思來重新裝潢店面，利用自然樸實的木材與石磚來作會館主題，還增設景觀湯屋和客房，讓旅客能邊欣賞河濱美景，邊浸泡溫熱的溫泉湯。此外，店家還設有住宿服務，為旅客提供一個愉悅輕鬆的中途驛站。

地址：烏來區溫泉街 51 號　**電話**：02 2661 7847
網址：www.power51.idv.tw/index.php

【宜蘭】

宜蘭廣域圖

頭城鎮

白雲村
礁溪鄉
頭城交流道 30'
二龍村
三民村
白鵝村
玉田村
匏崙村
二結村
吳沙村
宜蘭交流道
龍潭村
新社
新店仔
古亭
七張
員山鄉
宜蘭市
狀圍鄉
樂色山 Le Soul Hill (24-13)
下壯五
公館
38
凱旋
七賢
錦草
大洲
二結
羅東交流道
五結鄉
三星鄉
羅東鎮
羅東交流道
廣興
順安
區界
冬山鄉
龍德
54
新城
馬賽

Map 24-1

蘇澳鎮

往返宜蘭交通　從台北出發

台鐵

宜蘭縣內約有20多個台鐵站，通常遊客會在宜蘭站或羅東站下車。車票宜先早一兩天預購，特別是星期五、六、日，車票十分緊張。

客運

從台北乘搭客運有兩個選擇，分別是「葛瑪蘭客運」和「首都客運」。請注意要乘搭「直達羅東」的客車，若登上非直達車，行車時間會很長。葛瑪蘭客運每20分鐘一班車，乘車地點於台北轉運站4樓，從台北火車站步行約10分鐘。首都客運乘車地點於市府轉運站（12-17號月台）同樣每20分鐘一班車。

台北轉運站	市府轉運站
台北市大同區承德路一段1號（捷運台北車站出站步行10分鐘即達）	台北市忠孝東路五段6號（捷運市政府站出站即達）

台北往宜蘭交通工具一覽

選乘交通	路線	需時	單程票價(NT)
台鐵	以最快捷的普悠瑪列車為例，台北至宜蘭之間只有兩至四個站	由1小時10分鐘至2小時13分鐘不等，視乎車種和車次	羅東238宜蘭218礁溪199
葛瑪蘭客運	由台北轉運站出發，注意要搭乘「直達羅東」，否則會途經很多中途站	約60分鐘	羅東143宜蘭140礁溪112
首都客運	由市府轉運站出發，注意要搭乘「直達羅東」，否則會途經很多中途站	約60分鐘	羅東131宜蘭131礁溪96
的士	台北桃園機場至羅東鎮市中心	約60-90分鐘	約2,000
包車（9人小巴）	台北桃園機場至羅東鎮市中心	約60-90分鐘	約3,000

台鐵：https://tip.railway.gov.tw
葛瑪蘭客運：www.kamalan.com.tw
首都客運：www.capital-bus.com.tw/

巴士

宜蘭幅員廣大，如果只有兩三天時間逗留，強烈建議選用自駕或包車服務。如果一天只去一至兩個景點，也可以選擇當地的公車服務。其中最方便的可算是「台灣好行」的礁溪線及冬山河線，行程如下：

綠11（A線）：

礁溪火車站←→礁溪轉運站←→溫泉遊客中心←→湯圍溝公園站←→跑馬古道站←→老爺得天公園←→五峰旗風景特定區站←→林美社區遊客中心站←→林美石磐步道站←→佛光大學

綠21線：

羅東運動公園站←→北城公園←→羅東運動公園自行車道站（羅東高中）←→羅東夜市（公正國小）←→羅東林業文化園區站←→羅東後火車站（羅東轉運站）←→慈濟精舍站←→五結市中心站←→冬山河親水公園站←→新水休閒養殖漁業示範區←→國立傳統藝術中心站

備註：前往國立傳統藝術中心的遊客，需在羅東後火車站轉車才可到達。回程皆相同，回返羅東運動公園站的遊客，也需在羅東後火車站轉車才可到達。

服務時間：9:00am-5:00pm 票價：單程NT20，全日任坐NT60，在車上購票，可使用悠遊卡

除了以上兩條路線，當地政府也把多條市區路線包裝為「宜蘭勁好行」網絡，方便遊客乘坐。不過班次並不頻密，車站相距也很遠，所以乘坐的士比較安全及安心。

網址：https://www.taiwantrip.com.tw/

的士

宜蘭計程車不多，收費亦比台北市貴，起錶NT120(首1.5公里)，之後每0.3公里續跳NT5，凌晨至早上6時會多收20%。

自駕

租車可以日租或時租計算，以豐田的日本7人車為例，日租約NT2,500，時租約NT250。車輛都配備GPS導航，租車公司更會借出地圖免司機迷路。租車通常要提早3天預訂，並要預付50%按金，護照與國際駕照更是必備。(注意台灣是左軚駕駛的！)

宜蘭租車網：http://www.17168.com.tw/

包車

以7人計程車為例，半天(約5小時)車資約NT2,000，整天(約8小時)車資約NT3,000，如果住較偏遠的山區如太平山或明池，車資或會稍高。包車的收費都是明碼實價，司機非常樂意為乘客提供景點意見，也甚少刻意介紹「坑客」的景點以博收佣金。

安哥宜蘭包車旅遊：
0933-771538 安哥(李先生) 網址：http://www.yilantourcar.com/

Map 24-4

日式森林美人湯 ⭐ MAP 24-4 **C1**

礁溪溫泉公園 ❶

🚌 礁溪火車站步行 10 分鐘 ♨

必遊景點 📍

　　以森林為主題的礁溪溫泉公園，佔地逾五公頃，是一個可以享受溫泉，又可悠閒觀賞景色的森林風呂點，就算沒有打算浸浴，公園內設有露天泡腳池，旅客可免費放下腳部勞累，十分體貼。宜蘭礁溪是出名的溫泉地帶，其泉水多屬弱鹼性，水溫不會過高，約只有50度，很適合泡浸，對腸胃、皮膚都有良好的調養作用，故有美人湯的美譽，堪稱台灣溫泉之極品！

地址：礁溪鄉公園路 70 巷 60 號　**營業時間**：8:00am-12:00mn　**電話**:03 987 2998
FB: https://www.facebook.com/spa.park

24-4

鬧市歡溫泉 MAP 24-4 B2

湯圍溝溫泉公園 02

礁溪火車站步行 9 分鐘

湯圍溝溫泉公園位於德陽路與仁愛路的中間，鄰近礁溪火車站。公園門口設非常受歡迎的免費泡腳池，周邊有很多買飲品及小吃的店舖，方便客人一邊歡美食一邊泡腳，非常寫意。此外，園內亦設有收費的溫泉魚池，讓溫泉魚吻你雙腳做Spa，箇中體驗十分有趣。想真正享受泡湯的朋友，可以走進公園內部，裡面有很多風呂湯屋讓你過足洗溫泉癮。

在公園門口位置的 Chili Hunter，專賣不同特色的辣醬及小吃，很受遊客歡迎。

地址：礁溪鄉德陽路 99-11 號　**電話**：03 987 4882
營業時間：8:00am-12:20nn、1:00pm-9:30pm
費用：溫泉魚池每次收費 NT80

MAP 24-4 C1

礁溪名菜

甕窯雞 03

礁溪火車站步行約 15 分鐘

甕窯雞用出生四至五個月的上等走地母雞炮製，每隻重約二斤十両，肉質滑嫩，清鮮不膩。在燜烤過程中以龍眼木為火柴將甕窯燒到一定溫度，先以低溫燜烤然後取出降溫，再行以高溫烘烤，完成後的甕窯雞其肉汁肉香緊緊內鎖絕不流失，據說最高峰日售一千七百隻。

地址：礁溪鄉礁溪路七段 7 號（礁溪總店）
電話：09 1871 7288　**網址**：www.0918717288.com/
營業時間：9:00am-10:00pm，周六、日至 11:00pm

邊泡溫泉邊用餐 ⊕ MAP 24-4 B2

樂山溫泉拉麵 04 🍜🍴

🚌 礁溪火車站步行約 5 分鐘

在日本不少溫泉鄉都有邊泡溫泉邊用餐的設計，樂山拉麵既設在著名的礁溪溫泉區，順理成章亦提供了邊吃拉麵邊泡湯的獨特體驗。樂山店不管是湯頭、麵條、配料、碗筷杯、布置、桌椅等等，都呈現出日式拉麵的風味，湯頭味道濃郁得剛剛好，份量蠻大一碗，真的是讓人意猶未盡的好味道。

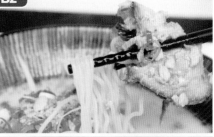

除了拉麵，這裡的魚生壽司也特別新鮮味美。

地址：礁溪鄉礁溪路五段 108 巷 1 號　**電話**：03 988 8637
營業時間：11:30am-2:30pm，5:00pm-9:00pm
FB：樂山溫泉拉麵

⊕ MAP 24-4 A1　📷 礁溪最著名的瀑布

05 五峰旗風景區

🚌 礁溪火車站乘的士約 15 分鐘

五峰旗瀑布是礁溪境內最著名的風景點，由於瀑布後方有五座山峰並列，故名為「五峰旗」。此處共有三層瀑布，最下層的瀑布雖然是最小的，但遊人可以在小水潭戲水；步行15分鐘，即達第二層瀑布，旁設有「五峰亭」能將整個景區美景盡收眼底。再行半小時可抵第一層瀑布，那裡是三個瀑布中最有氣勢的。

地址：礁溪鄉五峰旗風景區

宜蘭最大的湖泊 🖉 ⊕ MAP 24-4 A3

龍潭湖風景區 06 📷

🚌 四城火車站乘的士車程約 10 分鐘

龍潭湖是礁溪鄉裡最大的湖泊了，也是宜蘭五大名湖中面積最大的湖泊。湖區三面環山、廟宇林立，湖平如鏡，景致相當宜人。沿著湖畔有一條蜿蜒的觀湖步道，能一邊散步欣賞湖光山色，一邊則是樹木與各種植物，步道沿途平坦好走，又有綠蔭，是健身運動的好去處。

地址：礁溪鄉龍潭村環湖路 1 號

童話兔子森林
礁溪轉運站 ❼ 🚌 📷
⭐ MAP 24-4 C1

🚌 礁溪火車站下車，步行約 8 分鐘

兔兔們玩起蹺蹺板。

繼宜蘭火車站、幸福轉運站設置幾米裝置藝術後，礁溪轉運站也出現大變身！一共有六處幾米兔子裝置藝術，藏身在廣場或公園各處，一下車便看見毛兔的身影。旅遊服務中心前方的「泡湯兔兔」是打卡焦點！閉著眼睛的兔兔頭上還放了毛巾，放鬆的神情充分展現了礁溪的特色。其他還有跳舞小兔、蹺蹺板兔、拖著行李箱的萌兔等共29隻，讓人彷彿走進童話世界中，身心被療癒起來。

礁溪轉運站的幾米兔子裝置藝術。

兔兔享受浸浴中，想要拍照請輕聲細語，別打擾別人的清靜。

地址：礁溪鄉礁溪路六段 17 號

⭐ MAP 24-4 C1 ❽

農村風味早餐店
白雲山鹿 🍴

🚌 礁溪轉運站乘 1766 號公車至白雲路站下車，步行約 4 分鐘

原來白雲山鹿是隱藏在田間小路裡的小白屋，門口有一台小火車。落單時店員會給一隻動物公仔作號碼牌，送餐時就會直接說出：「鱷魚的蛋餅、獅子的蘿蔔糕……」。餐點以蛋餅、油飯、蘿蔔糕、炸銀絲卷等中式早餐為主；炸銀絲卷香脆不油膩，裡頭放午餐肉、烚蛋片、青瓜片和蛋黃醬；總匯蛋餅裡頭是滿滿的鮪魚、高麗菜和豬排，所有食物即叫即製，需耐心等候，等餐期間可以到戶外庭院打卡拍照。

以老宅改建的農村純白小屋。

戶外庭院寬敞，還有一輛小火車供拍照。

地址：礁溪鄉白雲三路 30 巷 61 弄 26 號
電話：0952 529 560
營業時間：7:00am-12:00mn；周三及四休息
FB：https://www.facebook.com/Baiyun3deer/

夢幻哈比村
兔子迷宮礁溪浴場 09

MAP 24-4 B2

🚌 礁溪火車站乘綠 11B 台灣好行礁溪 B 線，至李寶興圳站下車步行 3 分鐘

兔子迷宮整棟粉紅城堡就矗立在山路旁，還仿造紐西蘭哈比村Hobbiton的山洞小屋，屋內更繪上紐西蘭的著名景點「懷托摩螢火蟲洞穴」。兔子迷宮也是黃志明歌曲《玻璃心》的MV拍攝場景，園區內共設置了十多個打卡點，城堡由一樓至三樓有著

連廁所也如此繽紛，猶如走進了彩虹隧道中。

不同布置，波波池、3D熱氣球、土耳其棉花堡、希臘小鎮、天空之鏡、彩虹天梯等，每個角落都讓人心花怒放！門票可全額抵餐飲消費，食物同樣充滿繽紛色彩，招牌雲朵冰沙、彩虹蛋糕等吸睛度滿分！

室內用餐區裝潢也是粉紅系列。

把紐西蘭的哈比屋搬進宜蘭。

地址：礁溪鄉林尾路 42-9 號
電話：03 988 7848
營業時間：10:00am-7:00pm；周三休息
門票：NT350（可全額抵消費）
FB：https://www.facebook.com/AmazeJiaoxi/

MAP 24-4 C1

親子動物空間 10
皇家花園餐廳

🚌 礁溪轉運站乘 1766 號公車至白雲路站下車

餐廳佔地寬廣，入口處是紅色大烤箱，門外還有一台夢幻南瓜車，相當顯眼！餐廳結合在地小農的當季食材，主打古早味豬腳、烤雞烤鴨、清蒸海鮮等中式料理。鎮店之寶「粵式脆皮烤雞」採用苗栗的黑羽土雞，以粵式烹調手法醃製入味，再烤至色澤金黃。進食前戴上手套把烤雞剝開，油亮雞汁即滴落下來，雞肉香氣撲鼻，是必點招牌菜。駐場還有迷你馬和陸龜等小動物，每次迷你馬一出場，瞬間成為全場關注的焦點，迷你馬的顏色和鬃毛都相當美麗，就像是毛公仔一樣可愛！

招牌烤雞雞皮酥脆肉鮮嫩，雞皮烤得酥脆。

迷你馬非常溫馴，矮萌身材卻不失俊俏。

地址：礁溪鄉礁溪路 7 段 109 號
電話：03 988 8777　營業時間：11:00am-8:30pm

北

14
19

東 Google Map 下載

東港陸橋

16
20

13

12

17

宜蘭車站

15

宜蘭市

11

宜蘭轉運站

環河路 A   B   新興路 C   D

1

2

3

4

5

東港路55巷

東港路

校舍路

林森路

宜興路一段

舊城南路

舊城東路

舊城北路

吉祥路

力新路

昭後街

中山路三段

城隍街

舊城西路

文昌路

武營街

西後街

昇平街

崇聖街

康樂路

光復路

南興街

民權路

新民路

中山路三段

神農路二段

泰山路三段

Map 24-9A

北

宜蘭市

宜蘭車站

泰山路

民族路

農權路三段

女中路三段

Map 24-9B

宜蘭市

幾米場景立體展示

幾米廣場⑪ 📷

MAP 24-9A C3

🚌 宜蘭火車站旁

因為幾米是宜蘭人，所以選擇在宜蘭這個地區設置幾米廣場。廣場有兩大繪本的情境——《地下鐵》和《向左走向右走》，首先看到的到處是各式各樣的手提包、背包與行李箱的立體裝置，可愛的立體作品做得逼真可愛。

地址：宜蘭市宜興路一段 240 號　　**電話**：03 931 2152

廣場上有《地下鐵》的盲女安靜地等車。

車尾的小熊車長，舉起帽子向下面的兔子致意。

丟丟噹森林過去是舊倉庫，90年代由宜蘭建築師黃聲遠重新改建，這裡共有九株高達14米的鐵樹，代表了宜蘭的舊稱「九芎城」。之後隨著鄰近的「幾米廣場」建造起來，丟丟噹森林也變成幾米展示作品的場所之一，在鐵株底下建造起幾米火車站。

地址：宜蘭市宜興路一段 236 號
時間：全天開放

幾米星空列車2.0

⑫ 丟丟噹森林 📷

🚌 宜蘭火車站旁

幾米星空列車2.0終於2023年頭正式亮相！全新的小火車上增加了幾位動物乘客，火車下方也新增幾米繪本的角色。丟丟噹森林就位在宜蘭市火車站正前方，廣場上的裝置藝術取材自幾米繪本的《星空》，早已成為宜蘭市的地標。2022年因颱風損毀，經重新設計後再次登場。星空列車原建於2014年，長30米，重3千公斤。廣場上還有不定期的假日市集、文創商店與黃金書屋，讓宜蘭火車站周邊]充滿著童趣，活像是童話故事的場景。

宜蘭百大小吃第二名 MAP24-9A C2

大成羊排麵‧牛肉麵

宜蘭火車站步行約 5 分鐘即達

13

大成羊排麵是宜蘭市著名食肆，曾獲得「宜蘭美食百大名店小吃類」第二名殊榮，招牌商品包括羊排麵、牛肉麵及杏仁豆腐花生湯。羊排麵每碗約有四塊左右帶骨羊肉，羊肉上都會帶軟骨，而且不太油膩，還有一點爽口，非常推薦給喜歡吃羊又怕羶味的朋友。

地址：宜蘭市新民路 31 號
電話： 03 936 9007
營業時間：11:00am-2:00pm，5:00pm-8:00pm
FB：www,facebook.com/dachenglambchopnoodles/

招牌牛肉麵(小)NT165、(大)NT185

招牌羊肉麵NT185

MAP24-9A A1

隱世小店

14

花宅咖啡

宜蘭火車站乘黃 1 小黃公車至北門站，步行約 4 分鐘

由老宅改造的懷舊咖啡店，出入口低調地設於巷弄內，一不留神就錯過，但仍然很多人慕名鑽進來。門外綠植盆栽點綴生氣，店裡裝潢雖簡樸但頗有特色，懷舊復古水泥牆、紅磚與霓虹燈配合舊物和行李箱的布置，瀰漫著慵懶氣氛。店方跟不少本地品牌合作，包括正福茶園、廣生藥房的特製茶飲、薛榮興糕餅舖的手製麵茶等，人氣甜品有「小山圓抹茶生乳捲 」，濃醇抹茶香氣帶回甘，抹茶控可一試。

地址：宜蘭市碧霞街 26 號　**電話**： 03 935 8826
營業時間：11:30am-7:00pm；周三及四休息

原住民文化 ⑮ ⭐ MAP 24-9A B3
蘭陽原創館 🍴🎨

🚌 宜蘭火車站步行約 8 分鐘

園區共保留了9棟古蹟，由宜蘭縣政府舊員工宿舍修復而成，融入泰雅族占卜鳥、部落圖騰牆、水鹿木雕與彩繪牆，還有小草地休息區。在園區內可以逛市集、觀看工藝展品、參加DIY工作坊及品嘗原住民特色美食。園內不時舉辦主題展覽、音樂會，瀰漫著文藝氣息，傳承泰雅族、阿美族及葛瑪蘭族等原住民文化。

傳統編織圖騰呈現部落風情。

地址：宜蘭市中山路2段430巷1號　　**電話**：03 936 0098
營業時間：10:00am-6:00pm；周二休息
網址：https://www.yilanstyle.com.tw/

以不同方式呈現台灣原住民的生活美學。

全台美食雲集 ⭐ MAP 24-9A C2
東門觀光夜市 ⑯ 🍴

🏷️ 必遊景點 📍

🚌 宜蘭火車站步行約 10 分鐘即達

東門夜市可分為兩大區域，以東港陸橋為中心，與橋並行的橫街主要是小食攤，而另一旁則有販賣生活商品的小店。除了宜蘭知名的花生捲冰淇淋、三星蔥餅外，還有來自全台灣的美食，例如士林青蛙下蛋、深坑臭豆腐、台中肉蛋土司等，總共二百多家美食攤任揀。

地址：宜蘭市和睦路　**營業時間**：5:00pm-12:00mn

宜蘭馳名美食
蘭城晶英烤鴨　⑰

 MAP 24-9A A3

🚌 宜蘭火車站步行約 15 分鐘

　　蘭城晶英酒店的櫻桃鴨，曾經票選全台前三好吃的烤鴨。所謂櫻桃鴨，其實與櫻桃無關，只因該鴨的鴨種來自英國櫻桃谷而得名。櫻桃鴨目前主要是在宜蘭三星大量飼養，該地好山好水，令鴨子肉質特別鮮嫩，油脂也很豐富。酒店創作出多種櫻桃鴨的吃法，除了傳統的片皮鴨捲三星蔥餅，最特別的是櫻桃鴨握壽司，吃法刁鑽，有機會一定要品嘗一下。

櫻桃鴨握壽司在鴨皮和飯間加了起司，令甜味提升、補足，非常具創意的食法。

肥美的櫻桃鴨隆重登場。

到酒店內的紅樓中餐廳，就能品嘗櫻桃鴨。

鴨油三星蔥，蔥段咀嚼間帶點討喜的微蔥辣，簡單又好吃。

片皮鴨捲三星蔥餅，宜蘭兩大名產完美結合。

地址：宜蘭市民權路二段 36 號
電話：03 910 1011
營業時間：11:00am-3:00pm，5:00pm-9:00pm
網址：http://www.silksplace-yilan.com.tw/

 MAP 24-1　⑱ 樂高迷打卡地

樂色山 Le Soul Hill

🚌 宜蘭火車站或宜蘭轉運站乘 1766 號公車，至宜蘭縣政府站下車步行約 14 分鐘

　　全台數量最多的積木展覽館，上千件精美作品，館前面有一大片草地布置著許多大小展品。場內最注目的項目包括有蒙娜麗莎的微笑、清明上河圖、價值50萬的珍珠奶茶、進擊的巨人、比卡超等等，連廁所也鋪天蓋地，創意無限。室內還展出不同材質的積木，從石頭、木頭、塑膠統統都有，現場有專人解說積木史，讓你一次過觀賞二百年來積木的演變。

地址：宜蘭市東津一路 192 號　　**電話：**03 922 9268
營業時間：9:00am-5:00pm；周三休息
費用：成人 NT250(可抵館內 NT100 商品)，身高 90cm 以下免費
網址：https://lets-go-wonderful.business.site/

宜蘭小吃霸王 ★ MAP24-9A B1
廟口紅糟魷魚 ⑲

🚐 宜蘭火車站步行約 10 分鐘

廟口紅糟魷魚是宜蘭市著名的小吃食肆，當地很多的媒體都有推介。店家的招牌小吃包括香菇粥及紅糟魷魚。肉粥的濃稠香和菇菇的甜度很夾，米粒軟綿卻不是軟爛。至於魷魚雖然外表紅澄澄有點嚇人，不過口感極脆，最特別是魷魚經過輕、快的炸泡，表皮那種脆是兩層的，一是來自於魷魚本身的脆，一是經油炸後的酥脆，相當不錯。

香菇粥NT30，雖然份量不多，但頗足料。

地址：宜蘭市中山路三段 153 號
電話：03 936 6556　營業時間：12:00nn-9:00pm
FB：宜蘭廟口紅糟魷魚

★ MAP24-9A C2　最豪的晚餐
茶水巴黎 ⑳

🚐 宜蘭火車站向右走約 5 分鐘即達

宜蘭的消費和台北沒法比較，豪的晚餐，有五星級酒店的環境，同時有最高級的食材，如安格斯牛扒、龍蝦等，但價錢卻是平民價，晚餐只約NT599，已經是宜蘭縣數一數二最貴的餐價了，絕對物超所值。

地址：宜蘭市宜興路一段 366 號　電話：03 935 5168
營業時間：11:30am-2:30pm，5:30pm-10:00pm；周三及四休息
FB：https://www.facebook.com/Teaparisyilan

UFO 建築 ㉑ MAP 24-16 D3
羅東文化工場

🚐 羅東火車站乘的士約 10 分鐘 　必遊景點

位於羅東純精路上，就可以看見文化工場這座貌似《天煞‧地球反擊戰》的UFO建築，為充滿鄉土氣息的宜蘭，帶來了截然不同的科幻感受。文化工場最矚目的，當然是淨高約18公尺的大型棚架。這裡建築完竣後，便馬上成為第49屆金馬獎（2012年）頒獎場地，認真威威。文化工場一、二樓都是作為展覽之用，二樓除了展覽空間，另設有空中走廊，讓遊客觀賞附近的風景。廣場的四周有草地、小河和樹木，看完展覽，靜靜的遊逛也P惬意非常。

地址： 羅東鎮純精路一段 96 號　**電話：** 03 957 7440
營業時間： 9:00am-5:00pm；逢周一休息
FB： https://www.facebook.com/LuodongCWH/

必遊景點　⑫ 宜蘭第一夜市
★ MAP 24-16 D2 **羅東夜市**

🚐 羅東火車站步行約 5 分鐘即達

作為全台灣票選十大夜市之一的羅東夜市，是體現宜蘭飲食文化的好去處。夜市內的小吃店鱗次櫛比，包心粉圓、龍鳳腿、當歸羊肉湯、卜肉等地道特色小吃應有盡有，而且價錢較台北士林夜市便宜一倍呢！

地址： 羅東鎮中山公園一帶
　　　　（興東路、民生路、公園路、民權路）
營業時間： 約 3:00pm-12:00mn（平日），
　　　　　　周末及假日延長營業至 2:00am

羅東鎮

Map 24-16

羅東運動公園

四結站B

24

芽仔寮

北成

公正路

北

日治時期的貯木池　　MAP 24-16 E1

林業文化園區 ㉓ 📷

🚌 羅東火車站乘的士約 10 分鐘即達

　　前身為日治時期羅東出張所及貯木池舊址。園區佔地約二十公頃，建有自然生態池（貯木池）、水生植物池、水生植物展示區（培育荷花、穗花棋盤腳、睡蓮等數十種水生植物）、運木材蒸氣火車頭展示區、森林鐵路、臨水木棧道等。義美食品更於2017年6月進駐園區內「森藝館」，將老屋活化再利用，販售茶飲咖啡、輕食點心、伴手禮及木藝文創商品。

地址：羅東鎮中正北路 118 號　**電話**：03 954 5114　**營業時間**：8:00am-5:00pm
費用：免費　**網址**：https://luodong.forest.gov.tw/0000351

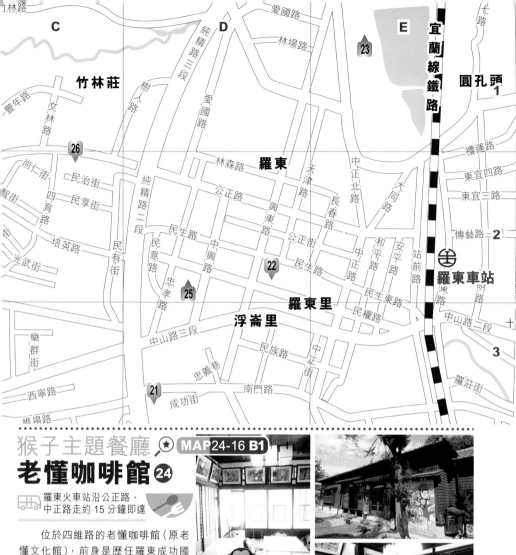

猴子主題餐廳 MAP24-16 B1

老懂咖啡館 ㉔

羅東火車站沿公正路、中正路走約 15 分鐘即達

　　位於四維路的老懂咖啡館（原老懂文化館），前身是歷任羅東成功國小校長的宿舍，由於以前有很多猴子聚集在此，所以日式的舊房子便改造成現在的猴子主題餐廳了。店內無處不見猴子的可愛蹤影，備受孩子們喜愛，在假日更是親子用餐的熱門地。店家主張選用當季的新鮮在地食材，在餐點配菜上時有調整，尤其是老懂風味餐更是四季選材都不盡相同，增添了玩味元素。

地址：羅東鎮四維路 5 號　**電話**：03 957 5930
營業時間：周一、六 11:00am-6:00pm；
　　　　　　周三至五、日營業至 9:00pm；
　　　　　　逢周二休息

平食國宴菜式
羅東肉羹番

MAP 24-16 **D2**

㉕

🚌 羅東火車站乘的士約 5 分鐘

難得來到宜蘭旅行，絕對不能錯過只此一間的地道小吃店「羅東肉羹番」。此店有四十多年歷史，其著名肉捲雖然不用港幣十元，但來頭十足，屬國宴菜式之一，而且份量十足，一客已夠二至三人享用。除肉捲外，肉丸和魯肉飯也是必點菜式，這裡的豬肉格外香滑，全因為賣得快，品質自然新鮮。若是假日到訪，準備排隊等位。

🔲 地址：羅東鎮民權路 185 之 1 號　電話：03 954 0262　營業時間：9:30am-2:30pm　網址：http://www.logenfine.com.tw/

清新日系風
小島日和

MAP 24-16 **C2**

㉖

🚌 羅東火車站乘的士約 5 分鐘

小島日和是羅東熱門的打卡冰品店，店內牆上裝飾著蜷川實花風格的花牆，成為了拍照的最佳背景。每一款刨冰都是店家精心設計的藝術品，不僅味道豐富，更是視覺上的享受。其中，「藍色富士山」和夏季限定的「西瓜冰」是店內的招牌刨冰，幾乎每桌客人都會點上一份。店內刨冰選用新鮮食材，堅持無添加，每一口都能嘗到食材的自然甜味。

夏季限定的西瓜冰，將西瓜切塊堆疊如小丘，為視覺帶來一絲清爽。

🔲 地址：羅東鎮公正路 351 號　電話：03 956 1505
營業時間：10:00am-6:00pm，周一及二休息
🔲 FB：https://www.facebook.com/GoodDayIsland

簽證

掃描申請！

港澳居民申請
臨時停留許可
（網簽）

一）港澳居民網路申請臨時停留許可（網簽）

適用人士：持有特區護照或BNO的港澳籍人士，包括出生於港澳地區人士及1983年以後曾赴台的港澳居民

符合以上資格的香港、澳門居民，可透過網上系統申請網簽。申請流程簡便，只需填妥資料即可，可即時獲得審批結果。獲批後只需列印電子入台證及攜帶有效護照，即可順利入境。入台證的有效期為3個月，期間內可出入境台灣一次，每次停留最長為30天。

雖然網簽的申請方法快捷，亦無需付費，但也存在一定的風險。由於系統不會核實申請人資料，即使資料有誤仍能成功列印入台證，風險自負；因此在填寫個人資料時，務必核對清楚資料。請使用A4尺寸紙張列印入台證，不得使用縮印版或環保紙。

	一）港澳居民網路申請 臨時停留許可（網簽）	二）入台證雲端線上申請
申請 資格	1. 港澳居民曾經以港澳居民身分赴台或在港澳出生者，且持有效期三個月以上護照者 2. 香港居民持有 BNO 護照及澳門居民持有 1999 年前取得之葡萄牙護照	1. 持有香港永久居留資格，且未持有英國 BNO 或香港以外護照 2. 有澳門永久居留資格，且未持有澳門護照以外之旅行證件或澳門居民持有 1999 年前取得之葡萄牙護照 3. 只持有香港居民身份證、中國護照及港澳通行證，或香港簽證身分書（DI）
有效 期限	自許可日起 3 個月內可入出境 1 次， 每次停留 30 天	1. 單次：自許可日起 6 個月內可入出境 1 次，每次可停留 3 個月，可申請延期一次 2. 一年／三年多次：有效期內可入出境（不限次數），每次可停留 3 個月，可申請延期一次
費用	免費	1. 單次入出境證：NT600 2. 一年多次入出境證：NT1,000 3. 三年多次入出境證：NT2,000
申請 網址	https://tinu.be/Z4PFXujb4 ＊即日取得	https://tinu.be/ElSjIIA22 ＊需時五個工作天

旅遊須知

二）入台證雲端線上申請

適用人士：首次申請入台證的非港澳籍人士，或預計停留台灣超過30天

　　所有非港澳出生人士首次申請入台證或預計在台灣停留超過30天者，可透過網上申辦系統辦理。申請人需上載照片及所需文件，若資料齊全，審理時間約為5個工作天（不含不包含周六、日、10月10日及港台兩地之公眾假期）。經核准後，申請人可自行上網以信用卡繳費及列印入台證。有關申請費用，請參閱上一頁的列表。

網址： https://coa.immigration.gov.tw/coa-frontend/overseas-honk-macao

天氣及時差

　　台灣天氣跟香港非常相似，若要知道當地的天氣，可參考當地氣象局的網頁。另外，台灣跟香港是沒有時差的。

台灣氣象局網頁：
www.cwb.gov.tw

遊客服務中心

　　抵達桃園機場後，旅客可於入境大廳的遊客服務中心查詢旅遊資訊，並索取台北旅遊地圖。

第一航廈1F： 7:00am-11:30pm
第二航廈1F： 5:30am-12:00mn

電壓及電話通訊

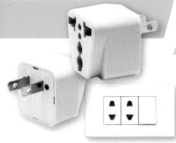

台灣使用110伏特交流電，插座為兩孔扁插頭。電話方面，台灣的國家代碼為886，台北市的城市區碼為02。各種致電方式表列如下（以松山文化創意園區之電話為例：2765-1388）：

香港至台北IDD（IDD服務商的冠碼，如0060）	+886-2-2765-1388
台北漫遊手機至台北固網，電話號碼前加(02)地區號	02-2765-1388
台北固網電話至台北固網，直接撥電話號碼	2765-1388
台北固網/ 手機至台北手機，手機號碼前加(0)	09-xxxx-5467

兌換新台幣

台灣流通的貨幣為新台幣(NT)，截至2024年6月，HK$1約兌NT4.15。

港幣兌台幣

台北桃園國際機場內（出關前）設有多處外幣兌換櫃位，匯率比在香港兌換較好。無論兌換金額大小，每次港幣兌換均收取NT30作手續費。

帶備提款卡

若出發前未能前往銀行兌換台幣，也可考慮提前啟用跨境提款功能，透過網上銀行、手機APP或銀行櫃員機進行設定。只要你的提款卡帶有銀聯、Plus、Cirrus等標誌，即可在當地提取現金。台北市內各便利店及捷運站皆設有自動櫃員機。每日提款金額上限約NT20,000，每次手續費約為HK20-60，依各銀行規定有所不同。

旅遊須知

免費Wi-Fi服務

　　想節省旅費開支，不妨善用由台灣官方提供的Taipei Free免費Wi-Fi服務。網絡覆蓋全台超過3,000個無線熱點，涵蓋範圍主要集中於捷運站及捷運地下街、市政府大樓、12個區行政中心、市立圖書館、醫院等公眾場所，尚不包括私營機構。

查詢：https://wifi.taipei/

Taipei Free登入步驟：

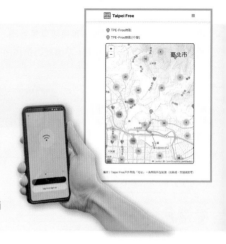

1. 開啟無線網絡/WIFI連線
2. 開啟「Wi-Fi 設定」
3. 選用「TPE-Free」連線
4. 開啟任一網站，會自動導入登入頁面
5. 點選同意使用條款後即可連接Wifi

手機數據及電話卡

　　希望在抵達台灣後即可無縫連接網路，建議你出發前預先訂購台灣4G上網卡。入境後出示電子憑證即可直接在機場提取，減少排隊選購的時間。若你需要上網並使用台灣電話號碼，則可選擇購買台灣Sim卡，機場各大電訊商的櫃台也備有Sim卡針，讓你無後顧之憂。

　　台灣各間電訊商的網路方案價格略有差異，但服務質素分別不大。一般而言，中華電信的價格較高，但網路覆蓋率最廣、品質穩定；台灣大哥大的價格較便宜，4G網路速度快。最重要是根據你的需求去選擇，確認方案包含的網路流量和通話分鐘數是否適合。

網上預購網站：

Klook：https://tinu.be/YjEBcHJoe　　　　**KKday**：https://tinu.be/zwFiz5mtv